"十三五"职业教育规划教材

高职高专土建专业"互联网+"创新规划教材

第三版

施工企业会计

主　编◎辛艳红　李爱华
副主编◎杨淑芝　刘　伟
参　编◎曹志华　潮鲁蒙　常　静
　　　　傅献忠　高喜兰　郭素英
　　　　于　莉　吴文静
主　审◎赵玉萍

内 容 简 介

本书是工程管理、工程造价、建筑工程经济等工程管理类专业的主要专业课教材之一，全书共分 12 章，第 1 章介绍现代会计学基本原理，第 2 章至第 11 章详细介绍施工企业六大要素核算的基本原理和基本方法，第 12 章介绍企业财务报告的基本内容和编制方法。本书既注重内容的实用性，又兼顾了体系的完整性。

本书可作为高职高专、应用技术学院的建筑工程管理专业、工程造价专业及相关专业的教材，也可作为工程管理人员及会计人员的学习参考书。

图书在版编目(CIP)数据

施工企业会计/辛艳红，李爱华主编．—3 版．—北京：北京大学出版社，2019.7
高职高专土建专业"互联网+"创新规划教材
ISBN 978-7-301-30273-6

Ⅰ．①施… Ⅱ．①辛… ②李… Ⅲ．①施工企业—会计—高等职业教育—教材 Ⅳ．①F407.967.2

中国版本图书馆 CIP 数据核字(2019)第 033437 号

书　　　名	施工企业会计（第三版）
	SHIGONG QIYE KUAIJI (DI-SAN BAN)
著作责任者	辛艳红　李爱华　主编
策划编辑	杨星璐
责任编辑	翟　源
数字编辑	贾新越
标准书号	ISBN 978-7-301-30273-6
出版发行	北京大学出版社
地　　　址	北京市海淀区成府路 205 号　100871
网　　　址	http://www.pup.cn　新浪微博：@北京大学出版社
电子信箱	pup_6@163.com
电　　　话	邮购部 010-62752015　发行部 010-62750672　编辑部 010-62750667
印刷者	河北滦县鑫华书刊印刷厂
经销者	新华书店
	787 毫米×1092 毫米　16 开本　17.5 印张　393 千字
	2009 年 8 月第 1 版
	2014 年 7 月第 2 版
	2019 年 7 月第 3 版　2019 年 7 月第 1 次印刷　（总第 9 次印刷）
定　　　价	44.00 元

未经许可，不得以任何方式复制或抄袭本书之部分或全部内容。
版权所有，侵权必究
举报电话：010-62752024　电子信箱：fd@pup.pku.edu.cn
图书如有印装质量问题，请与出版部联系，电话：010-62756370

《施工企业会计》自 2009 年 8 月出版以来，编者团队一直在一线教学中使用，结合在教学中发现的问题，以及财税制度改革对教材内容带来的影响，于 2014 年 7 月进行修订，出版了《施工企业会计（第 2 版）》，目的是使教材日趋完善，并尽量符合当时的财政税收政策，提高教材的适用性。

随着我国财税制度改革的日益深化，第 2 版教材已经不能满足企业核算的需要，因此，编者团队自 2016 年开始着手准备本书的修订工作。本次修订较第 2 版主要有两个方面的变化。

1. 本次修订主要针对自 2011 年开始的"营改增"制度。一直以来，建筑业、房地产业、金融业和生活服务业的"营改增"被业界称为"最难啃的骨头"。2016 年 5 月 1 日起，我国全面推开营改增试点，将建筑业、房地产业、金融业、生活服务业全部纳入营改增试点，营业税退出历史舞台，增值税制度将更加规范。这是自 1994 年分税制改革以来，财税体制的又一次深刻变革。

本书在修订过程中为使主线更加突出，仅将施工企业定为增值税一般纳税人，并采用一般征收方法，对应用案例和实操训练的数据以及业务处理进行了全面修订。

2. 随着教育技术的改革，以及课程建设的深入进行，本次修订配合出版社进行"互联网＋"教材的建设工作，并将编者团队在课程建设中的一些成果以"互联网＋"的形式体现在教材中，赋予教材更多的学习资源，以给读者更好的使用体验。

本书由内蒙古建筑职业技术学院辛艳红和河南建筑职业技术学院李爱华主编，由内蒙古建筑职业技术学院赵玉萍主审。具体编写分工见表。

施工企业会计（第三版）编写分工

序号	内容	编写者	单位
第1章	总论	辛艳红	内蒙古建筑职业技术学院
第2章	货币资金及交易性金融资产	郭素英	乌兰察布职业学院
第3章	应收项目	于莉	内蒙古建筑职业技术学院
第4章	存货	吴文静	河南建筑职业技术学院

【资源索引】

续表

序号	内 容	编写者	单 位
第5章	固定资产	刘伟	内蒙古建筑职业技术学院
第6章	无形资产	高喜兰	山西大学工程学院
第7章	负债	杨淑芝	内蒙古建筑职业技术学院
第8章	所有者权益	常静	开封市城市管理局
第9章	工程成本和期间费用	傅献忠	武汉城市职业技术学院
第10章	收入	辛艳红 潮鲁蒙	内蒙古建筑职业技术学院 内蒙古第二建设股份有限公司
第11章	利润及利润分配	曹志华	淄博职业学院
第12章	财务报告	李爱华	河南建筑职业技术学院

  由于编者的理论水平和实践经验有限，书中难免有疏漏甚至错误之处，恳请广大读者批评指正。对于教学新技术的开发和使用，编者团队也是初级使用者，制作水平有待提高，因此，诚邀制作水平高的读者加入编者团队，提高教材信息技术应用水平。

编 者
2018年9月

第2版前言

转眼之间,《施工企业会计》的第 1 版已经出版 5 年之久。承蒙广大读者的厚爱和北京大学出版社的努力,本书第 1 版的发行量远远地超过了我们的预期。编者在教学使用的过程中,发现了一些问题,同时,在本书第 1 版出版以后的几年里,会计准则、会计制度、税法等方面陆续出现了一些新的思想和新的变化。因此,有必要更新内容,修订此书。总的来说,第 2 版在第 1 版的基础上做了如下的改进。

(1) 增加了习题的形式和数量。第 1 版针对每章的重点内容都设置了数量合理的综合分析题,使学生能够通过课内实训的方式,掌握重点经济业务的处理方法。第 2 版则在每章都增加了单选题、多选题和判断题,使学生能够更好地理解施工企业会计处理的基础理论。并通过对理论的阐述促进学生对账务处理的理解和运用。

(2) 增加了推荐阅读资料的数量。第 1 版中,每章都给学生推荐了阅读资料,但总体上集中在会计准则和教材上,阅读面较窄;第 2 版在部分章节中增加了与该章内容相关的财经法规的推荐阅读数量。希望学生通过对这些法规的搜索、学习,提高自学能力,树立终身学习的观念。

另外,需要特别说明的是,本书对正在进行中的"营业税改增值税"问题没有修订,主要原因是建筑行业目前尚未纳入"营业税改增值税"试点的范围,因此诸如纳税人身份认定标准、税率以及减免税政策等重要要素都没有法律依据。

本书由内蒙古建筑职业技术学院辛艳红和河南建筑职业技术学院李爱华主编,由内蒙古建筑职业技术学院赵玉萍主审。全书的具体编写分工如下:第 1 章由辛艳红编写,第 2 章和第 8 章由杨淑芝(内蒙古建筑职业技术学院)和郭素英(乌兰察布职业学院)编写,第 3 章和第 6 章由于莉(内蒙古建筑职业技术学院)编写,第 4 章和第 7 章由吴文静(河南建筑职业技术学院)编写,第 5 章由高喜兰(山西大学工程学院)编写,第 9 章由常静(开封市城市管理局)编写,第 10 章由傅献忠(武汉城市职业技术学院)编写,第 11 章由傅献忠和辛艳红编写,第 12 章由曹志华(淄博职业学院)编写,第 13 章由李爱华编写。

另外，本次修订要特别感谢刘伟（内蒙古建筑职业技术学院）和李晓华（呼和浩特职业学院）所提供的帮助。

由于编者的水平有限，书中难免存在疏漏之处，恳请广大读者批评指正。

编 者

2014 年 4 月

施工企业是建筑业的主导力量，建筑业是我国国民经济的支柱产业，随着我国改革开放的逐步深入和社会主义市场经济体制的建立，尤其是受到全球经济衰退的影响，建筑市场的竞争日趋激烈，迫切要求施工企业在深化改革、建立现代企业制度的进程中，不断提高经营管理水平。施工企业会计是施工企业经营管理的重要组成部分，做好会计工作，充分发挥会计的核算职能和监督职能，对提高企业的经济效益，增强企业的市场竞争能力，具有重要的意义。

本书主要以《企业会计准则2006》为依据，在总结多年教学经验的基础上，较全面、系统地阐述了现代会计学的基本原理，施工企业会计核算的基本理论、基础知识和会计实务的具体处理方法。本书在编写过程中，针对高职高专学生的特点和未来工作岗位的性质，在注重可操作性和适用性的同时，兼顾了理论系统的完整性，既可作为高职高专、应用技术学院的建筑工程管理专业、工程造价专业及相关专业的教材，也可以作为工程管理人员及会计人员的学习参考书。

本书由内蒙古建筑职业技术学院辛艳红和河南建筑职业技术学院李爱华主编，由内蒙古建筑职业技术学院赵玉萍主审。全书的具体编写分工为：第1章由辛艳红编写，第2章和第8章由杨淑芝（内蒙古建筑职业技术学院）编写，第3章和第6章由于莉（内蒙古建筑职业技术学院）编写，第4章和第7章由吴文静（河南建筑职业技术学院）编写，第5章由高喜兰（山西大学工程学院）编写，第9章由常静（开封市城市管理局）编写，第10章由傅献忠（武汉城市职业技术学院）编写，第11章由傅献忠和辛艳红编写，第12章由曹志华（淄博职业学院）编写，第13章由李爱华编写。

本书的课时参考如下表所示。

课时分配表

章　节	内　容	学　时
第1章	总论	6
第2章	货币资金及交易性金融资产	4
第3章	应收项目	6
第4章	存货	6
第5章	长期股权投资	6

续表

章　节	内　容	学　时
第 6 章	固定资产	6
第 7 章	无形资产	2
第 8 章	负债	8
第 9 章	所有者权益	4
第 10 章	工程成本和期间费用	4
第 11 章	收入	4
第 12 章	利润及利润分配	4
第 13 章	财务报告	4
合　计		64

　　本书在编写过程中，参考了大量有关专家、学者以及网友的论著、教材、文献资料和博客，借鉴了一些新的研究成果，在此对有关作者表示由衷的感谢！

　　由于编者的理论水平和实践经验有限，书中难免有疏漏甚至错误之处，恳请广大读者批评指正。

编　者
2009 年 7 月

目 录

第 1 章　总论 ·· 1
　1.1　会计概述 ·· 2
　1.2　会计要素和会计等式 ·· 6
　1.3　会计信息质量要求 ··· 11
　1.4　会计核算的基本前提和会计基础 ·· 14
　1.5　会计核算方法 ·· 16
　本章小结 ··· 35
　习题 ·· 36

第 2 章　货币资金及交易性金融资产 ·· 40
　2.1　货币资金 ·· 41
　2.2　交易性金融资产 ·· 52
　本章小结 ··· 55
　习题 ·· 55

第 3 章　应收项目 ·· 60
　3.1　应收账款 ·· 61
　3.2　应收票据 ·· 63
　3.3　预付账款及其他应收款 ··· 66
　3.4　应收款项减值 ·· 67
　本章小结 ··· 69
　习题 ·· 69

第 4 章　存货 ··· 73
　4.1　存货概述 ·· 74
　4.2　原材料 ··· 77
　4.3　周转材料 ·· 92
　4.4　低值易耗品 ··· 95
　4.5　存货清查与期末计量 ·· 98

| 本章小结 | 102 |
| 习题 | 102 |

第 5 章　固定资产 … 108
5.1　固定资产取得 … 109
5.2　固定资产折旧 … 116
5.3　固定资产的后续支出 … 121
5.4　固定资产的处置 … 122
5.5　固定资产的清查及期末计量 … 124
本章小结 … 126
习题 … 126

第 6 章　无形资产 … 130
6.1　无形资产概述 … 131
6.2　无形资产的核算 … 133
本章小结 … 138
习题 … 139

第 7 章　负债 … 144
7.1　流动负债 … 145
7.2　非流动负债 … 159
本章小结 … 164
习题 … 165

第 8 章　所有者权益 … 169
8.1　所有者权益概述 … 170
8.2　实收资本 … 171
8.3　资本公积 … 175
8.4　留存收益 … 176
本章小结 … 180
习题 … 180

第 9 章　工程成本和期间费用 … 184
9.1　费用和成本概述 … 185
9.2　工程成本核算程序 … 187
9.3　工程成本的核算 … 190
9.4　期间费用 … 197
本章小结 … 201
习题 … 202

第 10 章　收入 … 206
10.1　收入概述 … 207
10.2　主营业务收入 … 209

10.3	其他业务收入	217
	本章小结	219
	习题	219

第 11 章　利润及利润分配　222

11.1	利润	223
11.2	利润分配	229
	本章小结	231
	习题	231

第 12 章　财务报告　234

12.1	财务报告概述	235
12.2	财务报告的编制	237
	本章小结	257
	习题	257

参考文献　261

第 1 章 总论

教学目标

本章的主要内容是施工企业会计的基础，通过学习本章内容，可以为学习后面各章内容打下坚实的基础。通过对本章内容的讲解，应使学生在理解会计基本概念、基本原理和基本方法的基础上，重点理解会计要素、会计等式、借贷记账法及账户结构，并熟记会计科目，使学生能够在对经济业务进行账务处理时正确选择会计科目。

教学要求

能力要求	知识要点	相关知识
熟悉会计相关概念	会计职能 会计对象	会计的定义、职能、对象、目标
掌握会计要素、会计等式	会计要素 会计等式	会计要素的定义及其构成，会计等式，会计要素的计量
熟悉会计信息质量要求	会计信息质量要求	会计信息质量要求
熟悉会计核算的基本前提和会计基础	基本前提 会计基础	基本前提：会计主体、持续经营、会计分期和货币计量；会计基础：权责发生制、收付实现制
掌握借贷记账法，熟记会计科目，熟悉会计凭证和账簿，了解会计核算程序	借贷记账法 会计科目 账户结构	会计科目的概念及类型，账户的概念及账户结构，借贷记账法的概念及其账户结构，会计凭证和账簿的类型，常用的会计核算程序

【企业会计基本准则】

推荐阅读资料

1. 会计综合工作能力培训研究组,2017. 零基础学做会计[M]. 北京:中国时代经济出版社.

2. 刘海涛,2017. 会计原来这么有趣:零基础从业篇[M]. 北京:机械工业出版社.

【学习重点】

会计要素、会计等式、借贷记账法、账户结构

【最新标准】

《企业会计准则》(财政部令第33号)

《中华人民共和国会计法》

引例

2019年12月5日,光大建筑公司与包钢签订购货合同,购买规格为φ8的线材10吨,单价为4 200元/吨,增值税税率为13%,当日以银行存款支付合同价款。取得增值税专用发票和银行转账支票存根。

这是一项常见的经济业务,但对于刚刚开始接触会计知识的人来说,需要解决以下几个基本问题:会计记录以什么为依据?采用什么方法?记录过程中要符合什么样的要求?

按照我国《企业会计准则》的要求,施工企业对上述经济业务应当采用"借贷记账法"进行会计记录,在记账过程中,企业应当依据审核无误的原始凭证填制记账凭证,依据记账凭证登记账簿,依据账簿编制财务会计报告。

本章将主要介绍这些会计核算的基本概念、基本方法、基本原理、基本要求和基本程序。

1.1 会计概述

会计的产生和发展符合一般事物的基本规律,它是人类社会发展到一定阶段,由于管理经济活动的需要而产生,并随着社会经济的不断发展而发展的。

1.1.1 会计的定义

"会计"一词在我国最早出现在西周时期,"零星算之为计,总合算之为会",包括了日常核算与定期综合核算两层意思。自此后将近两千年的漫长岁月中,会计的核算方法随着经济的发展而不断被改进,到了明清时期,已经有了比较完善的"龙门账"和"四脚账",类似于现代会计的复式记账法,对日常发生的一切经济活动都从"来龙"和"去脉"两个方面进行登记,以便全面反映钱物收支情况。

而现代意义上的会计,则产生于15世纪末的意大利。1494年,意大利数学家卢卡·帕乔利(Luca Pacioli)公开出版了《算术、几何、比及比例概要》一书,其中第3篇"计算和记录详论"系统地论述了借贷记账法的原理及运用,标志着现代会计的开始。

现代意义的会计是指以货币为主要计量单位,以凭证为依据,运用专门的技术方法和

程序，对一定主体的经济活动进行全面、综合、连续、系统的核算和监督，并向有关方面提供会计信息的一种经济管理活动。

施工企业会计是运用于施工企业的一种专业会计。

1.1.2 会计的职能

会计的职能是指会计在经济管理过程中所具有的功能或能够发挥的作用。会计的基本职能可以概括为核算和监督两个方面。

1. 会计的核算职能

会计核算是指以货币为主要计量单位，对企业、单位的经济活动进行真实、准确、完整的记录、计算和报告。

根据《中华人民共和国会计法》（以下简称《会计法》）第十条规定，下列经济业务事项，应当办理会计手续，进行会计核算：

（1）款项和有价证券的收付；
（2）财物的收发、增减和使用；
（3）债权债务的发生和结算；
（4）资本、基金的增减；
（5）收入、支出、费用、成本的计算；
（6）财务成果的计算和处理；
（7）需要办理会计手续、进行会计核算的其他事项。

2. 会计的监督职能

会计监督主要是利用各种信息资料对企业、单位的经济活动进行检查、控制、指导，使其经济活动按照一定的目标、遵循一定的原则和标准正常进行。会计监督应包括事前监督、事中监督和事后监督。

《会计法》第二十七条规定，各单位应当建立、健全本单位内部会计监督制度。单位内部会计监督制度应当符合下列要求：

（1）记账人员与经济业务事项和会计事项的审批人员、经办人员、财物保管人员的职责权限应当明确，并相互分离、相互制约；
（2）重大对外投资、资产处置、资金调度和其他重要经济业务事项的决策和执行的相互监督、相互制约程序应当明确；
（3）财产清查的范围、期限和组织程序应当明确；
（4）对会计资料定期进行内部审计的办法和程序应当明确。

《会计法》第三十二条规定，财政部门对各单位的下列情况实施监督：

（1）是否依法设置会计账簿；
（2）会计凭证、会计账簿、财务会计报告和其他会计资料是否真实、完整；
（3）会计核算是否符合本法和国家统一的会计制度的规定；
（4）从事会计工作的人员是否具备专业能力、遵守职业道德。

特别提示

核算职能和监督职能只是会计的基本职能，现代会计还具有参与预测、决策、组织、考核、分析等多种职能。

1.1.3 会计的对象

会计的对象是指会计核算和监督的内容，是在社会再生产过程中各单位发生的交易或事项。作为会计对象的交易或事项，是指企业、单位所发生的能以货币为单位进行确认、计量和记录，并能以价值形式进行分类、汇总和报告的经济活动。交易或事项贯穿于企业、单位的经济活动之中，反映着经济活动的过程和结果。由于各企业、单位在社会再生产过程中所处的地位不同，担负的任务不同，经济活动的方式不同，交易或事项的内容也不相同，因而其具体的会计对象就各不相同。就企业而言，企业的会计对象就是企业在生产经营过程中能够用货币表现的经济活动，即企业的资金运动。

特别提示

资金是企业财产物资的货币表现，包括货币本身。

施工企业的资金运动一般包括资金筹集、资金使用和资金分配3个阶段，如图1.1所示。

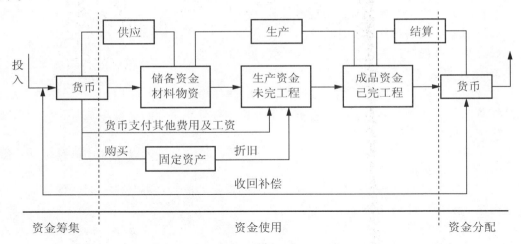

图 1.1 施工企业资金运动

施工企业的资金使用阶段又可以进一步划分为材料供应阶段、施工生产阶段和工程结算阶段。

1. 材料供应阶段

企业主要用货币资金购买各种材料物资为施工生产进行必要的储备，使得货币资金转化为储备资金。

2. 施工生产阶段

储备物资不断投入施工生产，并改变实物形态，构成正在施工的在产品——未完工程，从而使储备资金转化为生产资金。同时，在这个过程中，企业还要用一部分货币资金支付职工工资和其他各项费用，使这部分货币资金直接转化为生产资金。此外，在施工生产过程中，还要使用施工机械等固定资产，这些固定资产的损耗价值通过折旧方式也将转化为生产资金。随着工程的完工，未完工程转化为已完工程，形成建筑产品，资金便从生产资金转化为成品资金。

3. 工程结算阶段

企业将已完工程点交给发包单位，并通过工程结算收回工程价款。这时，成品资金又转化为货币资金。理论上，企业收回的货币资金数额要大于其在生产中消耗的资金数额，其差额便是企业的盈利。

此外，企业在施工生产过程中，还会发生其他一些经济业务：如购建固定资产和临时设施，借入或归还银行借款，发售企业债券和偿还债券本息，购买其他单位股票、债券和分得股利及到期收回债权本息，向其他单位投出固定资产、材料、货币资金和分得其他单位利润，收回其他单位投资等，这些业务也是会计核算对象。

1.1.4 会计的目标

会计目标是会计工作在一定时期内预计达到的目的。"一定时期"是指月度、季度、半年度或年度。会计目标是组织会计工作的依据，也是检查会计工作的标准。

会计目标分为基本目标和具体目标两个层次。会计的基本目标是提高经济效益，即会计的基本目标是贯彻执行党和国家的路线、方针、政策、法规和制度，对经济活动进行核算和监督，提供会计信息，增产节约、增收节支，从而提高经济效益。

会计的具体目标是会计基本目标的具体化，直接体现着会计的特点。会计的具体目标一般包括以下 6 个方面。

1. 提供会计信息

企业、单位要按照会计核算的要求，建立输入、加工、传递、储存和输出会计信息的制度，取得、填制和审核会计凭证，登记和审核会计账簿，编制会计报表。同时还要加强调查研究，及时、正确、全面、系统地为国家宏观经济管理、社会有关各方和企业内部经济管理提供会计信息。

2. 做好会计决策

会计工作一方面要做好本部门的管理决策，为提高经济效益制定相应的管理办法；另一方面要参与企业的经营战略决策，确定一定时期内的经济效益目标，寻求提高经济效益的途径，采取必要的重大措施。

3. 实行预算管理

要建立和健全会计基础工作，及时、正确地编制财务成本预算，按责权利相结合的原则，将预算指标层层落实到有关部门，组织群众实施预算，发现问题，及时解决。要定期检查预算的执行情况，考核经济效益，分析预算完成情况的原因。

4. 严格会计控制

要制定各项定额和预算等控制标准，建立各种控制制度，保证生产经营活动的需要，控制材料消耗和费用开支，降低成本，反对浪费。

5. 开展会计检查

建立会计检查制度，需要检查会计凭证、会计账簿、会计报表的真实性、合法性、合理性、及时性、完整性和正确性；定期或不定期、全面或部分地对财产的真实性、合法性和合理性进行清查，做到账证、账账、账表和账实相符。

6. 进行会计分析

对经济活动进行定期或不定期分析、全面或专题分析、日常和事后分析、专家和群众分析，揭示经济活动发展变化的原因和趋势，促进经济效益的进一步提高。

1.2 会计要素和会计等式

会计要素是对会计对象的具体内容所做的基本分类，是会计对象的具体化。会计要素是构成会计报表的基本因素，也是设置账户的基本依据。我国企业会计准则将对外报告会计要素划分为6项：反映企业财务状况的静态要素——资产、负债、所有者权益；反映企业经营成果的动态要素——收入、费用、利润。

1.2.1 资产

资产是指过去的交易或事项形成的、由企业拥有或控制的、预期会给企业带来经济利益的资源。

特别提示

"过去的交易或事项"包括购买、生产、建造行为或其他交易或事项，预期在未来发生的交易或事项不形成资产；"由企业拥有或控制"是指企业享有某项资源的所有权，或者虽然不享有某项资源的所有权，但该资源能被企业所控制；"预期会给企业带来经济利益"是指直接或间接导致现金或现金等价物流入企业的潜力。

企业的资产按其流动性分为流动资产和非流动资产。

1. 流动资产

流动资产是指可以在一年或者超过一年的一个营业周期内变现或者耗用的资产，主要包括库存现金、银行存款、交易性金融资产、应收账款、预付账款、存货等。

2. 非流动资产

非流动资产是指除流动资产以外的资产，包括长期股权投资、投资性房地产、长期应收款、固定资产、无形资产等。

1.2.2 负债

负债是指企业过去的交易或事项形成的、预期会导致经济利益流出企业的现时义务。

> **特别提示**
>
> "现时义务"是指企业在现行条件下已承担的义务,未来发生的交易或事项形成的义务不属于现时义务,不应当确认为负债。

企业的负债按其流动性分为流动负债和非流动负债。

1. 流动负债

流动负债指预计在一个正常营业周期中清偿,或者主要为交易目的而持有,或者自资产负债表日起一年内到期应予以清偿,或者企业无权自主地将清偿推迟到资产负债表日后一年以上的负债。流动负债包括短期借款、应付票据、应付账款、应付职工薪酬、应交税费、应付利息、其他应付款等。

2. 非流动负债

非流动负债指除流动负债以外的债务,包括长期借款、应付债券等。

> **特别提示**
>
> 资产的流动性是指资产的变现能力,即资产转换为现金所需要的时间,时间越短,流动性越强;负债的流动性是指债务的偿还期限,偿还期限越短,流动性越强。

1.2.3 所有者权益

所有者权益是指企业资产扣除负债后由所有者享有的剩余权益,其金额为资产减去负债后的余额。

所有者权益包括实收资本、资本公积、其他综合收益、盈余公积和未分配利润。

> **特别提示**
>
> 除非发生减资、清算或分派现金股利,否则企业不需要偿还所有者权益。
>
> 企业清算时,只有在清偿所有的负债后,所有者权益才返还给所有者。
>
> 所有者凭借所有者权益能够参与企业利润的分配。

(1) 实收资本指投资者按照企业章程或合同、协议的约定,实际投入企业的资本。

(2) 资本公积指投资者或者他人投入到企业、所有权归于投资者并且金额上超过法定资本部分的资金,包括资本溢价、公允价值变动差额等。

(3) 其他综合收益指企业根据企业会计准则规定未在当期损益中确认的各项利得和损失。

(4) 盈余公积指企业从历年实现的利润中提取或留存在企业的内部积累,包括法定盈余公积、任意盈余公积等。

(5) 未分配利润指尚未分配的结存利润,其数额等于期初未分配利润加上本期实现的净利润减去提取的各种盈余公积和分出的利润后的余额。

1.2.4 收入

收入是指企业在日常活动中形成的、会导致所有者权益增加的、与所有者投入资本无关的经济利益的总流入。收入按经营业务的主次可分为主营业务收入和其他业务收入。

(1) 主营业务收入指企业从事本行业生产经营活动所取得的营业收入，如施工企业的工程结算收入。

(2) 其他业务收入指企业除主营业务以外的其他日常业务活动所取得的收入，如施工企业的材料销售收入。

主营业务收入和其他业务收入合计为营业收入。

● 特 别 提 示

企业代第三方收取的款项应当作为负债处理，不应当确认为收入，如增值税销项税额、代收运杂费等。

不属于日常活动形成的经济利益流入，不属于收入而是利得，如施工企业出售固定资产净收益。

1.2.5 费用

费用是指企业在日常活动中发生的、会导致所有者权益减少的、与向所有者分配利润无关的经济利益的总流出。

● 特 别 提 示

费用是日常经济活动中而不是偶发事项中发生的经济利益流出。

费用可能表现为资产的减少或负债的增加，或两者兼而有之。

费用将引起所有者权益的减少。

费用按经济用途可分为生产成本和期间费用。

(1) 生产成本是指企业为生产产品或提供劳务而发生的各项生产费用，即直接材料、直接人工、其他直接支出和制造费用的总和。

(2) 期间费用是指不计入产品成本、直接计入当期损益的费用，包括管理费用、财务费用和销售费用。

● 特 别 提 示

施工企业的生产成本通常被称为"工程成本"或者"施工成本"，由材料费、人工费、机械使用费、其他直接费用和间接费用构成。

施工企业一般没有销售环节，因此，通常情况下没有"销售费用"。即通常情况下，施工企业的期间费用只有"管理费用"和"财务费用"两种。

1.2.6 利润

利润是指企业在一定会计期间的经营成果。利润包括收入减去费用后的净额、直接计入当期利润的利得和损失等。

第1章 总论

● 特 别 提 示

"直接计入当期利润的利得和损失"是指应当计入当期损益、会导致所有者权益发生增减变动的、与所有者投入资本或者向投资者分配利润无关的利得或损失，如各项营业外收入、补贴收入、营业外支出等。

1.2.7 会计等式

上述6个会计要素是对会计对象的初步分类，这6个要素反映了资金运动的静态和动态两个方面，它们之间存在着十分密切的关系。会计要素之间的关系可以用等式来表示，这个等式就是会计等式。

1. 资产＝负债＋所有者权益

企业要开始生产经营活动，首先得占用一定的资源。这些资源就形成企业的资产，在会计核算上以货币形式表现并确认为资产。另一方面，这些资产要么来源于债权人，形成企业的负债；要么来源于投资者，形成企业的所有者权益。资产和负债与所有者权益，实际上是同一价值运动的两个方面，从数量上来说，其来源必然等于占用。在所有者权益数额一定的情况下，从债权人手中取得多少资金，必然使资产按同一数额增加。在负债数额一定的情况下，所有者向企业投入多少的资金，也必然使资产按同一数额增加。所以，资产的价值量必然等于负债与所有者权益之和。

企业的生产经营活动就是不断地取得、使用、生产和销售不同资源的过程。从静态来看，企业开始生产经营活动后，在某一时点上总是表现为占用一定的资源，即占用一定的资产。这些资产同样也只能来源于债权人的债务，来源于所有者的投资或归所有者所有。企业的资源价值总量也仍然等于企业的负债和所有者对企业的投资额及其增值额的总和。企业经济活动的发生，只是表现在数量上影响企业资产总额与负债或所有者权益总额的同时增减变化，并不能破坏这一基本的恒等关系。这一基本平衡关系用公式表示出来，就是会计等式，即

资产＝负债＋所有者权益

这一会计等式表明某一会计主体在某一特定时点所拥有的各种资产，表明债权人和投资者（即所有者）对企业资产要求权的基本状况，表明资产和负债与所有者权益之间的基本关系。

这一会计等式还是复式记账、会计核算和编制财务报表的基础。正是在这一会计等式的基础上，才能运用复式记账法记录某一会计主体资金运动的来源及方向，反映会计主体的资产、负债和所有者权益情况，才能通过编制资产负债表反映企业财务状况的信息。

各项经济业务的发生，所引起的会计要素的变动情况，归纳起来主要有以下9种情况。

（1）一项资产和一项负债同时增加。

（2）一项资产和一项所有者权益同时增加。

(3) 一项资产和一项负债同时减少。
(4) 一项资产和一项所有者权益同时减少。
(5) 一项资产增加，另一项资产减少。
(6) 一项负债增加，另一项负债减少。
(7) 一项负债增加，一项所有者权益减少。
(8) 一项负债减少，一项所有者权益增加。
(9) 一项所有者权益增加，另一项所有者权益减少。

但无论经济业务的发生会引起会计要素如何变动，都不会影响等式的平衡关系。

2. 收入－费用＝利润

企业经营的目的是获取收入，实现盈利。企业在取得收入的同时，也必然要发生相应的费用。通过收入与费用的比较，才能确定一定时期的盈利水平，确定实现的利润总额。收入、费用、利润之间的关系用公式表示为

$$收入－费用＝利润$$

企业一定时期所获得的收入扣除所发生的各项费用后的余额，表现为利润。在实际工作中，由于收入不包括处置固定资产净收益、固定资产盘盈、出售无形资产收益等，费用也不包括处置固定资产净损失、自然灾害损失等，所以，收入减去费用并经过调整后，才等于利润。

这一等式是编制利润表的基础。

3. 资产＋费用＝负债＋所有者权益＋收入

企业进行生产经营活动，一方面必须取得收入，另一方面伴随着收入的取得也将发生相应的费用。在某一具体时点上，通过收入和费用的比较，形成企业一定期间的利润。作为企业经营成果，利润的取得表明企业现金流入大于现金流出，表明企业资产总额和净资产（所有者权益）的增加。由于企业是由企业的所有者投资而组成的，企业实现的利润也只能属于所有者，利润的实现表明所有者在企业中的所有者权益数额增加；反之，企业经营亏损只能由所有者承担，则表明所有者在企业中的所有者权益数额减少。将第 2 个会计等式带入"资产＝负债＋所有者权益"，则可得出等式，为

$$资产＝负债＋（所有者权益＋利润）$$
$$＝负债＋（所有者权益＋收入－费用）$$
$$＝负债＋所有者权益＋（收入－费用）$$

这一等式表明会计主体的财务状况与经营成果之间的相互联系。财务状况表明企业一定时期资产的来源与占用情况，反映一定时期资产的存量情况。经营成果则表明企业一定期间净资产增加（或减少）的情况，反映一定时期的增量（或减量）。企业的经营成果最终会影响到企业的财务状况，企业实现利润，将使企业资产增加，或负债减少；企业发生亏损，将使企业资产减少，或负债增加。

将上述等式移项可得

$$资产＋费用＝负债＋所有者权益＋收入$$

可以将这一等式称为"扩展等式"，这一等式将会在后面要讲到的借贷记账法中，提示账户结构，即哪些账户借方登记增加，哪些账户贷方登记增加。

1.2.8 会计要素的计量

企业在将符合确认条件的会计要素登记入账并列报于会计报表及其附注时,应当按照规定的会计计量属性进行计量,确定其金额。会计计量属性主要包括历史成本、重置成本、可变现净值、现值和公允价值。

1. 历史成本

在历史成本计量下,资产按照购置时支付的现金或者现金等价物的金额,或者按照购置资产时所付出的对价的公允价值计量。负债按照因承担义务而实际收到的款项或者资产的金额,或者承担现时义务的合同金额,或者按照日常活动中为偿还负债预期需要支付的现金或者现金等价物的金额计量。

2. 重置成本

在重置成本计量下,资产按照现在购买相同或者相似资产所需支付的现金或者现金等价物的金额计量。负债按照现在偿还该项债务所需支付的现金或者现金等价物的金额计量。

3. 可变现净值

在可变现净值计量下,资产按照其正常对外销售所能收到的现金或现金等价物的金额扣减该资产至完工时估计将要发生的成本、销售费用以及相关税费后的金额计量。

4. 现值

在现值计量下,资产按照预计从其持续使用和最终处置中所产生的未来净现金流入量的折现金额计量。负债按照预计期限内需要偿还的未来净现金流出量的折现金额计量。

5. 公允价值

在公允价值计量下,资产和负债按照在公平交易中,熟悉情况的交易双方自愿进行资产交换或者债务清偿的金额计量。

● 特 别 提 示

企业在对会计要素进行计量时,一般应当采用历史成本。采用重置成本、可变现净值、现值、公允价值计量时,应当保证所确定的会计要素金额能够取得并能可靠计量。

1.3 会计信息质量要求

1.3.1 可靠性要求

可靠性要求是指企业应当以实际发生的交易或者事项为依据,进行会计确认、计量和报告,如实反映符合确认和计量要求的各项会计要素及其他相关信息,保证会计信息真实可靠、内容完整。

可靠性要求是对会计工作的基本要求。会计提供信息是为了满足会计信息使用者的决策需要，会计核算能否做到内容真实、数字准确、资料可靠，关系到信息使用者的决策质量。如果会计核算不是以实际发生的交易事项为依据，不能真实、客观地反映企业的财务状况、经营成果和现金流量，那么就是虚假信息，虚假信息不但不能发挥应有的作用，而且会误导信息使用者，致使各方面的决策失误，造成重大经济损失。因此，会计信息必须具有可靠性。

1.3.2 相关性要求

相关性要求是指企业提供的会计信息应当与财务会计报告使用者的经济决策需要相关，有助于财务会计报告使用者对企业过去、现在或者未来的情况做出评价或者预测。

信息的价值在于其与决策的相关程度。一方面，相关的会计信息有助于会计信息使用者评价过去的预测和决策，具有反馈价值；另一方面，相关的会计信息有助于会计信息使用者对未来做出预测和决策，具有预测价值。随着市场经济的建立与完善，企业内外部相关各方都要求企业提供相关的经济信息，企业必须把自身和社会各方面对会计信息的需求协调起来。

1.3.3 可理解性要求

可理解性要求是指企业提供的会计信息应当明了清晰，便于财务会计报告使用者理解和使用。

提供会计信息的目的在于使用。要使用会计信息首先必须了解会计信息的内涵，弄懂会计信息的内容，而作为会计信息主要载体的会计核算和财务会计报告就必须清晰明了，易于理解。

1.3.4 可比性要求

可比性要求是指企业提供的会计信息应当互相可比。

同一企业不同时期发生的相同或者相似的交易或者事项，应当采用一致的会计政策，不得随意变更。确实需要变更的，应当在附注中说明。不同企业发生的相同或者相似的交易或者事项，应当采用规定的会计政策，确保会计信息口径一致、相互可比。这既是企业本身管理的需要，也是国家宏观经济管理部门和其他外部信息使用者的需要。

1.3.5 实质重于形式

实质重于形式是指企业应当按照交易或者事项的经济实质进行会计确认、计量和报告，不应仅以交易或者事项的法律形式为依据。

在实际工作中，交易或事项的外在法律形式或人为形式不一定能反映其实质内容。所以，在实质内容和法律形式发生矛盾时，会计信息要反映其拟反映的交易或事项，就必须注重实质而不是它们的法律形式。

如以融资租赁方式租入的固定资产，虽然法律上不属于租入企业拥有，但是，由于融资租赁期相当长，一般接近资产的使用寿命，而且在租赁期内租入企业有权支配资产并从中受益。从实质上看，企业能够控制租入资产创造未来经济利益，所以，在会计核算中，把融资租入的固定资产看成是自有固定资产，每月月末计提折旧，并在资产负债表中进行反映。

1.3.6 重要性要求

重要性要求是指企业提供的会计信息应当反映与企业财务状况、经营成果和现金流量等有关的所有重要交易或者事项。

基于重要性要求，企业的重要事项必须在财务报告中单独反映，使会计信息使用者在全面了解企业财务状况的基础上，又能获得重要的经济信息，从而为决策服务。

1.3.7 谨慎性要求

谨慎性要求是指企业对交易或者事项进行会计确认、计量和报告时，应当保持应有的谨慎，不应高估资产或者收益、低估负债或者费用。

在市场经济环境下，企业之间的竞争日趋激烈。企业的生产经营活动充满着风险和不确定性。企业按照谨慎性要求在面临不确定因素的情况下，应当保持必要的谨慎，充分估计到风险和损失，不高估资产或收益，不低估负债或费用。这样，企业的经营成果就没有"水分"，具有更高的可信度。例如，在每年年末，企业按照规定对可能发生的各项资产减值损失计提减值准备等，就体现了谨慎性要求。

1.3.8 及时性要求

及时性要求是指企业对于已经发生的交易或者事项，应当及时进行会计确认、计量和报告，不得提前或者延后。

对会计信息使用者来说，只有及时地获得企业正确的会计信息，才能迅速做出正确的决策。如果会计信息不能及时提供，那就失去了信息的使用价值，导致各方面的决策出现"滞后"现象，不但不能保证决策的正确性，而且有可能造成不可弥补的损失。企业对发生的各项经济活动，必须及时收集会计信息，及时处理会计信息，及时传递会计信息。

1.4 会计核算的基本前提和会计基础

1.4.1 会计核算的基本前提

会计核算的基本前提也称会计核算的基本假设，是对会计核算所处的时间、空间和其他条件所做的合理假设。会计核算的基本前提包括会计主体、持续经营、会计分期、货币计量。

1. 会计主体

会计主体又称会计实体或会计个体，是指会计信息所反映的特定单位或组织，它明确了会计工作的空间范围。

会计工作的目的是反映一个单位的财务状况、经营成果和现金流量，并为包括投资者在内的各个方面提供决策服务。会计所反映的信息总是在特定范围内的。只有明确规定会计核算的范围，才能保证会计核算的正常开展，实现会计的目标。

在会计主体确定的前提下，会计核算应当以企业发生的各项交易或事项为对象，记录和反映企业本身的各项生产经营活动。会计主体假设为会计人员，在日常的会计核算中，对各项交易或事项做出正确判断、对会计处理方法和会计处理程序做出正确选择提供了依据。

● 特 别 提 示

会计主体与法律主体的概念不同，通常的情况是，法律主体都是会计主体，而会计主体并不一定是法律主体。常见的"非独立法人企业"就是会计主体，因为它在会计上是独立核算，但不具备法人资格，所以不是法律主体。还有一种情形，即对一个集团公司来说，如果下属的子公司都是独立的企业法人，它们各自成为一个法律主体，同时也是会计主体。但根据国际会计惯例和我国会计法规规定，应把集团公司视为一个会计主体，集团公司应把各个子公司的会计报表进行合并，编制合并的会计报表，以反映整个集团公司的财务状况、经营成果和现金流量。

2. 持续经营

持续经营是指会计核算应当以企业持续、正常的生产经营活动为前提。也就是说，核算的企业被假定为长期地按照当前的规模和现状持续地经营下去，不会停业，也不会大规模削减业务。持续经营假设对会计的具体处理极为重要，正是因为企业要长期地进行生产经营活动，因此购入的固定资产要按规定逐期计提折旧，长期待摊费用和无形资产要分期摊销，购入原材料是为了生产产品，获取盈利，所以要按照历史成本计价，而所欠的债务要按期偿还，所以要按实际发生数计算等。

由于持续经营假设是根据企业发展的一般情况所做的设定，而任何企业都存在破产、清算的风险，即企业不能持续经营的可能性总是存在的。为此需要企业定期对其持续经营的基本前提做出分析和判断。如果可以判断企业不会持续经营，就应当改变会计核算的原则和方法，并在企业财务会计报告中做出相应披露。

3. 会计分期

会计分期是指将一个企业的持续经营活动划分为一个个连续的、长短相同的周期。会计期间分为年度、半年度、季度和月度。月度与季度起讫日期采用公历日期，年度的起讫日期各国有所不同。我国现行《企业会计准则》规定，会计年度应按公历日期计算，即从1月1日起至当年12月31日止为一个会计年度。会计核算应当按会计期间分期结算账目和编制会计报表。

根据持续经营的假设前提，企业是按当前的规模和状态持续经营下去。若不做会计期间假设，要确定企业的经营成果，就必须等到企业最后清算的时刻，这显然是不符合实际的。更为重要的是，企业的生产经营活动和投资决策需要及时的信息，不能等到歇业时一次性核算盈亏。因此，必须将企业持续经营的生产经营活动划分为一个个连续的、长短相同的周期，分期进行会计核算。明确会计分期基本假设对会计核算有着重要的影响。

4. 货币计量

货币计量是指会计主体在会计核算过程中采用某种货币作为计量单位，计量、记录和报告会计主体的生产经营活动。我国现行《企业会计准则》规定，企业的会计核算应以人民币为记账本位币。业务收支以外币为主的企业，也可以选定某种外币作为记账本位币，但编制的会计报表应当折算为人民币。在境外设立的中国企业向国内有关部门编报会计报表，也应当折算为人民币。

在会计核算过程中之所以采用货币作为计量单位，是由货币本身的属性决定的。货币是一般商品等价物，是衡量一般商品价值的共同尺度，具有价值尺度、流通手段和支付手段等功能。其他的计量单位，如重量、长度、容积等只能反映企业生产经营情况的一个侧面，无法在数量上进行汇总和比较，不利于管理和会计计量。所以，为全面反映企业的生产经营、业务收支和资产、负债等情况，会计核算必须以货币作为计量单位。

特 别 提 示

货币计量有一个前提：假定货币的币值是稳定不变的，即不同时期相同货币计量的价值在会计上被认为是相同的，因此才将它们放在一起进行计算、核算、比较。而事实上，各国货币的价值都是变动的，这有悖于会计核算基本前提，这个问题会计界目前还没有解决。在未获得妥善的解决方法之前，总假定币值是稳定不变的。

1.4.2 会计基础

企业会计的确认、计量和报告应当以权责发生制为基础。权责发生制的基础要求为凡是当期已经实现的收入和已经发生或应当负担的费用，无论款项是否收付，都应当作为当期的收入和费用，计入利润表；凡是不属于当期的收入和费用，即使已在当期收付，也不应当作为当期的收入和费用。

在实务中，企业交易或者事项的发生时间与相关货币的收付时间有时并不完全一致。例如，款项已经收到，但销售并未实现；或者款项已经支付，但并不是为本期生产经营活动而支付的。为了更加真实、公允地反映特定会计期间的财务状况和经营成果，《企业会计准则——基本准则》明确规定企业在会计确认、计量和报告中应当以权责发生制为基础。

特别提示

收付实现制是与权责发生制相对应的一种会计基础，它是以收到或支付的现金作为确认收入和费用等的依据。在企业，收付实现制主要用来编制"现金流量表"。

1.5 会计核算方法

1.5.1 会计科目

1. 会计科目的概念

会计科目是指对会计要素的具体内容进行分类核算的项目。会计要素是对会计对象的基本分类，资产、负债、所有者权益、收入、费用和利润这6个会计要素又是会计核算和监督的内容。而这6个会计要素对于复杂的企业经济业务的反映又显得过于粗略。因此，为满足经济管理及有关各方对会计信息的质量要求，必须对会计要素进行细化。即采用一定的形式，对每一个会计要素所反映的具体内容进一步进行分门别类的划分，设置会计科目。

会计科目是进行各项会计记录和提供各项会计信息的基础，在会计核算中具有重要意义，主要表现在如下几个方面。

（1）会计科目是复式记账的基础。复式记账要求每笔经济业务在两个或两个以上相互联系的账户（即会计科目）中进行登记，以反映资金运动的来龙去脉。

（2）会计科目是编制记账凭证的基础。会计凭证是确定所发生的经济业务应计入何种科目以及分门别类登记账簿的凭证。

（3）会计科目为成本计算与财产清查提供了前提条件。会计科目的设置，有助于成本核算，使各种成本计算成为可能；而通过账面记录与实际结存的核对，又为财产清查、保证账实相符提供了必备的条件。

（4）会计科目为编制财务报表提供了方便。财务报表是提供会计信息的主要手段，为了保证会计信息的质量及其及时性，财务报表中的许多项目与会计科目是一致的，并根据会计科目的本期发生额或余额填列。

2. 会计科目的分类

会计科目按其所归属的会计要素不同，分为资产类、负债类、共同类、所有者权益类、成本类、损益类六大类。

（1）资产类科目是指用于核算资产增减变化，提供资产类项目会计信息的会计科目。

（2）负债类科目是指用于核算负债增减变化，提供负债类项目会计信息的会计科目。

（3）共同类科目是指可能具有资产性质，也可能具有负债性质的科目，其性质取决于科目核算的结果，当其核算结果出现借方余额时，则作为资产科目，而当其核算结果出现贷方余额时，则作为负债科目。

（4）所有者权益类科目是指用于核算所有者权益增减变化，提供所有者权益有关项目会计信息的会计科目。

（5）成本类科目则是用于核算成本的发生和归集情况，提供成本相关会计信息的会计科目。

（6）损益类科目是指用于核算收入、费用的发生或归集，提供一定期间与损益相关的会计信息的会计科目。

我国新发布的《企业会计准则应用指南》就是按照上述分类方法进行分类的。根据《企业会计准则应用指南》，一般工商企业所使用的主要会计科目见表1-1。

表1-1 会计科目参照表

序号	科目名称	序号	科目名称	序号	科目名称
	一、资产类	22	存货跌价准备		二、负债类
1	库存现金	23	持有至到期投资	44	短期借款
2	银行存款	24	持有至到期投资减值准备	45	交易性金融负债
3	其他货币资金	25	可供出售金融资产	46	应付票据
4	交易性金融资产	26	长期股权投资	47	应付账款
5	应收票据	27	长期股权投资减值准备	48	预收账款
6	应收账款	28	投资性房地产	49	应付职工薪酬
7	预付账款	29	长期应收款	50	应交税费
8	应收股利	30	未实现融资收益	51	应付利息
9	应收利息	31	固定资产	52	应付股利
10	其他应收款	32	累计折旧	53	其他应付款
11	坏账准备	33	固定资产减值准备	54	代理业务负债
12	代理业务资产	34	在建工程	55	预计负债
13	材料采购	35	工程物资	56	递延收益
14	在途物资	36	固定资产清理	57	长期借款
15	原材料	37	无形资产	58	应付债券
16	材料成本差异	38	累计摊销	59	长期应付款
17	库存商品	39	无形资产减值准备	60	未确认融资费用
18	发出商品	40	商誉	61	专项应付款
19	商品进销差价	41	长期待摊费用	62	递延所得税负债
20	委托加工物资	42	递延所得税资产	—	三、共同类
21	周转材料	43	待处理财产损溢	63	衍生工具

续表

序号	科目名称	序号	科目名称	序号	科目名称
64	套期工具	72	生产成本	81	主营业务成本
65	被套期项目	73	制造费用	82	其他业务成本
	四、所有者权益类	74	劳务成本	83	营业税金及附加
66	实收资本（股本）	75	研发支出	84	销售费用
67	资本公积		六、损益类	85	管理费用
68	盈余公积	76	主营业务收入	86	财务费用
69	本年利润	77	其他业务收入	87	资产减值损失
70	利润分配	78	公允价值变动损益	88	营业外支出
71	库存股	79	投资收益	89	所得税费用
	五、成本类	80	营业外收入	90	以前年度损益调整

特别提示

【施工企业会计核算办法】

施工企业与其他生产型企业不同，特别是在成本核算和收入的确认上，与产品销售企业存在很大的差别。在成本核算方面，施工企业设置"工程施工""机械作业""工程结算"等成本类科目对工程成本和结算款项进行核算。

会计科目按其所提供信息的详细程度及其统驭关系不同，又分为总分类科目和明细分类科目。总分类科目是对会计要素具体内容进行总括分类、提供总括信息的会计科目，如"应收账款""应付账款""原材料"等。明细分类科目是对总分类科目进一步进行分类、提供更详细更具体会计信息的科目，如"应收账款"科目按债务人姓名设置明细科目，反映应收账款的具体对象；"应付账款"科目按债权人姓名设置明细科目，反映应付账款的具体对象；"原材料"科目按原材料的类别、品种和规格等设置明细科目，反映各种原材料的具体构成内容。对于明细科目较多的总账科目，应在总分类科目与明细科目之间设置二级或多级科目。

3. 会计科目的设置原则

会计科目反映会计要素的构成及其变化情况，为投资者、债权人、企业经营管理者等提供会计信息，其设置过程应努力做到科学、合理、适用，并遵循下列原则。

（1）合法性原则。为了保证信息的可比性，国家财政部门对企业所使用的会计科目都做出了较为具体的规定。企业应当根据国家财政部门制定的会计制度法规中规定的会计科目，设置本企业适用的会计科目。对于国家统一会计制度规定的会计科目，企业可以根据自身的生产经营特点，在不影响会计核算要求和财务报表指标汇总，以及对外提供统一的财务报表的前提下，自行增设、减少或合并某些会计科目。

（2）相关性原则。会计科目的设置，是企业分类核算经济业务的基础，也是生成会计信息的基础，设置会计科目应为提供有关各方所需要的会计信息服务，满足企业有关方面对其财务报告的要求。因此，企业必须考虑会计信息的使用者对本企业会计信息的需要，考虑会计信息相关性的要求，设置本企业所适用的会计科目。同时，企业也应当考虑到本企业内部管理的要求，考虑到强化内部经营管理和内部控制对会计信息的要求，为企业提高内部管理水平提供信息支持。

（3）实用性原则。由于企业的组织形式、所处行业、经营内容及业务种类等不同，因而在会计科目设置上亦应有所区别。会计核算的目的在于客观真实地反映企业经营活动情况，提供会计信息。因此，企业在合法性的基础上，应根据企业自身特点，设置符合企业实际情况的会计科目。对于本企业重要的经济业务，可以按照重要性原则的要求，对会计科目进行细分，设置更为具体的会计科目，以细化对经济业务的核算；对于一些不很重要的经济业务或不经常发生的经济业务，也可以对会计科目进行适当的归并。对于会计科目的名称，在不违背会计科目使用原则的基础上，也可以结合本企业的实际情况，设置本企业特有的会计科目。

1.5.2 账户

1. 账户的概念

会计科目只是对会计对象具体内容进行分类的项目或名称，还不能进行具体的会计核算。为了全面、序时、连续、系统地核算和监督会计要素的增减变动，还必须设置账户。设置账户是会计核算的重要方法之一。

账户是用来记录会计科目所反映经济业务内容的工具，它是根据会计科目设置的。账户以会计科目作为它的名称，同时它又具备自己的一定格式，即结构，以利于分门别类地、连续系统地记录和反映各项经济业务，以及由此引起的有关会计要素具体内容的增减变化及其结果。

2. 账户的分类

账户可以根据多种标准进行分类。

（1）根据账户所提供信息的详细程度及其统驭关系，分为总分类账户和明细分类账户。

总分类账户又称为总账账户或一级账户，简称总账。它是根据总分类会计科目设置的，是提供总分类核算资料指标的账户，在总分类账户中只使用货币计量单位反映经济业务。它可以提供概括核算资料和指标，是对其所属明细分类账户资料的综合。总账以下的账户称为明细分类账户。

明细分类账户又称明细账户，简称明细账。它是根据明细分类科目设置的，明细账提供明细核算资料和指标，是对其总账资料的具体化和补充说明。对于明细账的核算，除用货币计量反映经济业务外，必要时还需要用实物计量或劳动量计量单位从数量和时间上进行反映，以满足经营管理需要。

总账和其所属明细账的核算内容相同，都是核算和反映同一事物的，只不过反映内容的详细程度上有所不同。总账反映总括情况，明细账反映具体详细情况。两者相互补充，相互制约，相互核对。总账统驭和控制明细账，是明细账的统驭账户，明细账从属于总账，是总账的从属账户。

（2）根据账户所反映的经济内容，分为资产类账户、负债类账户、所有者权益类账户、成本类账户、损益类账户等。

3. 账户的基本结构

账户是用来记录经济业务的,它有3个作用:一是分门别类地记载各项经济业务;二是提供日常会计核算资料和数据;三是为编制财务报告提供依据。为此,账户要有明确的核算内容,账户记载各项经济业务,它们所引起的会计要素数量上的变动,不外乎是增加和减少两种情况。为了全面、清楚地反映和监督这种变化,在每一账户上都应当分开登记数量的增加和减少,这就形成了账户的基本结构。账户分为左方和右方两个方向,一方登记增加,另一方登记减少。账户的基本结构,同时还应反映以下内容。

(1) 账户的名称,即会计科目。
(2) 日期和摘要,记载经济业务的日期和概括说明经济业务的内容。
(3) 增加方和减少方的金额及余额。
(4) 凭证号数,即说明记载账户记录的依据。

借贷记账法账户的基本结构见表1-2。

表1-2 借贷记账法账户的基本结构

账户名称(会计科目)

年		凭证编号	摘要	借方	贷方	借或贷	余额
月	日						

在会计实务中,账户是根据以上的基本内容来设置账簿格式的。为了说明上的方便,上述账户的基本结构通常简化为"T字形"或称为"丁字形"账户,见表1-3。

表1-3 T字形账户

账户名称(会计科目)

借 方	贷 方

表1-3的T字形账户格式分左右两方,分别用来记录经济业务发生所引起的会计要素的增加额和减少额。增加额和减少额相抵的差额,形成账户的余额,余额按其表现的不同时间,分为期初余额和期末余额。为此,通过账户记录的金额可以提供期初余额、本期

增加额、本期减少额和期末余额 4 个会计核算指标。本期增加额是指在一定时期内(月、季、年)记入账户增加金额的合计数,也称为本期增加发生额。本期减少额是指在一定时期内(月、季、年)记入账户减少金额的合计数,也称为本期减少发生额。本期发生额是一个动态指标,它说明资产或权益的增减变动情况。本期增加发生额与本期减少发生额相抵以后的差额,称为期末余额。余额是一个静态指标,它说明资产或权益在某一时日增减变动的结果。本期的期末余额就是下期的期初余额。

上述 4 项金额的关系为

本期期初余额+本期增加发生额-本期减少发生额=本期期末余额

本期增加发生额与本期减少发生额是记在账户的左方还是右方,账户的余额反映是在左方还是右方,取决于账户的性质和类型。由于所使用的记载方式不同,账户左右两方具体反映的内容也不相同。《企业会计准则》中规定采用借贷记账法。

借贷记账法下的账户,其左方一律称为"借方",其"右方"一律称为"贷方","借方"和"贷方"作为记账符号与现实生活中的借贷并不具有相同的含义。

运用借贷记账法在账户中登记经济业务时,凡是记入账户借方的账项称为借项;凡是计入账户贷方的账项称为贷项。每一个账户的借方和贷方在一定期间内所登记的金额的合计额称为本期发生额,账户借方的金额合计额称为借方本期发生额,账户贷方的金额合计额称为贷方本期发生额。每个账户的借方本期发生额和贷方本期发生额相抵后的差额称为余额。各类账户的基本结构见表 1-4 至表 1-7。

表 1-4 资产类账户

借 方		贷 方	
期初余额	×××		
本期增加数	×××	本期减少数	×××
本期发生额	×××	本期发生额	×××
期末余额	×××		

表 1-5 负债、所有者权益类账户

借 方		贷 方	
		期初余额	×××
本期减少数	×××	本期增加数	×××
本期发生额	×××	本期发生额	×××
		期末余额	×××

表 1-6 成本、费用类账户

借 方		贷 方	
期初余额	×××		
本期增加数	×××	本期减少数	×××
本期发生额	×××	本期发生额	×××
期末余额	×××		

表 1-7　收入、利润类账户

借　方		贷　方	
		期初余额	×××
本期减少数	×××	本期增加数	×××
本期发生额	×××	本期发生额	×××
		期末余额	×××

在借贷记账法下，不同性质的账户"借"和"贷"的含义各不相同，概括见表 1-8。

表 1-8　借贷记账法下账户"借"和"贷"的含义

会计账户

借　方	贷　方
资产的增加	资产的减少
负债的减少	负债的增加
所有者权益的减少	所有者权益的增加
费用、成本的增加	费用、成本的减少
收入、利润的减少	收入、利润的增加

各类账户的期末余额，分别按下列公式计算

资产类账户的期末余额＝期初余额＋本期借方发生额－本期贷方发生额

成本、费用类账户期末如有余额，可参照资产类账户期末余额的计算公式进行计算。

负债、所有者权益类账户的期末余额＝期初余额＋本期贷方发生额－本期借方发生额

收入、利润类账户期末如有余额，可参照负债、所有者权益类账户期末余额的计算公式进行计算。

● 特　别　提　示

会计科目和会计账户是既有区别又有联系的两个概念。会计科目是会计账户的名称而且反映相同的经济内容，在设置时必须遵循同样的原则；会计账户具有一定的结构形式，是记录和反映特定会计要素类别增减变动的手段和工具，而会计科目只是利用分类标志将会计要素分类后的分类项目。

1.5.3　借贷记账法

1. 记账方法

为了对经济活动进行核算和监督，在按一定的原则设置了会计科目并开设账户后，还

要运用一定的方法才能把经济业务在账户中进行连续、系统地登记。所谓记账方法，简单地说，就是在账簿中记录经济业务的方法。按其记录经济业务方式的不同，记账方法可以分为单式记账法和复式记账法。

单式记账法是指对发生的每一项经济业务，只在一个账户中进行登记的记账方法。在单式记账法下，通常只登记现金、银行存款的收付金额以及债权债务的结算金额，一般不登记实务的收付金额。例如，用现金 2 000 元支付工人工资，该业务发生后，会计记账只在"库存现金"账户中登记现金减少 2 000 元，并不登记该笔现金用于何处。单式记账法记账手续简单，但是，由于它没有一套完整的账户体系，账户之间不能形成相互对应和平衡的关系，所以不能全面系统地反映各会计要素的增减变动情况以及经济业务的来龙去脉，也不便于检查账户记录的正确性和完整性，因而是一种不够科学的记账方法。

复式记账法是以资产与权益平衡关系作为记账基础，对于每一笔经济业务，都要在两个或两个以上相互联系的账户中进行登记，系统地反映资金运动变化结果的一种记账方法。复式记账法克服了单式记账法的缺点。例如，上述用现金 2 000 元支付工人工资的业务，业务发生后，一方面在"库存现金"账户记录现金减少 2 000 元，另一方面在"应付职工薪酬"账户记录应付职工薪酬减少 2 000 元，这样登记的结果能够清楚地反映一项经济业务的来龙去脉，即资金从何处来，又往何处去。其记录结果如图 1.2 所示。

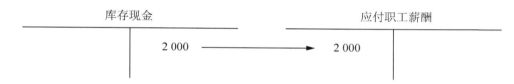

图 1.2　复式记账法 1

复式记账法不仅可以全面、清晰地反映出经济业务的来龙去脉，而且还能通过会计要素的增减变动，全面、系统地反映经济活动的过程和结果，并通过对账户结果进行试算平衡，检查账户记录的正确性，因而被公认为是一种科学的记账方法，为世界各国所广泛采用。复式记账法分为借贷记账法、增减记账法、收付记账法等。我国会计准则规定，企业、行政单位和事业单位会计核算采用借贷记账法记账。

2. 借贷记账法

借贷记账法是世界上通行的应用广泛的一种复式记账方法，它是建立在"资产＝负债＋所有者权益"会计等式基础上，以"借""贷"为记账符号，以"有借必有贷，借贷必相等"为记账规则，对每项经济业务都在两个或两个以上有关账户中相互联系地进行记录的一种复式记账方法。

借贷记账法起源于 13 世纪至 15 世纪意大利的佛罗伦萨、热那亚、威尼斯等一些北方城市。"借""贷"二词原意同债权债务有关，含有"借进""贷出"之意，但随着商品经济的发展，商贸活动范围的日益扩大，"借""贷"二词也从专用信用交易的符号，逐步转变成一种专门的记账符号和会计术语用来标明记账方向。"借"表示账户中左方金额栏，"贷"表示账户中右方金额栏，至于"借"表示增加还是"贷"表示增加，则取决于账户的性质及结构。这个问题在前面账户的基本结构中已经进行了详细论述。

借贷记账法的记账规则为：有借必有贷，借贷必相等。即对于每一笔经济业务，都要在两个或两个以上相互联系的账户中,以借方和贷方相等的金额进行登记。具体来说,就是指对于每一项经济业务,如果在一个账户中登记了借方,必须同时在另一个或几个账户中登记贷方;或者反过来说,在一个账户中登记了贷方,必须同时在另一个或几个账户中登记借方。并且登记在借方和贷方的金额总额必须相等。运用借贷记账法的记账规则登记经济业务时,一般按以下步骤进行。

(1) 分析经济业务中所涉及的账户名称,并判断账户的性质。
(2) 判断账户中所涉及的资金数量是增加的还是减少的。
(3) 根据账户的结构确定计入账户的方向。

下面举例说明借贷记账法的记账规则。

 应用案例 1-1

某施工企业为增值税一般纳税人,2019年12月份发生以下经济业务。

(1) 2日,以银行存款15 000元购进原材料一批。(为简化业务,不考虑增值税。)

这项经济业务的发生,涉及"银行存款"和"原材料"两个资产类账户,其中"银行存款"账户减少15 000元,"原材料"账户增加15 000元,根据资产类账户借方登记增加额,贷方登记减少额的账户结构,应在"原材料"账户借方登记15 000元,在"银行存款"账户贷方登记15 000元,如图1.3所示。

图1.3 复式记账法2

(2) 5日,向银行借入短期借款60 000元。

这项经济业务的发生,涉及资产类账户"银行存款"和负债类账户"短期借款"两个账户,其中"银行存款"账户增加60 000元,"短期借款"账户增加60 000元,根据负债类账户和资产类账户额的账户结构,应在"银行存款"账户借方登记60 000元,在"短期借款"账户贷方登记60 000元,如图1.4所示。

图1.4 复式记账法3

(3) 11日,投资者投入资金10 000元存入银行。

这项经济业务的发生,涉及所有者权益类账户"实收资本"和资产类账户"银行存款"两个账户,其中"应付账款"账户增加10 000元,"银行存款"账户增加10 000元,由于所有者权益类账户借方登记减少额，贷方登记增加额；而资产类账户借方登记增加额，贷方登记减少额，应在"银行存款"账户借方登记 10 000 元，在"应付账款"账户贷方登记 10 000 元，如图 1.5 所示。

图 1.5　复式记账法 4

（4）20 日，以银行存款 50 000 元归还前欠贷款。

这项经济业务的发生，涉及负债类账户"短期借款"和资产类账户"银行存款"两个账户，其中"短期借款"账户减少 50 000 元，"银行存款"账户减少 50 000 元，根据负债类账户借方登记减少额，贷方登记增加额；而资产类账户借方登记增加额，贷方登记减少额，应在"短期借款"账户借方登记 50 000 元，在"银行存款"账户贷方登记 50 000 元，如图 1.6 所示。

图 1.6　复式记账法 5

（5）25 日，收到建设单位支付的工程款 31 200 元，其中 30 000 元以转账支付，另 1 200 元以现金支付。

这项经济业务的发生，涉及"应收账款""银行存款"和"库存现金"3 个资产类账户，其中"应收账款"账户减少 31 200 元，"银行存款"账户增加 30 000 元，"库存现金"账户增加 1 200 元，根据资产类账户借方登记增加额，贷方登记减少额的账户结构，应在"应收账款"账户贷方登记 31 200 元，在"银行存款"账户和"库存现金"账户借方分别登记 30 000 元和 1 200 元，如图 1.7 所示。

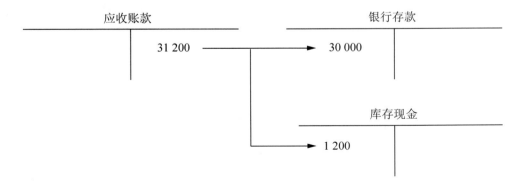

图 1.7　复式记账法 6

【案例点评】

以上5项经济业务，每一项经济业务都要在两个或两个以上有关账户中，作应借应贷的记录，而且记入借方的金额和记入贷方的金额必然相等，体现了借贷记账法的记账规则："有借必有贷，借贷必相等"。

3. 会计分录

企业日常经营过程中要发生大量的经济业务，如果按照经济业务逐笔计入账户，不但工作量大，而且也容易发生差错，进而影响到企业所提供的会计信息的正确性。因此，为了保证账户记录的正确性和便于事后检查，在把经济业务计入账户之前，要采用一种专门的方法来确定各种经济业务正确的账户对应关系，即确定经济业务涉及的账户及其借贷的方向和金额，这种方法就是编制会计分录。如前所述，会计分录就是标明某项经济业务应借应贷的账户名称及金额的记录。

在实际工作中，编制会计分录是通过填制会计凭证来完成的。

应用案例1-2

仍以应用案例1-1中，某施工企业2019年12月份的经济业务为例，编制会计分录如下。

（1）借：原材料　　　　　　　　　　　　　　　　　　　　　　15 000
　　　　贷：银行存款　　　　　　　　　　　　　　　　　　　　　　15 000
（2）借：银行存款　　　　　　　　　　　　　　　　　　　　　　60 000
　　　　贷：短期借款　　　　　　　　　　　　　　　　　　　　　　60 000
（3）借：银行存款　　　　　　　　　　　　　　　　　　　　　　10 000
　　　　贷：应付账款　　　　　　　　　　　　　　　　　　　　　　10 000
（4）借：短期借款　　　　　　　　　　　　　　　　　　　　　　50 000
　　　　贷：银行存款　　　　　　　　　　　　　　　　　　　　　　50 000
（5）借：银行存款　　　　　　　　　　　　　　　　　　　　　　30 000
　　　　　库存现金　　　　　　　　　　　　　　　　　　　　　　　1 200
　　　　贷：应收账款　　　　　　　　　　　　　　　　　　　　　　31 200

【案例点评】

编制会计分录时，应认真分析经济业务所涉及的账户类型、金额的增减，确定应借应贷的方向和金额。

上面5例中有4例都是一个借方账户与一个贷方账户对应组成的，称为"简单会计分录"；第5例则是两个借方账户和一个贷方账户对应组成的，这种一借多贷或一贷多借形

式的会计分录称为"复合会计分录",在实际会计处理中,为了明晰账户的对应关系,一般不要编制多借多贷的会计分录。

4. 试算平衡

试算平衡是指根据"资产＝负债＋所有者权益"的等式关系以及借贷记账法的记账规则,检查和验证所有账户记录是否正确的一种方法。试算平衡有如下两个方面。

（1）发生额试算平衡,即对一定时期全部账户的发生额进行试算平衡,可以依据发生额平衡公式,通过编制发生额试算平衡表来进行。其平衡公式为

全部账户的本期借方发生额合计＝全部账户的本期贷方发生额合计

（2）余额试算平衡,即对一定时期全部账户的期末余额进行试算平衡,可依据期末余额试算平衡公式,通过编制期末余额试算平衡表来进行。其平衡公式为

全部账户的借方期末余额合计＝全部账户的贷方期末余额合计

根据账户期末余额的计算公式,又可将期末余额试算平衡公式表述为

$$\text{全部账户的借方期初余额} + \text{本期借方发生额} - \text{本期贷方发生额} = \text{全部账户的贷方期初余额} + \text{本期贷方发生额} - \text{本期借方发生额}$$

这样就可以将本期发生额试算平衡表和期末余额试算平衡表合在一起,编制发生额及余额试算平衡表。借贷记账法下,运用试算平衡表来检查账户记录的正确性,如果借贷不平衡,说明账户的记录和计算一定是错误的,必须马上检查,进行更正。

 应用案例 1-3

某施工企业为增值税一般纳税人,2019年12月1日各账户期初余额见表1-9。

表 1-9 总分类账户期初余额表　　　　　　　　单位:元

资　产	金　额	负债及所有者权益	金　额
库存现金	500	短期借款	200 000
银行存款	580 000	应付账款	15 000
原材料	2 600	应交税费	3 500
应收账款	23 000	实收资本	650 000
固定资产	300 000	资本公积	39 600
工程施工	2 000		
合　计	908 100	合　计	908 100

该施工企业2019年12月份发生下列经济业务。

（1）3日从银行提取现金600元。

（2）7日购买水泥7.5吨,取得增值税发票,注明价款3000元,增值税390元,货款未付,材料已验收入库。

（3）9日用银行存款偿还短期借款100 000元。

(4) 15日接受外单位投资设备一台，价值50 000元。
(5) 16日项目部领用水泥3吨，实际成本1 200元。
(6) 25日开出支票3 500元缴纳税费。
(7) 26日用支票5 000元支付本月行政管理部门电话费。
(8) 28日收到上月已完工程款18 000元，存入银行。
要求：根据上述经济业务编制会计分录，并编制总分类账户发生额、余额试算平衡表。
根据上述经济业务做如下会计分录。

(1) 借：库存现金　　　　　　　　　　　　　　　　　　600
　　　贷：银行存款　　　　　　　　　　　　　　　　　　　　600
(2) 借：原材料　　　　　　　　　　　　　　　　　　3 000
　　　　应交税费——应交增值税（进项税额）　　　　390
　　　贷：应付账款　　　　　　　　　　　　　　　　　　　3 390
(3) 借：短期借款　　　　　　　　　　　　　　　　100 000
　　　贷：银行存款　　　　　　　　　　　　　　　　　　100 000
(4) 借：固定资产　　　　　　　　　　　　　　　　50 000
　　　贷：实收资本　　　　　　　　　　　　　　　　　　50 000
(5) 借：工程施工　　　　　　　　　　　　　　　　1 200
　　　贷：原材料　　　　　　　　　　　　　　　　　　　　1 200
(6) 借：应交税费　　　　　　　　　　　　　　　　3 500
　　　贷：银行存款　　　　　　　　　　　　　　　　　　　3 500
(7) 借：管理费用　　　　　　　　　　　　　　　　5 000
　　　贷：银行存款　　　　　　　　　　　　　　　　　　　5 000
(8) 借：银行存款　　　　　　　　　　　　　　　　18 000
　　　贷：应收账款　　　　　　　　　　　　　　　　　　　18 000

根据上述会计分录，编制总分类账户发生额、余额试算平衡表，见表1-10。

表1-10　总分类账户发生额、余额试算平衡表　　　　　　　单位：元

会计账户	期初余额		本期发生额		期末余额	
	借方	贷方	借方	贷方	借方	贷方
库存现金	500		600		1 100	
银行存款	580 000		18 000	109 100	488 900	
应收账款	23 000			18 000	5 000	
原材料	2 600		3 000	1 200	4 400	
固定资产	300 000		50 000		350 000	
工程施工	2 000		1 200		3 200	
短期借款		200 000	100 000			100 000
应付账款		15 000		3 390		18 390

续表

会计账户	期初余额		本期发生额		期末余额	
	借方	贷方	借方	贷方	借方	贷方
应交税费		3 500	3 890			390
实收资本		650 000		50 000		700 000
资本公积		39 600				39 600
管理费用			5 000		5 000	
合　　计	908 100	908 100	181 690	181 690	857 990	857 990

【案例点评】

在编制试算平衡表时，必须保证所有账户的余额均已记入试算平衡表。因为会计等式是对会计要素整体而言的，缺少任何一个账户的余额，都会造成期初或期末借方余额合计与贷方余额合计不相等。

在保证所有账户的余额均记入试算平衡表的情况下，如果试算平衡表借贷不相等，账户记录肯定有错误，应认真查找，直到实现平衡为止。

特别提示

即使试算平衡表试算平衡，也不能说明记账没有错误，因为有些错误并不影响借贷双方的平衡关系，例如：①重复记录某项业务；②漏记某项业务；③记错账户或借贷方向颠倒；④一项错误的记录正好抵消另一项错误的记录。因此在编制试算平衡表之前，应认真核对有关账户记录，以消除上述错误。

1.5.4 会计凭证与账簿

1. 会计凭证

会计凭证是记录经济业务事项发生或完成情况的书面证明，也是登记账簿的依据。通过填制或取得会计凭证，可以明确经济责任。各单位在进行会计核算时，应当以实际发生的经济业务为依据，这是会计核算应遵循的基本原则，因此，每一个单位在处理各项经济业务时，都必须由具体经办该项经济业务的有关人员，从外部取得或自行填制有关凭证，以书面形式记录和证明所发生经济业务的性质、内容、数量、金额等，并在凭证上签名或盖章，以对经济业务的合法性和凭证的真实性、可靠性负责。例如，企业从外部购买材料，必须由业务经办人取得购货发票，并签名或盖章；企业生产中领用材料，应填制领料单等。各种发票、领料单等都属于会计凭证。任何会计凭证都必须经过有关人员的严格审核，确认无误后，才能作为记账的依据。会计凭证多种多样，按其填制的程序和用途的不同来划分，可以分为原始凭证和记账凭证两种。

【会计凭证的重要性】

（1）原始凭证，又称单据，是在经济业务发生或完成时取得或填制的，是用以记录或证明经济业务的发生或完成情况的原始凭证。它是会计核算的原始资料和重要依据。原始凭证的质量决定了会计信息的真实性和可靠性。会计人员对不真实、不合法的原始凭证，不予受理；对记载不准确、不完整的原始凭证，应予以退回，要求更正补充。

各单位在办理现金收付、款项结算、财产收发、成本计算、产品生产、产品销售等各项经营业务时，都必须取得或填制原始凭证来证明经济业务的发生或完成，并作为会计核算的依据。例如，由材料仓库管理人员在验收材料时填制的收料单，由项目部或其他用料部门领用材料时填制的领料单，由供应单位开具的发票和结算凭证等，可以用来证明经济业务已经实际发生的单据就属于原始凭证，并作为会计核算的原始资料。

原始凭证按其来源不同，可以分为外来原始凭证和自制原始凭证。外来原始凭证是指在经济业务发生或完成时，从其他单位或个人直接取得的原始凭证，如购买材料时取得的增值税专用发票、银行转来的各种结算凭证、对外支付款项时取得的收据、职工出差取得的飞机票、车船票等。自制原始凭证是指由本单位内部经办业务的部门或个人，在执行或完成某项经济业务时自行填制的、仅供本单位内部使用的原始凭证，如收料单、领料单、限额领料单、工程价款结算单、借款单、工资发放明细表、折旧计算表等。

原始凭证按填制手续及内容不同，可以分为一次凭证、累计凭证和汇总凭证。一次凭证是指一次填制完成、只记录一笔经济业务的原始凭证。所有的外来原始凭证和大部分的自制原始凭证都属于一次凭证。如购货发票、销货发票、收据、领料单、收料单、借款单、银行结算凭证等。一次凭证是一次有效的凭证。累计凭证是指在一定时期内多次记录发生的同类型经济业务的原始凭证。其特点是，在一张凭证内可以连续登记相同性质的经济业务，随时结算出累计数及结余数，并按照费用限额进行费用控制，期末按实际发生额记账。累计凭证是多次有效的原始凭证，这类凭证的填制手续是多次进行才能完成的，并一般为自制原始凭证。最具代表性的累计原始凭证是"限额领料单"。汇总凭证也称原始凭证汇总表，是指对一定时期内反映经济业务内容相同的若干张原始凭证，按照一定标准综合填制的原始凭证。它合并了同类型的经济业务，简化了记账工作。常用的汇总原始凭证有：发出材料汇总表、工资结算汇总表、销售日报、差旅费报销单等。

原始凭证按照格式的不同，可以分为通用凭证和专用凭证。通用凭证是指由有关部门统一印制、在一定范围内使用的，具有统一格式和使用方法的原始凭证。通用凭证的使用范围因制作部门不同而异，可以是某一地区、某一行业通用，也可以是全国通用，如增值税专用发票。专用凭证是指由单位自行印制、仅在本单位内部使用的原始凭证，如领料单、差旅费报销单、折旧计算表、工资分配表等。

（2）记账凭证，又称记账凭单，是会计人员根据审核无误的原始凭证，按照经济业务事项的内容加以归类，并据以确定会计分录后所填制的会计凭证，它是登记账簿的直接依据。记账凭证根据复式记账法的基本原理，确定了应借、应贷的会计科目及金额，将原始凭证中的一般数据转化为会计语言。因此会计凭证是介于原始凭证与账簿之间的中间环节，是登记明细分类账户和总分类账户的依据。

● 特 别 提 示

记账凭证和原始凭证同属于会计凭证，但两者之间存在着以下差别：①原始凭证由经办人员填制，而记账凭证一律由会计人员填制；②原始凭证是根据发生或完成的经济业务填制的，而记账凭证则是根据审核后的原始凭证填制的；③原始凭证仅用以记录、证明经济业务已经发生或完成，而记账凭证则要依据会计科目对已经发生或完成的经济业务进行归类、整理；④原始凭证是记账凭证的附件和填制记账凭证的依据，而记账凭证则是登记账簿的依据。

记账凭证按其反映经济业务的内容不同，可以分为收款凭证、付款凭证和转账凭证。收款凭证是指用于记录库存现金和银行存款收入业务的会计凭证。它是出纳人员根据库存现金收入业务和银行存款收入业务的原始凭证编制的专用凭证，据以作为登记库存现金和银行存款等有关账户的依据。付款凭证是指用于记录库存现金和银行存款付款业务的会计凭证。它是出纳人员根据库存现金和银行存款付出业务的原始凭证编制的专用凭证，作为登记库存现金和银行存款等有关账户的依据。转账凭证是指用于记录不涉及库存现金和银行存款业务的会计凭证。在经济业务中，凡是不涉及库存现金和银行存款收付的业务，称之为转账业务，如计提固定资产折旧、项目部领用原材料、期末结转成本等。它是会计人员根据有关转账业务的原始凭证编制的作为记账依据的专用凭证。在这里我们将记账凭证划分为收款凭证、付款凭证和转账凭证3种，既便于按经济业务对会计人员进行分工，又便于提供分类核算数据，为记账工作带来方便，但工作量较大。因此，这种做法适用于规模较大、收付业务较多的单位。对于经济业务较简单、规模较小、收付业务较少的单位，为了简化核算，可以采用通用记账凭证来记录所有经济业务。通用记账凭证指对全部业务不再区分收款、付款及转账业务，而将所有经济业务统一编号，在同一格式的凭证中进行登记。

2. 会计账簿

会计账簿是指由一定格式账页组成的，以经过审核的会计凭证为依据，全面、系统、连续地记录各项经济业务的簿籍。通过会计凭证的填制与审核，可以将每天发生的经济业务进行如实、正确地记录，明确经济责任。但会计凭证数量繁多、信息分散，难以全面、完整地了解企业的财务状况，不便于会计信息的整理与报告。因此，各单位应当按照国家统一的会计制度的规定和会计业务的需要设置会计账簿，以便系统地归纳会计信息，全面、系统、连续地核算和监督单位的经济活动及其财务收支情况。设置和登记账簿是编制会计报表的基础，是联系会计凭证与会计报表的中间环节。

● 特 别 提 示

账簿与账户有着十分密切的关系。账户是根据会计科目开设的，账户存在于账簿之中，账簿中的每一个账页就是账户的存在形式和载体，没有账簿，账户就无法存在；账簿序时、分类地记载经济业务，是在个别账户中完成的。因此，账簿只是一个外在形式，账户才是它的真实内容。所以说，账簿是由若干账页组成的一个整体，而开设于账页上的账户则是这个整体中的个别部分，因而，账簿与账户的关系，是形式与内容的关系。

账簿按其用途不同，可分为序时账簿、分类账簿和备查账簿。序时账簿，是按照经济业务发生或完成时间的先后顺序逐日逐笔进行登记的账簿。在实际工作中，这种账簿通常是按照记账凭证编号的先后顺序逐日进行登记的，因此又称为日记账。日记账的特点是序时登记和逐笔登记。序时账簿通常有两种：一种是用来登记全部经济业务发生情况的账簿，称为普通日记账；另一种是用来登记某一类经济业务发生情况的账簿，称为特种日记账。在我国，大多数单位一般只设现金日记账和银行存款日记账。分类账簿是对全部经济业务事项按照会计要素的具体类别而设置的分类账户进行登记的账簿。分类账簿按照分类的概括程度不同，又分为总分类账和明细分类账两种。按照总分类账户分类登记经济业务事项的是总分类账簿，简称总账。按照明细分类账户分类登记经济业务的是明细分类账簿，简称明细账。明细分类账是对总分类账的补充和具体化，并受总分类账的控制和统驭。分类账簿提供的核算信息是编制会计报表的主要依据。备查账簿简称备查账，是对某些在序时账簿和分类账簿等主要账簿中都不予登记或登记不够详细的经济业务事项进行补充登记时使用的账簿。备查账簿可以为某项经济业务的内容提供必要的参考资料，加强企业对使用和保管的属于他人的财产物资的监督。例如，租入固定资产登记簿、受托加工材料登记簿、代销商品登记簿等。备查账簿可以由各单位根据需要进行设置。

特别提示

分类账簿和序时账簿的作用不同。分类账簿则是按照经营与决策的需要而设置的账户，归集并汇总各类信息，反映资金运动的各种状态、形式及其构成；序时账簿能提供连续系统的信息，反映企业资金运动的全貌。在账簿组织中，分类账簿占有特别重要的地位。因为只有通过分类账簿，才能把数据按账户形成不同信息，满足编制会计报表的需要。备查账簿与序时账簿和分类账簿相比，存在两点不同之处：一是登记依据可能不需要记账凭证，甚至不需要一般意义上的原始凭证；二是备查账簿的主要栏目不记录金额，它更注重用文字来表述某项经济业务的发生情况。

账簿按账页格式的不同，可以分为两栏式、三栏式、多栏式和数量金额式。两栏式账簿是指只有借方和贷方两个基本金额栏目的账簿。普通日记账和转账日记账一般采用两栏式。三栏式账簿是设有借方、贷方和余额三个基本栏目的账簿。特种日记账、总分类账以及资本、债权、债务明细账都可以采用三栏式账簿。多栏式账簿是在账簿的两个基本栏目——借方和贷方的基础上，按需要分设若干专栏的账簿，如多栏式日记账、多栏式明细账。但是，其专栏设置在借方还是在贷方，或是两方同时设专栏以及专栏的数量等，均应根据需要确定。收入、费用明细账一般采用这种格式的账簿。数量金额式账簿的借方、贷方和余额3个栏目内，都分设数量、单价和金额3小栏，借以反映财产物资的实物数量和价值量。如原材料、库存商品、生产成品等明细账一般都采用数量金额式账簿。

账簿按其外形特征不同，可以分为订本账、活页账和卡片账3种。订本账是启用之前就已将账页装订在一起，并对账页进行了连续编号的账簿。订本账的优点是能避免账页散失和防止抽换账页，缺点是不能准确为各账户预留账页。这种账簿一般适用于总分类账、现金日记账、银行存款日记账。活页账在账簿登记完毕之前并不固定装订在一起，而是装在活页账夹中，当账簿登记完毕之后（通常是一个会计年度结束之后），才将账页予以装订，加具封面，并给各账页连续编号。各种明细分类账一般采用活页账形式。这类账簿的优点是记账时可以根据实际需要，随时将空白账页装入账簿，或抽去不需用的账页，便于分工记账；缺点是如果管理不善，可能会造成账页散失或故意抽换账页。通常各种明细分类账一般采用活页账形式。卡片账是将账户所需格式印刷在硬卡片上。严格说，卡片账也是一种活页账，只不过它不是装在活页账夹中，而是装在卡片箱内。在我国，企业一般只对固定资产的核算采用卡片账形式。

1.5.5 账务处理程序

账务处理程序的建立是由多种因素决定的，主要有经济活动和财务收支情况、企业经营管理的需要和会计核算中的核算手续等。在我国，常用的账务处理程序有记账凭证账务处理程序、汇总记账凭证账务处理程序和科目汇总表账务处理程序。

1. 记账凭证账务处理程序

记账凭证账务处理程序是指对发生的经济业务事项，都要根据原始凭证或汇总原始凭证编制记账凭证，然后直接根据记账凭证逐笔登记总分类账的一种账务处理程序。它是最基本的账务处理程序。其一般程序如下。

【会计调账的5个基本方法】

(1) 根据原始凭证编制汇总原始凭证。
(2) 根据原始凭证或汇总原始凭证，编制记账凭证。
(3) 根据收款凭证、付款凭证，逐笔登记现金日记账和银行存款日记账。
(4) 根据原始凭证、汇总原始凭证和记账凭证，登记各种明细分类账。
(5) 根据记账凭证逐笔登记总分类账。
(6) 期末，现金日记账、银行存款日记账和明细分类账的余额同有关总分类账的余额核对相符。
(7) 根据总分类账和明细分类账的记录，编制会计报表。

记账凭证账务处理程序的优点是：直接根据记账凭证登记总账，简单明了，易于理解，总分类账可以较详细地反映经济业务的发生情况。其缺点是：登记总分类账的工作量较大。因此，记账凭证账务处理程序适用于规模较小、经济业务量较少的单位。

2. 汇总记账凭证账务处理程序

汇总记账凭证账务处理程序是根据原始凭证或汇总原始凭证编制记账凭证，定期根据记账凭证分类编制汇总收款凭证、汇总付款凭证和汇总转账凭证，再根据汇总记账凭证登记总分类账的一种账务处理程序。其一般程序如下。

(1) 根据原始凭证编制汇总原始凭证。
(2) 根据原始凭证或汇总原始凭证，编制记账凭证。
(3) 根据收款凭证、付款凭证，逐笔登记现金日记账和银行存款日记账。
(4) 根据原始凭证、汇总原始凭证和记账凭证，登记各种明细分类账。
(5) 根据各种记账凭证编制有关汇总记账凭证。
(6) 根据各种汇总记账凭证登记总分类账。
(7) 期末，现金日记账、银行存款日记账和明细分类账的余额同有关总分类账的余额核对相符。
(8) 根据总分类账和明细分类账的记录，编制会计报表。

汇总记账凭证账务处理程序的优点是：减轻了登记总分类账的工作量，便于了解账户之间的对应关系。其缺点是：按每一贷方科目编制汇总转账凭证，不利于会计核算的日常分工，当转账凭证较多时，编制汇总转账凭证的工作量较大。因此，汇总记账凭证账务处理程序适用于规模较大、经济业务较多的单位。

3. 科目汇总表账务处理程序

科目汇总表账务处理程序又称记账凭证汇总表账务处理程序，它是根据记账凭证定期编制科目汇总表，再根据科目汇总表登记总分类账的一种账务处理程序。科目汇总表是根据记账凭证汇总而成的，格式见表 1-11。

表 1-11 科目汇总表

2019 年 12 月 1 日—31 日　　　　　　　　　　　　　　　　单位：元

会计科目	账页	本期发生额		记账凭证起讫号数
		借方	贷方	
库存现金	（略）	600		
银行存款	（略）	18 000	109 100	
应收账款	（略）		18 000	
原材料	（略）	3 000	1200	
固定资产	（略）	50 000		
工程施工	（略）	1 200		
短期借款	（略）	100 000		
应付账款	（略）		3 390	
应交税费	（略）	3 890		
实收资本	（略）			
资本公积	（略）		50 000	
管理费用	（略）	5 000		
合　　计		181 690	181 690	

科目汇总表账务处理程序的一般程序如下。

（1）根据原始凭证编制汇总原始凭证。

（2）根据原始凭证或汇总原始凭证，编制记账凭证。

（3）根据收款凭证、付款凭证，逐笔登记现金日记账和银行存款日记账。

（4）根据原始凭证、汇总原始凭证和记账凭证，登记各种明细分类账。

（5）根据各种记账凭证编制科目汇总表。

（6）根据科目汇总表登记总分类账。

（7）期末，现金日记账、银行存款日记账和明细分类账的余额同有关总分类账的余额核对相符。

（8）根据总分类账和明细分类账的记录，编制会计报表。

科目汇总表账务处理程序的优点是：可以简化总分类账的登记工作，减轻了登记总分类账的工作量，并可做到试算平衡、简明易懂、方便易学。其缺点是：科目汇总表不能反映账户对应关系,不便于查对账目。科目汇总表账务处理程序通常适用于经济业务较多的企业。

知 识 链 接

有关本章内容,许多基础会计和会计学原理书籍都有更加详细的论述,比如:《会计基础》(修订版·2008),《会计基础》编写组编,中国财政经济出版社,2008。

本章小结

本章介绍的主要内容是借贷记账法。要使用借贷记账法对企业的经济业务进行记录,必须要选择正确的会计科目,会计科目是对会计要素的具体内容进行分类核算的项目,会计要素则是对会计对象的基本分类。因此,本章内容的主要线索如下。

① 会计对象——资金运动及其财务关系。

② 会计要素——资产、负债、所有者权益、收入、费用和利润。会计要素之间的关系是:资产=负债+所有者权益,收入-费用=利润。

③ 会计科目——资产类、负债类、共同类、所有者权益类、成本类和损益类。

④ 借贷记账法——记账规则是"有借必有贷,借贷必相等",基本依据是"资产=负债+所有者权益"。

在运用借贷记账法对经济业务进行记录的过程中,要注意以下问题。

① 遵循会计信息质量要求:可靠性要求、相关要求、可理解性要求、可比性要求、实质重于形式、重要性要求、谨慎性要求、及时性要求。

② 设定会计基本前提:会计主体、持续经营、会计分期和货币计量。

③ 会计记录的载体:会计凭证和会计账簿。

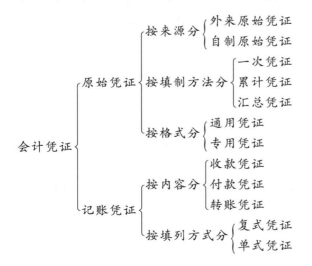

```
                        ┌ 序时账簿
              ┌ 按用途分 ┤ 分类账簿
              │         └ 备查账簿
              │         ┌ 两栏式
   会计账簿 ──┤ 按账页格式分 ┤ 三栏式
              │         │ 多栏式
              │         └ 数量金额式
              │         ┌ 订本账
              └ 按外形特征分 ┤ 活页账
                        └ 卡片账
```

④ 账务处理程序：企业可以采用的会计凭证组织程序有记账凭证账务处理程序、汇总记账凭证账务处理程序、科目汇总表账务处理程序等3种。

习 题

1. 单项选择题

(1) 下列项目中，属于资产项目的是(　　)。

A. 累计折旧　　　　B. 预收账款　　　　C. 资本公积　　　　D. 管理费用

(2) 下列项目中，引起资产和负债同时增加的经济业务是(　　)。

A. 以银行存款购买材料　　　　　　B. 向银行借款存入银行存款户

C. 无形资产向外单位投资　　　　　D. 以银行存款偿还应付账款

(3) 下列项目中，引起负债有增有减的经济业务是(　　)。

A. 以银行存款偿还银行借款　　　　B. 开出应付票据抵应付账款

C. 以银行存款上缴税金　　　　　　D. 收到外商捐赠的设备

(4) 不属于期间费用的是(　　)。

A. 管理费用　　　　B. 财务费用　　　　C. 制造费用　　　　D. 销售费用

(5) 下列项目中属于所有者权益的是(　　)。

A. 实收资本　　　　B. 短期借款　　　　C. 应收账款　　　　D. 银行存款

(6) 下列项目中，属于资产的项目是(　　)。

A. 短期借款　　　　B. 预付账款　　　　C. 资本公积　　　　D. 应付账款

(7) 会计科目和账户之间的区别在于(　　)。

A. 记录资产和权益的增减变动情况不同　　B. 记录资产和负债的结果不同

C. 反映的经济内容不同　　　　　　　　　D. 账户有结构而会计科目无结构

(8) 会计科目是对(　　)的具体内容进行分类核算的项目。

A. 会计对象　　　　B. 会计账户　　　　C. 会计要素　　　　D. 资金运动

(9) 收到投资人投入货币资金存入银行，贷方涉及的账户是(　　)。

A. 银行存款　　　　B. 库存现金　　　　C. 实收资本　　　　D. 长期投资

(10) 简单会计分录是指( )。
A. 一借一贷的会计分录　　　　　　B. 一借多贷的会计分录
C. 一贷多借的会计分录　　　　　　D. 只记录一个科目的会计分录

(11) "长期借款"属于( )类的账户。
A. 资产　　　　B. 负债　　　　C. 收入　　　　D. 利润

(12) "实收资本""资本公积"属于( )类账户。
A. 收入　　　　B. 费用　　　　C. 所有者权益　　　　D. 资产

(13) 原始凭证按其来源不同,可分为( )和自制原始凭证。
A. 外来原始凭证　　B. 一次凭证　　C. 会计凭证　　D. 汇总凭证

(14) 记账凭证按其反映的经济业务与货币资金的关系,可分为( )、付款凭证和转账凭证。
A. 一次凭证　　B. 累计凭证　　C. 汇总凭证　　D. 收款凭证

(15) 国际上通行的复式记账法是( )。
A. 借贷记账法　　B. 增减记账法　　C. 收付记账法　　D. 正负记账法

(16) 在借贷记账法下,所有者权益账户的期末余额等于( )。
A. 期初贷方余额＋本期贷方发生额－本期借方发生额
B. 期初借方余额＋本期贷方发生额－本期借方发生额
C. 期初借方余额＋本期借方发生额－本期贷方发生额
D. 期初贷方余额＋本期借方发生额－本期贷方发生额

2. 多项选择题

(1) 下列各项经济业务中,引起资产和负债同时变化的经济业务是( )。
A. 从银行提取现金 100 000 元
B. 购入原材料 10 吨,价款计 10 000 元,款项尚未支付
C. 收到投资者缴来的出资款 100 000 元存入银行
D. 以银行存款偿付前欠甲工厂材料款 20 000 元

(2) 下列属于会计等式的是( )。
A. 资产＝所有者权益
B. 资产＝负债＋所有者权益
C. 资产＝负债＋所有者权益＋(收入－费用)
D. 资产＝权益

(3) 下列项目中,属于无形资产的有( )。
A. 专利权　　B. 土地使用权　　C. 商誉　　D. 非专利技术

(4) 下列项目中,属于费用要素的内容是( )。
A. 管理费用　　B. 财务费用　　C. 制造费用　　D. 销售费用

(5) 账户的基本结构一般包括( )。
A. 账户的名称　　B. 日期和摘要　　C. 增减金额　　D. 余额

(6) 向银行借款存入银行,可能涉及的账户有( )。
A. 银行存款　　B. 短期借款　　C. 长期借款　　D. 库存现金

(7) 账户哪一方记增加，哪一方记减少，取决于（　　）。
A. 记账方法　　　　　　　　　　B. 账户的类别
C. 账户结构　　　　　　　　　　D. 账户所记录的经济业务内容
(8) 下列账户中，借方登记增加的有（　　）。
A. 短期借款　　B. 应收账款　　C. 预付账款　　D. 主营业务收入
(9) 负债类账户的账户结构是（　　）。
A. 增加记借方　B. 增加记贷方　C. 减少记借方　D. 减少记贷方
(10) 下列属于原始凭证的是（　　）。
A. 出差乘坐的车船票　　　　　　B. 采购材料的发货票
C. 到仓库领料的领料单　　　　　D. 购货合同

3. 判断题

(1) "预收账款"属于资产类账户，"预付账款"属于负债类账户。（　　）
(2) 费用类账户的结构与资产类账户结构完全相同。（　　）
(3) "借方期末余额＝借方期初余额＋本期借方发生额－本期贷方发生额"这一公式适用于任何性质账户的结构。（　　）
(4) 会计科目和账户是同义词，二者之间没有区别。（　　）
(5) 累计折旧属于负债类账户。（　　）
(6) 在借贷记账法下，账户的借方登记增加数，贷方登记减少数。（　　）
(7) 借：原材料　　　　　　　　　　　　10 000
　　　贷：银行存款　　　　　　　　　　　2 000
　　　　　应付账款　　　　　　　　　　　8 000
属于简单会计分录。（　　）
(8) 资产类账户增加登记在贷方，减少登记在借方。（　　）
(9) 通过试算平衡检查账簿记录后，如果左右平衡就可以肯定记账没有错误。（　　）
(10) 在借贷记账法下，哪一方登记增加，哪一方登记减少，要根据账户的结构决定。（　　）

4. 计算及账务处理题

某施工企业为增值税一般纳税人，2019年12月初的资产、负债及所有者权益账户余额见表1-12。

表1-12　账户余额表　　　　　　　　　　　　　单位：元

资　产	金　额	负债及所有者权益	金　额
库存现金	1 000	负债：	
银行存款	13 000	短期借款	100 000
应收账款	14 000	应付账款	25 000
其他应收款	2 000	应付职工薪酬	5 000
材料采购	10 000	所有者权益：	
工程施工	140 000	实收资本	500 000
原材料	120 000	盈余公积	50 000
固定资产	400 000	未分配利润	20 000
合　计	700 000	合　计	700 000

该企业2019年12月份发生下列各项经济业务。

（1）从包钢购入螺纹钢一批，价款共计45 000元，增值税税率13%，材料已验收入库，货款尚未支付。

（2）第一项目部领用水泥10吨，单位成本400元/吨。

（3）向银行借入100 000元，偿还期限为6个月。

（4）职工王英出差，预借差旅费4 000元，以现金支付。

（5）以银行存款支付上述包钢钢材款52 650元。

（6）收到投资人投资300 000元，存入银行。

（7）收到上月工程款10 000元。

（8）从银行提取现金6 000元备用。

（9）购入挖掘机一台，不含税价格及运费200 000元，增值税30 000元，款项均以银行存款支付。

（10）以现金发放职工困难补助2 000元。

要求：

（1）根据上述经济业务编制会计分录。

（2）开设"T字形"账户，登记期初余额和本期发生的经济业务，并结算出本期发生额和余额。

（3）编制总分类账发生额、余额试算平衡表。

能力评价体系

知识要点	能力要求	所占分值(100分)	自评分数
借贷记账法、会计要素、会计科目、会计账户	能熟练地依据经济业务编写会计分录	60	
会计信息质量要求、会计基本假设、会计基础	掌握会计基础——权责发生制 理解会计基本假设和会计信息质量要求	25	
会计概述	熟悉会计基本职能，了解会计的起源及会计的概念	10	
财务处理程序	了解财务处理程序的种类及其优缺点	5	
总　　分		100	

第 2 章 货币资金及交易性金融资产

教学目标

了解银行结算方式的有关规定,熟悉库存现金、银行存款的日常管理,掌握库存现金、银行存款和其他货币资金的概念及其核算,掌握交易性金融资产的确认和核算。

教学要求

能力要求	知识要点	相关知识
掌握库存现金的核算	库存现金的增减	现金管理制度,现金核算,现金清查
掌握银行存款的核算	银行存款的增减	银行支付结算方式,银行存款核算,银行存款清查
掌握其他货币资金的核算	其他货币资金的增减	其他货币资金的种类,其他货币资金的核算
掌握交易性金融资产的核算	交易性金融资产的增减	交易性金融资产的定义、取得的核算,现金股利和利息的核算、处置的核算

 推荐阅读资料

1. 中华人民共和国财政部,2017. 企业会计准则 [M]. 北京:经济科学出版社.
2. 企业会计准则编审委员会,2017. 企业会计准则应用指南(含企业会计准则及会计科目)2017 年修订版 [M]. 上海:立信会计出版社.

【学习重点】

库存现金及银行存款的核算、交易性金融资产的核算

【最新标准】

《企业会计准则》(财政部令第 33 号)

第 2 章 货币资金及交易性金融资产

> **引例**
>
> 光大建筑公司为增值税一般纳税人，2019年5月8日委托某证券公司从上海证券交易所购入伊利股票100万股，并将其划分为交易性金融资产。该笔股票投资在购买日的公允价值为1 000万元。另支付相关交易费用2.5万元。
>
> 这项经济业务是企业常见的一种短期对外投资行为，主要涉及两项资产核算内容：一是企业可以使用的款项支付方式有很多种，不同的支付方式采用不同的会计科目来核算；二是企业为了"近期内出售而持有"的金融资产称之为"交易性金融资产"，它与其他金融资产在会计核算上是不同的。另外，企业对购入的交易性金融资产应进行四个环节的核算：取得、持有期间获得收益、期末计量和处置。
>
> 本章将主要介绍这两个内容：货币资金和交易性金融资产，这部分资产是企业全部资产中流动性最强的。

2.1 货币资金

【现金管理暂行条例】

货币资金是指企业在生产经营过程中处于货币形态的资产，是流动性最强的资产，可以直接用于购买商品或劳务，或者用于偿还债务。施工企业的许多经济活动都是通过货币资金的收支进行的，所以拥有一定数额的货币资金是施工企业开展施工生产经营活动的基本条件。货币资金按其存放的地点和用途不同，分为库存现金、银行存款和其他货币资金。

2.1.1 库存现金

库存现金(以下简称现金)是指通常存放于企业财会部门、由出纳人员经管的货币。它主要用于企业日常的零星开支。国家为了严格管理货币发行，调节货币流通，节约现金使用，制定了现金管理制度，对现金收付做出了严格规定。

1. 现金管理制度

根据国务院发布的《现金管理暂行条例》的规定，现金管理制度主要包括以下内容。

(1) 现金的使用范围。

企业可用现金支付的款项如下。

① 职工工资、津贴。

② 个人劳务报酬。

③ 根据国家规定颁发给个人的科学技术、文化艺术、体育等各种奖金。

④ 各种劳保、福利费用以及国家规定的对个人的其他支出。

⑤ 向个人收购农副产品和其他物资的款项。

⑥ 出差人员必须随身携带的差旅费。

⑦ 结算起点以下的零星支出。

⑧ 中国人民银行确定需要支付现金的其他支出。

施工企业在施工生产过程中与其他企业的业务往来，除在上述范围内可以使用现金外，其他款项的收支一律通过银行进行转账结算。

(2) 库存现金限额。

库存现金限额是指为了保证企业日常零星开支的需要，允许企业留存现金的最高数额。这一限额由开户银行根据企业的实际需要核定，一般按照企业3~5天日常零星开支的需要确定，边远地区和交通不便地区的库存现金限额，可按多于5天但不超过15天的日常零星开支的需要确定。核定后的现金限额，必须严格遵守，超过部分应于当日终了前存入银行。需要增加或减少现金限额的企业，应向开户银行提出申请，由开户银行核定。

施工企业在银行开立的存款账户可分为基本存款账户、一般存款账户、临时存款账户和专用存款账户。而且企业只能开立一个基本存款账户。

(3) 现金收支日常管理。

施工企业在办理有关现金收支业务时，应遵守以下规定。

① 企业现金收入应于当日送存开户银行，当日送存有困难或不便的，应由开户银行决定送存时间。

② 不得坐支现金。企业一般不能以自己的现金收入直接支付自己的支出，因特殊情况需要坐支现金的，应事先报请开户银行审查批准，由开户银行核定坐支范围和限额。

③ 企业从开户银行提取现金，应当写明用途，由本企业财会部门负责人签字盖章，经开户银行审核后予以支付。

④ 企业日常的现金开支，应严格按规定程序和审批手续办理，不得用不符合国家统一的会计制度的凭证顶替现金，即不得"白条抵库"。

⑤ 不准谎报用途套取现金。

⑥ 不准用银行账户代其他单位或个人存入和支取现金。

⑦ 不准用企业收入的现金以个人名义存入储蓄，不准保留账外公款，即不得"公款私存"，不得设置"小金库"等。

银行对于违反上述规定的企业，将按照违规金额的一定比例予以处罚。

2. 现金的核算

企业应当设置现金总账和现金日记账，分别进行企业现金的总分类核算和明细分类核算。

(1) 现金的总分类核算。

为了总括反映企业库存现金的收入、支出和结存情况，企业应当设置"库存现金"账户。该账户属于资产类账户，借方登记现金的增加，贷方登记现金的减少，期末余额在借方，反映企业实际持有库存现金的金额。

企业的每笔现金收支业务，必须有合法的原始凭证作为收付款的核算依据，财会部门应认真审核现金收付的原始凭证，经审核无误后才能作为收付款的合法依据，并据以编制

"收款凭证"或"付款凭证"。出纳人员在收付现金后,应在收款凭证上加盖"现金收讫",在付款凭证上加盖"现金付讫"的戳记,表示款项已经收付。

企业收到现金时,根据审核无误的记账凭证,借记"库存现金"科目,贷记有关科目;支付现金时,根据审核无误的记账凭证,借记有关科目,贷记"库存现金"科目。

应用案例 2-1

光大建筑公司为增值税一般纳税人,2019 年 5 月 1 日发生如下经济业务,编制会计分录。

(1) 从银行提取现金 35 000 元备用。

借:库存现金　　　　　　　　　　　　　　　　　　　　35 000
　　贷:银行存款　　　　　　　　　　　　　　　　　　　　35 000

(2) 企业行政管理部门用现金 200 元购买办公用品。(不考虑增值税)

借:管理费用　　　　　　　　　　　　　　　　　　　　　200
　　贷:库存现金　　　　　　　　　　　　　　　　　　　　　200

(3) 用现金 30 000 元发放职工工资。

借:应付职工薪酬　　　　　　　　　　　　　　　　　　30 000
　　贷:库存现金　　　　　　　　　　　　　　　　　　　　30 000

(4) 供应部门员工张明出差预借差旅费 6 000 元,出纳以现金支付。

借:其他应收款——张明　　　　　　　　　　　　　　　　6 000
　　贷:库存现金　　　　　　　　　　　　　　　　　　　　 6 000

(2) 现金的序时核算。

为了及时反映现金的收入、支出和结存情况,企业应设置"现金日记账"进行现金收支的序时核算,即明细分类核算。现金日记账是核算和监督现金收支结存的序时账,由出纳根据审核无误的原始凭证和现金收款凭证、付款凭证,按照经济业务发生的先后顺序,逐日逐笔序时登记。每日终了,应计算当日现金收入、支出合计数和结余数,并将结余数与实际库存数核对,做到日清月结,保证账实相符。若发现账实不符,应及时查明原因进行处理。现金日记账的基本格式见表 2-1。

表 2-1　现金日记账

第 1 页

08 年		凭证字号	摘要	对应科目	借方 亿千百十万千百十元角分	贷方 亿千百十万千百十元角分	余额 亿千百十万千百十元角分	√
月	日							
1	01		期初余额				4 1 4 0 0 0	
			提现		3 5 0 0 0 0 0		3 9 1 4 0 0 0	
			购买办公用品			2 0 0 0 0	3 8 9 4 0 0 0	
			发工资			3 0 0 0 0 0 0	8 9 4 0 0 0	
			借差旅费			6 0 0 0 0 0	2 9 4 0 0 0	

3. 现金的清查

为了加强对现金的管理和对现金出纳的监督，确保现金的安全完整，施工企业须定期、不定期地按规定对现金进行清查。现金的清查采用实地盘点法，对清查结果应编制现金盘点报告单。清点时，出纳人员必须在场。清点中若发现有待查明原因的现金短缺或溢余，应先通过"待处理财产损溢"科目核算。报经审批后，分情况处理。

（1）如为现金短缺，属于应由责任人赔偿或保险公司赔偿的部分，计入其他应收款；属于无法查明的其他原因，计入管理费用。

（2）如为现金溢余，属于应支付给有关人员或单位的，计入其他应付款；属于无法查明的其他原因，计入营业外收入。

应用案例 2-2

光大建筑公司 2019 年 5 月 26 日，对库存现金进行清查，发生如下经济业务，编制会计分录。

(1) 清查库存现金时，发现短缺 600 元，原因待查。

借：待处理财产损溢——待处理流动资产损溢　　　　　　　600
　　贷：库存现金　　　　　　　　　　　　　　　　　　　　　600

(2) 查明上述现金短缺为出纳失职所致，经批准由出纳赔偿。

借：其他应收款　　　　　　　　　　　　　　　　　　　　600
　　贷：待处理财产损溢——待处理流动资产损溢　　　　　　　600

(3) 清查库存现金时，发现溢余 1 000 元，原因待查。

借：库存现金　　　　　　　　　　　　　　　　　　　　1 000
　　贷：待处理财产损溢——待处理流动资产损溢　　　　　　1 000

(4) 查明上述现金溢余中有 500 元属于行政部门员工王霞，应支付给王霞，另有 500 元原因无法查明，作为当期损益处理。

借：待处理财产损溢——待处理流动资产损溢　　　　　　1 000
　　贷：其他应付款——王霞　　　　　　　　　　　　　　　　500
　　　　营业外收入　　　　　　　　　　　　　　　　　　　　500

● 特 别 提 示

对于"现金"范围的界定有多种情况，其中范围最小的就是作为会计科目的"库存现金"，它仅指通常存放于企业财会部门、由出纳人员经管的货币；而财务会计报告中现金流量表中的"现金"，则等同于货币资金；在进行项目评价时编制的现金流量表中的"现金"除包括货币资金外，还包括旧资产的变价收入。

2.1.2　银行存款

银行存款是指企业存入银行或其他金融机构的各种款项，包括人民币存款和外币存款。企业应当根据业务需要，按照规定在其所在地银行开设账户，运用所开设的账户，进行存款、取款以及各种收支转账业务的结算。银行存款的收付应严格执行银行结算制度的规定。

1. 银行支付结算方式

支付结算是指单位、个人在社会经济活动中使用银行支付结算方式进行货币给付及其资金结算的行为。按照中国人民银行印发的《支付结算办法》的规定，支付结算包括票据结算（银行汇票、商业汇票、银行本票、支票）、信用卡结算和结算方式结算（汇兑、委托收款、托收承付）等。

（1）银行汇票。

银行汇票是汇款人将款项交存当地银行，由银行签发给汇款人持往异地办理支付结算或支取现金的票据。银行汇票具有使用灵活、票随人到、兑现性强的特点。适用于先收款后发货或货款两清的商品交易。单位、个体经营户和个人需要支付的各种款项均可使用银行汇票结算。银行汇票一律记名，允许背书转让，付款期限为1个月，逾期的汇票兑付银行不予受理。

（2）商业汇票。

商业汇票是由出票人签发的，委托付款人在指定日期无条件支付确定的金额给收款人或持票人的票据。商业汇票适用于在银行设有户头的企业法人之间根据购销合同所进行的商品交易，同城异地均可使用。付款期限由买卖双方确定，最多不超过6个月，如属分期付款，应一次签发若干张不同期限的汇票。商业汇票按承兑人不同分为商业承兑汇票和银行承兑汇票。其中，商业承兑汇票是指由收款人或付款人出票，经付款人承兑的票据；银行承兑汇票是指由收款人或付款人出票，由付款人向银行申请，经银行同意承兑的票据。

（3）银行本票。

银行本票是由银行签发的，承诺自己在见票时无条件支付确定金额给收款人或持票人的票据。银行本票适用于单位、个人在同城范围的商品交易、劳务供应等款项的结算。银行本票分定额和不定额两种。不定额银行本票的金额起点为100元；定额银行本票面值为500元、1 000元、5 000元和10 000元。银行本票一律记名，可以背书转让，付款期限最长不超过2个月，逾期的银行本票兑付银行不予受理，但签发银行可以办理退款手续。银行本票由银行担保兑付，而且见票即付，具有信誉高、支付能力强等特点，但银行本票不挂失。

（4）支票。

支票是指银行的存款人签发给收款人办理结算或委托开户银行在见票时无条件支付确定金额给收款人的票据。支票分为现金支票、转账支票、普通支票和划线支票。现金支票可以支取现金，转账支票只能转账。普通支票可以用于支取现金，也可以转账。划线支票只能用于转账，不能支取现金。单位、个人在同城的商品交易、劳务供应以及其他款项的结算，均可以使用支票结算。支票一律记名，金额起点为100元，付款期为10天，中国人民银行另有规定的除外。

（5）信用卡。

信用卡是商业银行向个人和单位发行的、凭以向特约单位购物、消费和向银行存取现金，且具有消费信用的特制载体卡片。信用卡按使用对象分为单位卡和个人卡；按信用等级分为金卡和普通卡。单位卡账户的资金一律从其基本存款户转账存入，不得交存现金，不得将销货收入的款项存入该账户；单位卡不得用于10万元以上的商品交易、劳务供应等款项的结算；一律不得支取现金。信用卡透支额，金卡最高不得超过10 000元，普通卡最高不得超过5 000元，透支期限最长为60天。信用卡透支利息，自签单日或银行记账日起15日内按日息0.05%计算，超过15日按日息0.1%计算，超过30日或透支金额超过规定限额的，按日息0.15%计算。透支计息不分段，按最长期限或最高透支额的最高利率档次计息。

（6）汇兑。

汇兑是汇款人委托银行将其款项支付给外地收款人的结算方式。汇兑分为信汇和电汇两种。信汇是汇款人委托银行以邮寄的方式将款项划转给收款人，电汇是汇款人委托银行以电报方式将款项划转给收款人。汇兑没有金额起点限制，适用于异地各单位及个人各种款项的结算。

（7）委托收款。

委托收款是收款人委托银行向付款人收取款项的结算方式。委托收款分为邮寄和电汇两种方式。委托收款适用于在银行或其他金融机构开立存款账户的单位和个体经营户的商品交易、劳务供应和其他款项的结算。同城异地均可以办理，不受金额起点限制。

（8）托收承付。

托收承付是收款单位按照经济合同发货后，委托开户银行向异地付款单位收取货款，由付款单位向银行承认付款的一种结算方式。根据托收款项划回的方式不同，分为"电邮"和"电划"两种。它适用于异地的企业之间订有经济合同的商品交易、劳务供应等款项的结算。托收承付的金额起点为10 000元，承付货款分为验单付款或验货付款两种，验单付款承付期为3天，验货付款的承付期为10天。

特别提示

并不是所有银行支付结算方式都通过"银行存款"账户核算，通过"银行存款"账户核算的仅有"支票""委托收款""托收承付""汇兑"4种结算方式，"银行汇票""银行本票""信用卡"3种支付结算方式通过"其他货币资金"账户核算，而"商业汇票"则通过"应收票据"或"应付票据"账户核算。

2. 银行存款的核算

（1）银行存款的总分类核算。

为了总括核算和监督企业银行存款的收入、支出和结存情况，企业应当设置"银行存款"账户。该账户属于资产类账户，借方登记银行存款的增加，贷方登记银行存款的减少，期末借方余额表示银行存款的实际结存数。

企业将款项存入银行和其他金融机构，根据银行存款送款单回单或银行收账通知及有关原始凭证，借记"银行存款"账户，贷记"库存现金"等账户；企业提取和支出银行存款时，根据支票存根或办理结算的付款通知及有关原始凭证，借记"库存现金""材料采购"等账户，贷记"银行存款"账户。

应用案例 2-3

光大建筑公司为增值税一般纳税人，2019年5月27日，发生如下经济业务，编制会计分录。

（1）收到建设单位预付工程款 200 000 元，存入银行。

借：银行存款　　　　　　　　　　　　　　　　　　　　　　　200 000
　　贷：预收账款——预收工程款　　　　　　　　　　　　　　　　200 000

（2）企业购入钢材一批，价款 10 000 元，增值税 1 700 元，以银行存款支付。

借：材料采购　　　　　　　　　　　　　　　　　　　　　　　 10 000
　　应交税费——应交增值税（进项税额）　　　　　　　　　　　　1 700
　　贷：银行存款　　　　　　　　　　　　　　　　　　　　　　 11 700

（3）用转账支票 2 260 元支付本月公司办公室电费，增值税专用发票上注明价格 2 000 元，增值税 260 元。

借：管理费用　　　　　　　　　　　　　　　　　　　　　　　　2 000
　　应交税费——应交增值税（进项税额）　　　　　　　　　　　　　260
　　贷：银行存款　　　　　　　　　　　　　　　　　　　　　　　2 260

（4）收到甲企业投资款 500 000 元，存入银行。

借：银行存款　　　　　　　　　　　　　　　　　　　　　　　500 000
　　贷：实收资本——甲企业　　　　　　　　　　　　　　　　　500 000

（2）银行存款的序时核算。

为了及时反映银行存款的收入、支出和结存情况，企业应设置"银行存款日记账"账户进行银行存款的序时核算。银行存款日记账由出纳根据银行存款收付款凭证，按照经济业务发生的先后顺序逐日逐笔登记，每日终了结出余额。银行存款日记账的余额，应定期与银行存款对账单核对相符，并与总账的余额相一致。银行存款日记账见表 2-2。

表 2-2　银行存款日记账

第 1 页　
开户银行　模拟银行　
账　号　20020021087

年		凭证字号	银行凭证	摘要	对应科目	借方										贷方										借或贷	余额										√
月	日					亿	千	百	十	万	千	百	十	元	角	分	亿	千	百	十	万	千	百	十	元	角	分		亿	千	百	十	万	千	百	十	元	角	分	

3. 银行存款的清查

为了防止银行存款账目发生差错，确保其账目正确无误，准确掌握银行存款的实际余额，企业应对银行存款进行清查。银行存款的清查包括如下3个方面。

（1）用银行存款的收款凭证及付款凭证和银行存款日记账核对，确保账证相符。

（2）用银行存款日记账与银行存款总账核对，确保账账相符。

（3）用银行存款日记账与银行存款对账单核对，确保账实相符。

企业至少每月将银行存款日记账与银行存款对账单核对一次。若发现两者不一致，除记账错误外，还可能是由未达账项引起的。未达账项是指由于受结算手续和凭证传递时间的影响，银行和企业对同一笔款项收付业务的记账时间不同，形成一方已经登记入账，另一方尚未登记入账的款项。未达账项的产生包括如下4种情况。

（1）企业已收款入账，而银行尚未入账。

（2）企业已付款入账，而银行尚未入账。

（3）银行已收款入账，而企业尚未入账。

（4）银行已付款入账，而企业尚未入账。

在核对账目过程中，如发现未达账项，企业应编制"银行存款余额调节表"科目进行调节，如果双方记账都没有错误，调节后的余额应相等。银行存款余额表编制方法为：根据企业和银行的银行存款余额，各自加上对方已收、本方未收账项，减去对方已付、本方未付账项，计算调节双方应有余额。

应用案例2-4

光大建筑公司为增值税一般纳税人，2019年5月31日的银行存款余额为168 000元，银行对账单余额为168 600元，经逐笔核对，发现有如下未达账项。

（1）5月26日，企业委托银行收款3 800元，银行已收款入账，未通知企业。

（2）5月28日，企业开出转账支票1 800元购买材料，银行尚未入账。

（3）5月31日，企业送存银行转账支票一张，金额3 000元，银行尚未收款入账。

（4）5月31日，银行代企业划付本月电话费2 000元，企业尚未入账。

编制银行存款余额调节表，见表2-3。

表2-3 银行存款余额调节表

2019年5月31日　　　　　　　　　　　　　　　　　单位：元

项　目	金　额	项　目	金　额
银行存款日记账余额	168 000	银行对账单余额	168 600
加：银行已收，企业未收	3 800	加：企业已收，银行未收	3 000
减：银行已付，企业未付	2 000	减：企业已付，银行未付	1 800
调节后的余额	169 800	调节后的余额	169 800

第 2 章 货币资金及交易性金融资产

2.1.3 其他货币资金

1. 其他货币资金的内容

其他货币资金是指企业除库存现金、银行存款以外的各种货币资金，主要包括银行汇票存款、银行本票存款、外埠存款、信用卡存款、信用证保证金存款、存出投资款等。其中银行汇票、银行本票、信用卡等 3 种支付结算方式已在前面介绍过了，不再赘述，这里仅简单介绍其余 3 种货币资金。

（1）外埠存款。外埠存款是指企业为了到外地进行临时或零星采购，而汇往采购地银行开立采购专户的款项。该账户的存款不计利息、只付不收、付完清户，除了采购人员可从中提取少量现金外，一律采用转账结算。

（2）信用证保证金存款。信用证保证金存款是指采用信用证结算方式的企业为开具信用证而存入银行信用证保证金专户的款项。企业向银行申请开立信用证，应按规定向银行提交开证申请书、信用证申请人承诺书和购销合同。

（3）存出投资款。存出投资款是指企业已存入证券公司但尚未进行投资的资金。

2. 其他货币资金的核算

为了核算和监督其他货币资金的增减变动及结余情况，企业应设置"其他货币资金"总分类账户。该账户属于资产类账户，借方登记其他货币资金的增加，贷方登记其他货币资金的减少，期末借方余额表示其他货币资金的实际结存数。在该账户下，应按其他货币资金的种类设"银行汇票存款""银行本票存款""外埠存款""在途资金"等明细账户，进行明细核算。

【微信红包做账的新标准】

（1）银行汇票存款的核算。

银行汇票存款是指企业为了取得银行汇票，按规定存入银行的款项。

应用案例 2-5

光大建筑公司 2019 年 5 月 8 日向开户银行提交银行汇票申请书，申请办理银行汇票 100 000 元，用以到外地购买施工设备。发生如下经济业务，编制会计分录。

（1）2018 年 5 月 8 日，取得银行汇票。

借：其他货币资金——银行汇票存款　　　　　　　　　　　　　　　100 000
　　贷：银行存款　　　　　　　　　　　　　　　　　　　　　　　　100 000

（2）2019 年 5 月 15 日根据增值税专用发票，结算上述设备款价款 85 000 元，增值税 11 050 元。

借：固定资产　　　　　　　　　　　　　　　　　　　　　　　　　　85 000
　　应交税费——应交增值税（进项税额）　　　　　　　　　　　　　11 050
　　贷：其他货币资金——银行汇票存款　　　　　　　　　　　　　　96 050

（3）2019 年 5 月 16 日收到银行转来银行汇票多余款 550 元。

借：银行存款　　　　　　　　　　　　　　　　　　　　　　　　　　　550
　　贷：其他货币资金——银行汇票存款　　　　　　　　　　　　　　　550

(2) 银行本票存款的核算。

银行本票存款是指企业为了取得银行本票,按规定存入银行的款项。

应用案例 2-6

光大建筑公司 2019 年 5 月使用银行本票时,发生如下经济业务,编制会计分录。

(1) 2019 年 5 月 10 日企业将 117 000 元存入银行,取得银行本票。

借:其他货币资金——银行本票存款　　　　　　　　　117 000
　　贷:银行存款　　　　　　　　　　　　　　　　　　　　117 000

(2) 2019 年 5 月 14 日采购员李静使用银行本票购买钢材一批,买价 100 000 元,增值税 13 000 元。

借:材料采购　　　　　　　　　　　　　　　　　　　　100 000
　　应交税费——应交增值税(进项税额)　　　　　　　　13 000
　　贷:其他货币资金——银行本票存款　　　　　　　　　113 000

(3) 外埠存款的核算。

外埠存款是指企业为了到外地进行临时或零星采购,而汇往采购地银行开立采购专户的款项。

应用案例 2-7

光大建筑公司 2019 年 5 月,使用外埠存款采购材料时,发生如下经济业务,编制会计分录。

(1) 2019 年 5 月 11 日电汇 8 000 元到外地银行开立采购专户。

借:其他货币资金——外埠存款　　　　　　　　　　　　8 000
　　贷:银行存款　　　　　　　　　　　　　　　　　　　　8 000

(2) 2019 年 5 月 16 日收到采购员交来发票账单,支付材料款 6 600 元,增值税 858 元。

借:材料采购　　　　　　　　　　　　　　　　　　　　6 600
　　应交税费——应交增值税(进项税额)　　　　　　　　858
　　贷:其他货币资金——外埠存款　　　　　　　　　　　7 458

(3) 2019 年 5 月 17 日收到银行转来多余款项 278 元。

借:银行存款　　　　　　　　　　　　　　　　　　　　278
　　贷:其他货币资金——外埠存款　　　　　　　　　　　278

(4) 信用卡存款的核算。

信用卡存款是指企业为取得信用卡而存入银行信用卡专户的款项,企业可以使用信用卡在特约单位购物或消费。

应用案例 2-8

光大建筑公司 2019 年 5 月,使用信用卡时发生如下经济业务,编制会计分录。

(1) 2019年5月20日经银行审核同意后开立信用卡专户,并从其基本账户开出转账支票100 000元,转入信用卡专户。

借：其他货币资金——信用卡存款　　　　　　　　　　　　　　　100 000
　　贷：银行存款　　　　　　　　　　　　　　　　　　　　　　　　100 000

(2) 2019年5月21日,公司经理招待客户,在东方新天地刷卡消费取得增值税专用发票,价税合计5 000元。

借：管理费用　　　　　　　　　　　　　　　　　　　　　　　　　　5 000
　　贷：其他货币资金——信用卡　　　　　　　　　　　　　　　　　　5 000

【案例点评】

本例中,由于餐饮行业也缴纳增值税,业务招待费是可以取得增值税专用发票的,但由于税法规定业务招待费为"个人消费",因此不允许抵扣进项税,在会计处理上也就不需要单独列出,而是合并到管理费用中。

(5) 信用证保证金存款的核算。

信用证保证金存款即企业为开具信用证,而存入银行信用保证金专户的款项。企业向银行申请开出信用证,应按规定向银行提交开证申请书、信用证申请人承诺书和购销合同。

应用案例 2-9

光大建筑公司2019年5月使用信用证保证金购买材料时,发生如下经济业务,编制会计分录。

(1) 2019年5月3日缴纳信用证保证金100 000元,向银行申请开立信用证。

借：其他货币资金——信用证保证金　　　　　　　　　　　　　　100 000
　　贷：银行存款　　　　　　　　　　　　　　　　　　　　　　　　100 000

(2) 2019年5月28日收到开证行交来的信用证来单通知书及相关购货凭证,支付货款90 000元,增值税11 700元,总计105 300元,超出部分银行转账支付,材料已验收入库。

借：原材料　　　　　　　　　　　　　　　　　　　　　　　　　　90 000
　　应交税费——应交增值税（进项税额）　　　　　　　　　　　　　11 700
　　贷：其他货币资金——信用证保证金　　　　　　　　　　　　　100 000
　　　　银行存款　　　　　　　　　　　　　　　　　　　　　　　　1 700

(6) 存出投资款的核算。

应用案例 2-10

光大建筑公司2019年5月购买股票时,发生如下经济业务,编制会计分录。

(1) 2019年5月15日将200 000元从银行转入恒泰证券公司股票账户。

借：其他货币资金——存出投资款　　　　　　　　　　　　　　　200 000
　　贷：银行存款　　　　　　　　　　　　　　　　　　　　　　　　200 000

（2）2019年5月24日通过恒泰证券公司购入万科股票10 000股，每股18元，划分为交易性金融资产，同时支付相关交易费用540元。

借：交易性金融资产——万科股票　　　　　　　　　　　　　180 000
　　投资收益　　　　　　　　　　　　　　　　　　　　　　　　540
　　贷：其他货币资金——存出投资款　　　　　　　　　　　　　180 540

2.2 交易性金融资产

2.2.1 交易性金融资产的概念

交易性金融资产是指企业为了在近期内出售而持有的金融资产。如企业利用闲置的资金从二级市场上购入的、以赚取差价为目的的股票、债券、基金、权证等。

特别提示

管理者的持有意图决定金融资产的分类：①以公允价值计量且其变动计入当期损益的金融资产，包括交易性金融资产和指定为以公允价值计量且其变动计入当期损益的金融资产；②持有至到期的投资；③贷款和应收款项；④可供出售的金融资产。

以公允价值计量且其变动计入当期损益的金融资产，不得重分类为其他金融资产；其他金融资产也不得重分类为以公允价值计量且其变动计入当期损益的金融资产。

2.2.2 交易性金融资产的核算

为了核算交易性金融资产的取得、收取现金股利或利息、处置等业务，企业应当设置"交易性金融资产""公允价值变动损益""投资收益"等账户。

"交易性金融资产"科目是资产类账户，核算企业为交易目的所持有的债券投资、股票投资、基金投资等交易性金融资产的公允价值。企业持有的直接指定为以公允价值计量且其变动计入当期损益的金融资产也在"交易性金融资产"账户核算。"交易性金融资产"账户的借方登记交易性金融资产的取得成本、资产负债表日其公允价值高于账面余额的差额等；贷方登记资产负债表日其公允价值低于账面余额的差额，以及企业出售交易性金融资产时结转的成本和公允价值变动损益。企业应当按照交易性金融资产的类别和品种，分别设置"成本""公允价值变动"等明细账户进行核算。

"公允价值变动损益"账户是损益类账户，核算企业因交易性金融资产等公允价值变动而形成的应计入当期损益的利得或损失。贷方登记资产负债表日企业持有的交易性金融资产等的公允价值高于账面余额的差额；借方登记资产负债表日企业持有的交易性金融资产等的公允价值低于账面余额的差额。

"投资收益"账户是损益类账户,核算企业持有交易性金融资产等期间取得的投资收益以及处置交易性金融资产等实现的投资收益或投资损失。贷方登记企业出售交易性金融资产等实现的投资收益;借方登记企业出售交易性金融资产等发生的投资损失。

1. 交易性金融资产的取得

企业取得交易性金融资产时,应当按照该金融资产取得时的公允价值作为其初始确认金额,记入"交易性金融资产——成本"账户。取得交易性金融资产所支付价款中包含了已宣告但尚未发放的现金股利或已到付息期但尚未领取的债券利息,不应当单独确认为应收项目,而应当构成交易性金融资产的初始入账金额。取得交易性金融资产时所发生的相关交易费用应当在发生时计入"投资收益"账户。发生交易费用取得增值税专用发票的,进项税经认证后,可从当月销项税额中扣除。

交易费用是指可直接归属于购买、发行或处置金融工具新增的外部费用,包括支付给代理机构、咨询公司、券商等的手续费和佣金及其他必要支出。

 应用案例 2-11

2019年5月20日,光大建筑公司委托银河证券公司从上交所购入股票100万股,并将其划分为交易性金融资产,该批股票在购买日的公允价值为1 000万元,另支付相关交易费用金额为2.5万元,取得的增值税专用发票上注明的增值税为1 500元。编制如下会计分录。

借:交易性金融资产——成本　　　　　　　　　　　　　10 000 000
　　投资收益　　　　　　　　　　　　　　　　　　　　　　25 000
　　应交税费——应交增值税(进项税额)　　　　　　　　　　1 500
　贷:其他货币资金——存出投资款　　　　　　　　　　 10 026 500

2. 交易性金融资产的现金股利和利息

企业持有交易性金融资产期间对于被投资单位宣告发放的现金股利或企业在资产负债表日按分期付息到期还本债券投资的票面利率计算的利息收入,应当确认为应收项目,记入"应收股利"或"应收利息"账户,并记入投资收益。若收到取得时包含的已宣告但尚未支付的现金股利或已到付息期但尚未领取的利息,则应注入投资收益。

 应用案例 2-12

2017年1月5日,光大建筑公司购入雅戈尔公司发行的公司债券,该笔债券于2016年1月1日发行,面值为2 500万元,票面利率为4%,债券利息按年支付。光大建筑公司将其划分为交易性金融资产,支付价款为2 600万元(其中包括已宣告发放的债券利息50万元),另支付交易费用30万元,取得的增值税专用发票上注明的增值税为1.8万元。

2017年1月10日，光大建筑公司收到该笔债券利息50万元。2018年1月10日，光大建筑公司收到债券利息100万元。

(1) 2017年1月5日购入时，做如下会计分录。

借：交易性金融资产——成本　　　　　　　　　　　　　26 000 000
　　投资收益　　　　　　　　　　　　　　　　　　　　　　300 000
　　应交税费——应交增值税（进项税额）　　　　　　　　　　18 000
　　贷：银行存款　　　　　　　　　　　　　　　　　　　26 318 000

(2) 2017年1月10日收到购买价款中包含的已宣告发放的债券利息时，做如下会计分录。

借：银行存款　　　　　　　　　　　　　　　　　　　　　500 000
　　贷：投资收益　　　　　　　　　　　　　　　　　　　　500 000

(3) 2017年12月31日确认利息时，做如下会计分录。

借：应收利息　　　　　　　　　　　　　　　　　　　　1 000 000
　　贷：投资收益　　　　　　　　　　　　　　　　　　　1 000 000

(4) 2018年1月10日收到持有期间利息时，做如下会计分录。

借：银行存款　　　　　　　　　　　　　　　　　　　　1 000 000
　　贷：应收利息　　　　　　　　　　　　　　　　　　　1 000 000

特别提示

由于企业在市场上购入任何股票、债券、基金等金融产品，都必须委托中介机构，比如证券公司，所以，企业在购买之前必须将资金先划到中介机构的指定账号上，再由中介机构使用这个账号进行交易。在交易过程中，资金往来全部通过这个账号进行，这个账号中企业的资金就是第2.1节讲过的"其他货币资金——存出投资款"。在本节的例题中，为简化经济业务，在账务处理过程中全部使用"银行存款"账户代替。在实际工作中，应使用哪个会计账户，则要看据以记账的原始凭证是什么，如果是银行的转账支票存根，就应使用"银行存款"账户，如果是证明资金进出购买金融产品的指定账户的原始凭证，则应该使用"其他货币资金——存出投资款"账户。

3. 交易性金融资产的处置

出售交易性金融资产时，应当将该金融资产出售时的公允价值与其初始入账金额之间的差额确认为投资收益，并按此差额计算增值税，同时调整公允价值变动损益。

企业应按实际收到的金额，借记"银行存款"等账户；按该金融资产的账面余额，贷记"交易性金融资产"账户，按其差额乘以增值税税率贷记"应交税费——应交增值税（销项税额）"，贷记或借记"投资收益"账户。

应用案例2-13

承应用案例2-12，2018年2月10日，光大建筑公司将所持有的雅戈尔公司债券全部售出，售价为2 565万元，增值税税率为6%。编制会计分录如下。

借：银行存款		25 650 000
投资收益		1 889 000
贷：交易性金融资产——成本		26 000 000
应交税费——应交增值税（转让金融商品应交增值税）		1 539 000

本章小结

本章主要介绍了两类流动性最强的资产：货币资金和交易性金融资产。

货币资金是指企业生产经营过程中处于货币形态的资产，包括库存现金、银行存款和其他货币资金。

在库存现金部分主要介绍了我国的现金管理制度和库存现金的会计核算。银行存款部分主要介绍了银行支付结算方式，包括支票、银行本票、银行汇票、商业汇票、信用卡、汇兑、委托收款、托收承付等8种；银行存款的会计核算和银行存款余额调节表的编制。其他货币资金部分主要介绍了其他货币资金的种类及其会计核算，包括外埠存款、银行本票存款、银行汇票存款、信用卡存款、信用证保证金存款和存出投资款等。

交易性金融资产是企业为了近期内出售而持有的金融资产。本章主要介绍了交易性金融资产的取得、持有期间获得股利和利息、处置的会计核算。

习 题

1. 单项选择题

（1）采购人员预借差旅费，以库存现金支付，应借记（　　）科目核算。

A. 库存现金　　　　B. 管理费用　　　　C. 其他应收款　　　　D. 其他应付款

（2）在清查中发现库存现金短缺，应贷记（　　）。

A. "待处理财产损溢"　　　　B. "库存现金"

C. "其他应收款"　　　　D. "管理费用"

（3）在清查中发现的库存现金溢余批准后，应贷记（　　）。

A. "营业外支出"　　　　B. "营业外收入"

C. "其他应收款"　　　　D. "管理费用"

（4）商业汇票的承兑期限一般不得超过（　　）。

A. 1个月　　　　B. 6个月　　　　C. 10个月　　　　D. 1年

（5）托收承付结算每笔的金额起点为（　　）元。

A. 1 000　　　　B. 5 000　　　　C. 10 000　　　　D. 20 000

（6）下列结算方式中，由付款人直接委托银行将款项支付给收款人的结算方式是（　　）。

A. 汇兑结算方　　　　B. 支票方式

C. 银行本票结算方式　　　　D. 银行汇票结算方式

（7）企业到外地进行临时或零星采购时，汇往采购地银行开立采购专户的款项是（　　）。
A. 外埠存款　　　　B. 银行汇票　　　　C. 银行本票　　　　D. 在途货币资金

（8）企业日常经营活动的资金收付通过（　　）账户办理。
A. 基本存款　　　　B. 一般存款　　　　C. 临时存款　　　　D. 专用存款

（9）关于银行汇票，下列说法不正确的是（　　）。
A. 银行汇票由出票银行签发
B. 银行汇票适用于先收款后发货或钱货两清的商品交易
C. 银行汇票适用于赊销
D. 单位和个人均可使用

（10）（　　）结算方式只适用于在同一票据交换区域需要支付各种款项的单位和个人。
A. 银行汇票　　　　B. 银行本票　　　　C. 商业汇票　　　　D. 信用证

（11）根据购销合同由收款人发货后委托银行向异地付款人收取款项，由付款人向银行承认付款的结算方式是（　　）。
A. 委托收款　　　　B. 托收承付　　　　C. 商业汇票　　　　D. 汇兑

（12）银行汇票存款通过（　　）科目核算。
A. 银行存款　　　　B. 其他货币资金　　C. 应付票据　　　　D. 应收票据

（13）下列不通过"其他货币资金"账户核算的是（　　）。
A. 存出投资款　　　B. 信用证存款　　　C. 信用卡存款　　　D. 备用金

（14）关于银行存款的序时核算，下列说法不正确的是（　　）。
A. 应该设置银行存款日记账
B. 应该按照业务发生的先后顺序逐笔登记
C. 不必每日结出余额
D. 银行存款的序时核算就是银行存款的明细核算

（15）2018年2月2日，甲公司支付830万元取得一项股权投资作为交易性金融资产核算，支付价款中包括已宣告尚未领取的现金股利20万元，另支付交易费用5万元，交易费用的增值税为0.3万元。甲公司该项交易性金融资产的入账价值为（　　）万元。
A. 810　　　　　　B. 815　　　　　　C. 830　　　　　　D. 835

2. 多项选择题

（1）采购员报销差旅费涉及的账户可能有（　　）。
A. 其他应收款　　　B. 库存现金　　　　C. 其他应付款　　　D. 管理费用

（2）按照库存现金保管制度的要求，出纳人员应该（　　）。
A. 超过库存限额以外的库存现金应在下班前送存银行
B. 限额内的库存现金当日核对清楚后，一律放入保险柜内，不得放在办公桌内过夜
C. 单位的库存现金不准以个人名义存入银行
D. 库存的纸币和铸币应实行分类保管

（3）下列结算方式中，（　　）可用于异地结算。
A. 委托收款　　　　B. 汇兑　　　　　　C. 银行汇票　　　　D. 银行本票

（4）商业汇票结算方式与银行汇票结算方式相比（　　）。
A. 商业汇票的适用范围相对窄

B. 商业汇票的使用对象相对少
C. 未到期的商业汇票可以到银行办理贴现，而银行汇票不能办理贴现
D. 商业汇票没有结算起点限制要求，而银行汇票则有结算起点要求

(5) 办理银行存款收付业务的凭证有(　　)。
　　A. 送款簿　　　　B. 库存现金支票　　C. 进账单　　　　D. 转账支票

(6) 下列属于银行结算方式的有(　　)。
　　A. 银行汇票　　　B. 商业汇票　　　　C. 委托收款　　　D. 信用卡

(7) 关于商业汇票，下列说法正确的有(　　)。
　　A. 商业汇票的付款期限最长不得超过6个月
　　B. 商业汇票按其承兑人不同，分为商业承兑汇票和银行承兑汇票
　　C. 商业汇票只适用于赊销
　　D. 仅局限于同一票据交换区域内

(8) 下列结算方式中同城结算可采用的方式为(　　)。
　　A. 支票　　　　　B. 银行本票　　　　C. 委托收款　　　D. 托收承付

(9) 商业汇票按承兑人不同可以分为(　　)。
　　A. 定额汇票　　　B. 非定额汇票　　　C. 商业承兑汇票　D. 银行承兑汇票

(10) 关于支票下列说法正确的是(　　)。
　　A. 支票分为转账支票和库存现金支票
　　B. 转账支票只能用于转账，不能支取库存现金
　　C. 支票的提示付款期限为15天
　　D. 不得签发空头支票，不得出租、出借支票

(11) 下列业务中属于支出银行存款的是(　　)。
　　A. 把库存现金存入银行　　　　　　　B. 采购原材料支付款项
　　C. 交纳增值税　　　　　　　　　　　D. 将商业汇票拿到银行贴现

(12) 银行存款支出日记账对应的借方科目可能为(　　)。
　　A. 库存现金　　　B. 应付账款　　　　C. 原材料　　　　D. 长期借款

(13) 银行存款的序时核算的要求是(　　)。
　　A. 应设置"银行存款日记账"
　　B. 由出纳人员按照业务发生的先后顺序逐日逐笔登记
　　C. 每月终了时结出余额，并定期同银行对账单核对相符
　　D. 银行存款日记账必须是订本账，一般采用三栏式账页

(14) 下列项目中通过"其他货币资金"核算的有(　　)。
　　A. 外埠存款　　　B. 银行本票存款　　C. 银行汇票存款　D. 商业汇票

(15) 关于银行存款的管理，下列说法正确的有(　　)。
　　A. 企业除按规定的库存限额留存少量的现金以备日常零星开支外，其余货币资金都应存入银行
　　B. 企业与其他单位之间发生的往来款项，除允许用现金结算的，其余都必须通过银行划转
　　C. 银行存款收付业务由会计人员专职办理

D. 出纳人员应该根据原始凭证填制收付款凭证，并进行银行存款收付业务的核算

3. 判断题

（1）出纳人员不得负责收入、费用、债权债务等账目的登记工作，但可以兼管会计档案保管。　　　　　　　　　　　　　　　　　　　　　　　　　　　（　）

（2）出现库存现金短缺时，属于应由责任人赔偿的部分，应借记"其他应收款——应收现金短款"。　　　　　　　　　　　　　　　　　　　　　　　　　（　）

（3）银行汇票是汇款人将款项存入当地银行，由汇款人签发，持往异地支取库存现金或办理转账结算的票据。　　　　　　　　　　　　　　　　　　　　（　）

（4）企业需要到外地临时或零星采购，可以将款项通过银行汇入采购地银行。汇入采购地银行的这部分资金应通过"银行存款"账户核算。　　　　　　　　（　）

（5）托收承付是一种可以用于同城结算的方式。　　　　　　　　　（　）

（6）银行汇票因超过付款期限或其他原因未曾使用而退还款项时，应借记"银行存款"账户，贷记"其他货币资金——银行汇票"账户。　　　　　　　　　（　）

（7）任何单位和个人不得将单位的资金以个人名义开立账户存储。　（　）

（8）未到期的商业汇票可以到银行办理贴现。　　　　　　　　　　（　）

（9）现金支票只能用于提取库存现金，但是转账支票可以用于转账，也可以提取库存现金。　　　　　　　　　　　　　　　　　　　　　　　　　　　　（　）

（10）银行本票同城异地都可以适用。　　　　　　　　　　　　　（　）

（11）汇兑可以分为电汇和信汇两种。　　　　　　　　　　　　　（　）

4. 计算及账务处理题

（1）光大建筑公司为增值税一般纳税人 2019 年 5 月份发生下列经济业务。

① 开出现金支票一张，提取现金 900 元。

② 总经理助理王明预借差旅费 10 000 元，用现金支付。

③ 以银行存款支付本月行政管理部门电话费，取得增值税专用发票，注明价款 1 415 元，增值税 85 元。

④ 取得材料销售收入 2 000 元，增值税 340 元，款项均已存入银行。

⑤ 以现金购买办公用品一批，取得增值税专用发票，注明价款 513 元，增值税 87 元。

⑥ 开出银行汇兑结算凭证，将款项 3 200 元汇往北京某地银行开立采购专户。

⑦ 向开户行提交银行汇票委托书，办理银行汇票手续，并取得面额 30 000 元的银行汇票，交采购员王涛结付材料款。

⑧ 采购员报销从北京采购材料款，取得增值税专用发票，注明价款 2 650 元，增值税 450 元，转回采购专户余款 100 元。

⑨ 收到银行转来的银行汇票及有关账单，结付采购员王涛采购钢材价款 23 932 元，增值税 4 068 元，收回余款 2 000 元。

⑩ 王明出差回来报销差旅费 9 800 元，退回余款 200 元。

要求：

根据上述经济业务编制会计分录。

（2）光大建筑公司 2019 年 5 月 31 日银行存款日记账余额为 119 760 元，银行对账单余额为 121 060 元。经核对双方均无记账错误，但发现有以下几笔未达账项：

① 29 日，企业将现金 400 元送存银行，企业已经入账，银行尚未入账。
② 30 日，电信局委托银行收取电话费 1 100 元，银行已经入账，企业尚未入账。
③ 30 日，企业开出转账支票 1 200 元，支付材料款，企业已经入账，银行尚未入账。
④ 31 日，委托银行收销货款 1 600 元，对方已承付，银行已经入账，企业尚未入账。
要求：
编制银行存款余额调节表。

（3）光大建筑公司 2019 年 5 月 16 日委托证券公司从上海证券交易所购入 A 上市公司股票 100 万股，并将其划分为交易性金融资产。该批股票投资在购买日的公允价值为 1 000 万元，其中包含已宣告但尚未发放的现金股利 10 万元，取得增值税专用发票，注明增值税 60 万元。另附其他相关交易费用 3 万元（含增值税，6%）。2019 年 8 月 12 日，光大建筑公司收到 A 上市公司派发的现金股利。2019 年 10 月 10 日，光大建筑公司将所持有的全部 A 上市公司股票出售，取得价款 1 011 万元，增值税税率 6%。
要求：
根据上述经济业务编制会计分录。

能力评价体系

知识要点	能力要求	所占分值（100 分）	自评分数
库存现金的增减	掌握库存现金的核算，熟悉现金管理制度	20	
银行存款的增减	掌握银行存款的核算，熟悉银行支付结算方式	25	
其他货币资金的增减	掌握其他货币资金的核算，熟悉其他货币资金的内容	25	
交易性金融资产的增减	掌握交易性金融资产的核算，了解交易性金融资产的概念	30	
总　　分		100	

第3章 应收项目

教学目标

掌握应收账款、应收票据和坏账准备的核算；熟悉应收账款、应收票据、贴现和坏账的定义及坏账准备的计提方法、计提比例；了解预付账款、其他应收款的核算。

教学要求

能力要求	知识要点	相关知识
掌握应收账款的核算	应收账款的内容、业务处理	应收账款发生、收回的核算
掌握应收票据的核算	应收票据的取得、利息的计算	应收票据发生、收回的核算
了解其他应收款和预付账款的核算	其他应收款和预付账款的核算	其他应收款和预付账款
掌握坏账准备的计提	坏账准备的计提方法和核算	坏账的判别

 推荐阅读资料

1. 财政部会计资格评价中心，2008. 初级会计实务 [M]. 北京：中国财政经济出版社.
2. 中华会计网校 http://www.chinaacc.com/

【学习重点】

应收项目核算的内容以及坏账准备的账务处理

【最新技术】

实证会计

【最新标准】

《企业会计准则》（财政部令第33号）

第3章 应收项目

> **引例**
>
> 某建设单位(甲方)委托明朗建筑工程公司(乙方)进行施工,采用按月结算的工程价款结算方式,2019年5月末乙方开出工程价款结算单,结算工程款100万元,乙方尚未收到工程价款。
>
> 这是一种常见的企业给予其下游企业的商业信用,是企业的一项债权。市场经济是信用经济,建立在买卖双方信用基础上的应收账款,是买方向卖方所做的口头或书面付款承诺。类似应收账款这样的商业信用还有很多,比如应收票据、预付账款、其他应收款等。企业对应收项目的核算主要包括:发生、收回、计提坏账准备和发生坏账等几种情况。
>
> 本章主要介绍这几种主要债权的核算,这部分资产是企业流动资产的重要构成部分,其流动性仅次于货币资金和交易性金融资产。

3.1 应收账款

应收项目是指施工企业在日常生产经营过程中发生的各种应收及暂付的款项,包括应收账款、应收票据、预付账款和其他应收款等。应收账款是应收项目的重要组成部分。

3.1.1 应收账款的概念

1. 应收账款的含义

应收账款是指施工企业由于结算工程价款,销售产品、材料,提供劳务、作业等应向发包单位、购货单位或接受劳务单位收取的款项。企业的应收账款应以经济业务实际发生时间作为入账时间,以实际发生额作为入账价值。

2. 应收账款的初始确认

一般情况下,应收账款按实际发生额计价入账。在企业的实际经济生活中,对待应收账款有两种优惠方式,即两种折扣——商业折扣和现金折扣。商业折扣是卖方考虑到买方购买数量较多,而给予的售价上的优惠,实际是一种促销行为。是卖方在出售商品时,本着薄利多销的原则,在价格总额的基础上,按照一定比例给予减让。会计记录时应当按照扣除商业折扣后的净额入账。例如,A企业某商品的报价单位价格为100元,为了促销,A企业对大客户给予10%的商业折扣,实际销售金额为90元,如果B客户购买了1 000件,则A企业的会计要以90 000元计入应收账款,而不是100 000元。现金折扣是卖方为鼓励客户尽早付款而给予的价格优惠,折扣多少由客户付款时间的早晚决定。对于现金折扣，会计上有两种处理方法可供选择：一是总价法，二是净价法。总价法是按照没有扣除现金折扣的价款计入应收账款账户中，同时按照此价格确认收入。净价法是按照预计可能发生的现金折扣的价款计入应收账款账户中，同时按照此价格确认收入。在我国会计实务中，通常采用总价法。

特别提示

现金折扣通常可以表示为"2/10，n/30"，该现金折扣条件的意思是信用期限为30天，现金折扣期限为10天，现金折扣率为2%。由于现金折扣发生于交易成立之后，那么在交易日，应收账款与主营业务收入都是以总额入账的。在实际收到价款时再视时间决定给予的优惠比例，给予的优惠计入财务费用。

3.1.2 应收账款的核算

施工企业为了核算和监督应收账款的增减变动情况，应设置"应收账款"账户。该账户属于资产类账户，借方登记应收账款的发生数，贷方登记已经收回的应收账款，期末借方余额，表示尚未收回的应收账款。"应收账款"下设"应收工程款"和"应收销货款"两个明细账户，并按发包单位、购货单位或接受劳务的单位设置明细账，进行明细核算。"应收工程款"明细账户，核算施工企业由于承建工程应向发包单位收取的工程款；"应收销货款"明细账户，核算施工企业由于销售产品、材料，提供劳务作业等应向购货单位或接受劳务单位收取的款项以及代垫的包装费、运杂费等。

应用案例 3-1

兴发建筑安装工程公司为增值税一般纳税人，2019年5月发生如下经济业务，编制会计分录。

(1) 1日，向发包单位结算已完工程价款 100 000 元，款项尚未收到。

借：应收账款——应收工程款　　　　　　　　　　　　　　　　100 000
　　贷：工程结算　　　　　　　　　　　　　　　　　　　　　　100 000

(2) 3日，销售剩余材料一批，开出增值税专用发票，价款 10 000 元，增值税 1 300 元款项尚未收到。

借：应收账款——应收销货款　　　　　　　　　　　　　　　　 11 300
　　贷：其他业务收入　　　　　　　　　　　　　　　　　　　　 10 000
　　　　应交税费——应交增值税（销项税额）　　　　　　　　　　1 300

(3) 27日，收到上述工程款和材料款，做如下会计分录。

借：银行存款　　　　　　　　　　　　　　　　　　　　　　　111 700
　　贷：应收账款——应收工程款　　　　　　　　　　　　　　　100 000
　　　　　　　　——应收销货款　　　　　　　　　　　　　　　 11 700

3.2 应收票据

3.2.1 应收票据概述

应收票据是指企业因结算工程价款,销售产品材料,提供劳务作业等收到的商业汇票。应收票据属于短期债权行为,是一种流动资产。

商业汇票是由出票人签发的委托付款人在指定日期无条件支付确定金额给收款人或持票人的票据。我国现行的法律规定,商业汇票的付款期限最长不超过6个月。商业汇票按承兑人不同,分为银行承兑汇票和商业承兑汇票。商业承兑汇票的承兑人是付款人,付款人负有到期无条件支付款项的责任,若汇票到期,付款人银行存款不足支付,则收款人不能收回票款,因此,采用商业承兑汇票结算不能保证到期收回款项。银行承兑汇票的承兑人是银行,承兑银行负有到期无条件支付款项的责任,汇票到期,承兑银行保证将全部票款支付给收款人,因此,采用银行承兑汇票结算能保证到期收回款项。

● 特 别 提 示

承兑是指汇票付款人承诺在汇票到期日支付汇票金额的票据行为。

商业汇票按照是否带息,可分为不带息和带息两种。不带息票据的到期值等于应收票据的面值。带息票据的到期值,除了票据面值外,还要加上按票据面值和票面利率计算的到期利息。票据利息的计算公式为

应收票据利息=应收票据票面金额×票面利率×期限

上式中,"票面利率"一般指年利率;"期限"指签发日至到期日的时间间隔。票据的期限有两种表示方法:按月表示和按日表示。票据期限按月表示时,应以到期月份中与出票日相同的那一天为到期日。如5月8日签发的期限为两个月的票据,到期日为7月8日。月末签发的票据,不论月份大小,以到期月份的最末一天为到期日。同时,应将年利率换成月利率,即"年利率÷12"。票据期限按日表示时,应按实际天数计算。通常,出票日和到期日只能计算其中的一天,即"算头不算尾"或"算尾不算头"。如5月8日签发的期限为60天的票据,到期日为7月7日,其计算过程是:60天-5月份剩余天数-6月份实有天数=60天-(31天-8天)-30天=7天。同时,应将年利率换成日利率,即"年利率÷360"。

● 特 别 提 示

在经济指标的计算中,如果不作特殊说明,一年按360天计算,每个月按30天计算。

我国现行制度规定，应收票据无论是否带息一律按面值入账。需要指出的是，到期不能收回的应收票据应按其账面余额转入应收账款，同时带息的应收票据不再计算利息。

3.2.2 应收票据的贴现

企业如急需资金可以持未到期的商业汇票提前到银行申请贴现。所谓贴现，是指持票人因急需资金，将未到期的商业汇票提前向银行融通资金的一种经济行为。具体做法是持票人将未到期的商业汇票背书后送交银行，银行受理后，从票据到期值中扣除按银行贴现率计算确定的贴现息后，将余额付给持票人的业务活动。票据的到期值、贴现息和贴现净值的计算公式如下。

带息票据到期值＝面值×(1＋票面利率×票据期限)

不带息票据到期值＝面值

贴现息＝票据到期值×贴现率×贴现期

贴现净值＝票据到期值－贴现息

商业汇票贴现行为本质上是一种抵押贷款行为，但与一般抵押贷款行为不同的是，它要在贷款时先扣除利息。

应用案例 3-2

兴发建筑安装工程公司因急需资金，于 2019 年 6 月 8 日将一张 2019 年 5 月 9 日签发的面值 100 000 元，票面利率 6%，期限为 90 天的商业汇票提前向银行贴现，贴现利率 12%，则计算如下。

票据到期日为：8 月 7 日[90 天－(31 天－9 天)－30 天－31 天＝7 天]

贴现期＝90 天－[(31 天－9 天)＋8 天]＝60 天

票据到期值＝100 000 元×(1＋6%÷360 天×90 天)＝101 500 元

贴现息＝101 500 元×12%÷360 天×60 天＝2 030 元

贴现净值＝101 500 元－2 030 元＝99 470 元

3.2.3 应收票据的核算

为了核算和监督应收票据的增减变动情况，企业应设置"应收票据"账户。本账户属于资产类账户，借方登记企业收到的商业汇票面值，贷方登记商业汇票到期收回的款项以及贴现或转让票据金额，余额在借方，表示尚未收到的应收票据金额。该账户下设"商业承兑汇票""银行承兑汇票"两个明细账户，并按债务人设置明细账，进行明细核算。

企业收到商业汇票时，应按票据面值借记"应收票据"账户，贷记"主营业务收入""其他业务收入"等账户；应收票据到期，按实际收回的款项，借记"银行存款"账户，按面值贷记"应收票据"账户，按利息贷记"财务费用"账户；商业承兑汇票到期，付款人拒付或无力支付票款时，企业收到银行退回的商业承兑汇票，借记"应收账款"账户，贷记"应收票据——商业承兑汇票"账户。

商业汇票贴现时，按贴现净值借记"银行存款"账户，按贴现净值低于票据面值的差额，借记"财务费用"账户，或按贴现净值高于票据面值的差额贷记"财务费用"账户，按票据面值贷记"应收票据"账户。

应用案例 3-3

2019 年 4 月 3 日，兴发建筑安装工程公司与长江公司结算工程价款，收到对方开来的面值为 100 000 元，90 天到期的不带息商业承兑汇票一张。2019 年 7 月 2 日，票据到期，兴发建设安装工程公司收到该笔款项，并存入银行。

（1）2019 年 4 月 3 日收到商业承兑汇票时，做如下会计分录。

借：应收票据——商业承兑汇票　　　　　　　　　　　　　　　100 000
　　贷：工程结算　　　　　　　　　　　　　　　　　　　　　　100 000

（2）2019 年 7 月 2 日收到款项时，做如下会计分录。

借：银行存款　　　　　　　　　　　　　　　　　　　　　　　100 000
　　贷：应收票据——商业承兑汇票　　　　　　　　　　　　　　100 000

若汇票到期，长江公司银行存款账户不足支付时，则应做如下会计分录。

借：应收账款　　　　　　　　　　　　　　　　　　　　　　　100 000
　　贷：应收票据——商业承兑汇票　　　　　　　　　　　　　　100 000

应用案例 3-4

承应用案例 3-2，2019 年 6 月 8 日兴发建筑安装工程公司将商业汇票提前向银行贴现，贴现利率为 6%，做如下会计分录。

$$票据到期值 = 100\ 000\ 元$$
$$贴现期 = 90\ 天 - [(30\ 天 - 3\ 天) + 31\ 天 + 8\ 天] = 24\ 天$$
$$贴现息 = 100\ 000\ 元 \times 6\% \div 360 \times 24\ 天 = 400\ 元$$
$$贴现净值\ 100\ 000\ 元 - 400\ 元 = 99\ 600\ 元$$

借：银行存款　　　　　　　　　　　　　　　　　　　　　　　　99 600
　　财务费用　　　　　　　　　　　　　　　　　　　　　　　　　 400
　　贷：应收票据——商业承兑汇票　　　　　　　　　　　　　　100 000

3.3 预付账款及其他应收款

3.3.1 预付账款

预付账款是指企业按合同规定预付给分包单位的款项和预付给供货单位的款项。预付账款按实际付出的金额入账。

施工企业应设置"预付账款"账户,核算预付账款增减变动情况。本账户属于资产类账户,借方登记预付的款项,贷方登记已结转或退回多付的预付账款,期末借方余额表示已预付尚未结转的预付款项。本账户设置"预付分包单位款"和"预付供应单位款"两个明细账户,并按分包单位和供货单位名称设置明细账,进行明细核算。

应用案例 3-5

兴发建筑安装工程公司 2019 年 6 月预付包钢钢材款 20 000 元,7 月中旬上述钢材已验收入库,货款为 80 000 元,增值税 10 400 元,余款通过银行转账支付。

(1) 2019 年 6 月预付钢材款时,做如下会计分录。

借:预付账款——预付供应单位款　　　　　　　　　　　　　20 000
　　贷:银行存款　　　　　　　　　　　　　　　　　　　　　20 000

(2) 2019 年 7 月购入钢材时,做如下会计分录。

借:原材料　　　　　　　　　　　　　　　　　　　　　　　80 000
　　应交税费——应交增值税(进项税额)　　　　　　　　　　10 400
　　贷:银行存款　　　　　　　　　　　　　　　　　　　　　70 400
　　　　预付账款——预付供应单位款　　　　　　　　　　　　20 000

3.3.2 其他应收款

其他应收款是指除应收账款、应收票据、预付账款、应收股利和应收利息以外的其他各种应收、暂付的款项。包括应收的各种赔款、罚款、存出保证金(如应收包装物押金)、应向职工收取的各种垫付款项(如企业为职工垫付的住房公积金、医疗保险、水电费等)、备用金以及其他各种应收、暂付的款项。

为了核算和监督其他应收款的增减变动情况,企业应设置"其他应收款"账户,本科目属于资产类账户,借方登记发生的各种其他应收款,贷方登记收回的其他应收款,期末借方余额反映企业尚未收回的其他应收款。本账户按其他应收款的项目类别或债务人设置明细账进行明细核算。

3.4 应收款项减值

【逾期三年以上的应收账款】

应收款项减值主要表现为坏账，坏账是指企业无法收回的应收账款，由于发生坏账而给企业造成的损失称为坏账损失。根据我国现行财会制度规定，企业确认坏账损失应符合下列条件：①因债务人破产或死亡，用其破产财产或遗产清偿后，仍然不能收回的应收账款；②因债务人逾期未履行偿债义务且超过 3 年仍未收回的应收账款。凡符合上述条件之一者，经有关部门批准后，可以确认为坏账损失。坏账损失的核算方法有两种：直接转销法和备抵法。

3.4.1 直接转销法

直接转销法是指平时不提前计提坏账准备金，待坏账实际发生时，才作为坏账损失计入期间费用，同时冲销应收账款的方法。即发生坏账时，借记"资产减值损失"账户，贷记"应收账款"账户；如果已确认的坏账又收回时，应借记"应收账款"账户，贷记"资产减值损失"账户，同时，借记"银行存款"账户，贷记"应收账款"账户。这种方法账务处理简单、实用，但不能体现坏账损失与赊销的关系，不符合权责发生制原则。

3.4.2 备抵法

备抵法是指按期估计坏账损失，计提坏账准备，计入期间费用，待坏账实际发生时，再冲销坏账准备的方法。这种方法能够很好地体现坏账损失与赊销的关系，符合权责发生制原则，使企业盈亏核算更为真实，同时符合谨慎性要求，但账务处理较复杂。

采用备抵法核算企业的坏账损失，常用的估计坏账损失的方法有 3 种：销货百分比法、账龄分析法和应收账款余额百分比法。

（1）销货百分比法是根据赊销金额的一定比例估计坏账损失的方法。

（2）账龄分析法是根据应收账款入账时间的长短来估计坏账损失的方法。账龄分析法是假定应收账款拖欠的时间越长，发生坏账的可能性就越大的一种方法。

（3）应收账款余额百分比法是根据会计期末应收账款余额的一定百分比估计坏账损失的一种方法。

根据现行财会制度规定，我国目前只允许采用"应收账款余额百分比法"核算坏账损失。施工企业统一按年末应收账款余额的 1% 计提坏账准备金。其计算公式为

当年应提取的坏账准备＝应收账款的年末余额×计提比例

当年实提坏账准备＝当年应提坏账准备－坏账准备贷方余额＋坏账准备借方余额

采用备抵法核算应收项目减值时，为了核算坏账准备的增减变动情况，施工企业应设置"坏账准备"账户。该账户属于资产类账户，是应收项目的备抵调整账户，贷方登记按

规定提取的坏账准备金以及收回已确认并转销的坏账损失,借方登记实际发生的坏账损失,期末余额在贷方,反映已提取但尚未转销的坏账准备。

特别提示

"坏账准备"账户属于资产类账户,但具备负债类账户性质,即增加时记贷方,减少时记借方,是应收项目的备抵调整账户。典型的资产类备抵调整账户还有"累计折旧""累计摊销"等。

提取坏账准备时,借记"资产减值损失"账户,贷记"坏账准备"账户;发生坏账损失时,借记"坏账准备"账户,贷记"应收账款"账户。已确认并转销的坏账损失又收回时,借记"应收账款"账户,贷记"坏账准备"账户,同时,借记"银行存款"账户,贷记"应收账款"账户。若企业期末应提取的坏账准备大于账面余额,应按两者差额予以补提,即借记"资产减值损失"账户,贷记"坏账准备"账户;若应提取的坏账准备小于账面余额,应按两者差额予以冲减坏账准备,借记"坏账准备"账户,贷记"资产减值损失"账户。

应用案例 3-6

兴发建筑安装工程公司自 2017 年开始采用应收账款余额百分比法估计坏账损失,其坏账准备的提取比例为 1%。2017 年年末应收账款余额为 1 000 000 元;2018 年发生坏账损失 5 000 元,年末应收账款余额为 1 200 000 元;2019 年已转销上年的坏账损失 5 000 元又收回,年末应收账款余额为 900 000 元。

(1) 2017 年年末计提坏账准备时,做如下会计分录。

借:资产减值损失　　　　　　　　　　　　　　　　　　　　10 000
　　贷:坏账准备　　　　　　　　　　　　　　　　　　　　　10 000

(2) 2018 年发生坏账损失 5 000 元时,做如下会计分录。

借:坏账准备　　　　　　　　　　　　　　　　　　　　　　5 000
　　贷:应收账款　　　　　　　　　　　　　　　　　　　　　5 000

(3) 2018 年年末计提坏账准备时,做如下会计分录。

当年实提坏账准备＝当年应提坏账准备＋坏账准备借方余额－坏账准备贷方余额
　　　　　　　　＝12 000 元＋5 000 元－10 000 元＝7 000 元

借:资产减值损失　　　　　　　　　　　　　　　　　　　　7 000
　　贷:坏账准备　　　　　　　　　　　　　　　　　　　　　7 000

(4) 2018 年收回上年已转销的坏账 5 000 元时,做如下会计分录。

借:应收账款　　　　　　　　　　　　　　　　　　　　　　5 000
　　贷:坏账准备　　　　　　　　　　　　　　　　　　　　　5 000

同时

借:银行存款　　　　　　　　　　　　　　　　　　　　　　5 000
　　贷:应收账款　　　　　　　　　　　　　　　　　　　　　5 000

(5) 2019 年年末提取坏账准备金时,做如下会计分录。

当年实提坏账准备＝9 000 元－5 000 元－12 000 元＝－8 000 元

借：坏账准备　　　　　　　　　　　　　　　　　　　　　　　　　　8 000

　　贷：资产减值损失　　　　　　　　　　　　　　　　　　　　　　　　　8 000

根据应收账款余额百分比法计提坏账准备时,影响当年计提金额的因素除了当年应收账款的余额和计提比例以外,还有计提前坏账准备科目的余额。若计提前坏账准备无余额,则计提数额就是当年应收账款的余额与计提比例的乘积;若计提前坏账准备有贷方余额,则计提数额应是当年应收账款的余额与计提比例的乘积减去坏账准备贷方余额;若计提前坏账准备有借方余额,则计提数额应是当年应收账款的余额与计提比例的乘积加上坏账准备借方余额。

本章小结

应收项目是指施工企业在日常生产经营过程中发生的各种应收及暂付的款项,包括应收账款、应收票据、预付账款和其他应收款等。本章主要介绍了应收账款、应收票据和预收账款的会计核算。

应收账款是指企业施工企业由于结算工程价款,销售产品、材料,提供劳务、作业等应向发包单位、购货单位或接受劳务单位收取的款项。企业的应收账款应以经济业务实际发生时间作为记账时间,以实际发生额作为入账价值。应收票据是指企业因结算工程价款,销售产品、材料,提供劳务、作业等收到的商业汇票。商业汇票按承兑人不同分为银行承兑汇票和商业承兑汇票。预付账款是指企业按规定预付给分包单位的款项和预付给供货单位的款项。预付账款按实际付出的金额入账。

本章的难点有两个,即应收项目的减值——坏账准备和应收票据的贴现。坏账准备的核算采用应收账款余额百分比法,期末应计提的坏账准备既受应收账款余额的影响,也受坏账准备科目期末余额的影响。贴现需要准确计算票据到期值、贴现息和贴现净值。

习　题

1. 单项选择题

(1) 施工企业在采用总价法入账的情况下,发生的现金折扣应作为(　　)处理。

A. 营业收入减少　　　　　　　　　　B. 营业费用增加

C. 财务费用增加　　　　　　　　　　D. 管理费用增加

(2) 施工企业的带息票据每期计提利息时，借记"应收票据"账户，贷记（　　）账户。

　　A. 财务费用　　　　B. 管理费用　　　　C. 营业费用　　　　D. 其他业务收入

(3) 预付账款不多的施工企业，可以不设"预付账款"账户，而将预付账款记入（　　）。

　　A. "应收账款"账户的借方　　　　　　B. "应收账款"账户的贷方
　　C. "应付账款"账户的借方　　　　　　D. "应付账款"账户的贷方

(4) 2019年4月16日，兴发建筑安装公司销售产品一批，价款400万元，增值税68万元，收到期限为6个月的商业承兑汇票一张，年利率为7%，则该票据到期时，A企业收到的票款为（　　）。

　　A. 468万元　　　B. 484.38万元　　　C. 400万元　　　D. 414万元

(5) 企业应按期计提坏账准备，对于已确认的坏账损失，应借记（　　）。

　　A. "管理费用"账户　　　　　　　　　B. "财务费用"账户
　　C. "坏账准备"账户　　　　　　　　　D. "资产减值损失"账户

(6) 兴发建筑安装公司2018年年末坏账准备贷方余额1 000元，2019年发生坏账损失1 500元，年末应收账款借方余额68 000元，按应收账款余额的1%计提坏账准备，则该企业2019年年末实际计提坏账准备的金额应为（　　）。

　　A. 借方680元　　B. 贷方680元　　C. 贷方180元　　D. 借方180元

(7) 兴发建筑安装公司将销售商品收到的银行承兑汇票背书转让给某企业，用于支付购买原材料的价款，应贷记的科目是（　　）。

　　A. 应收账款　　　B. 应收票据　　　C. 应付票据　　　D. 银行存款

(8) 2019年7月18日，兴发建筑安装公司将收到的出票日为5月20日、期限为180天、面值为100 000元的票据到银行申请贴现。该票据的贴现天数为（　　）天。

　　A. 180　　　　　B. 110　　　　　C. 111　　　　　D. 112

(9) 施工企业的应收票据在到期时，承兑人无力偿还票款的，应将其转入（　　）科目。

　　A. 应收账款　　　B. 应付账款　　　C. 其他应收款　　D. 预收账款

(10) 下列各项，不通过"其他应收款"账户核算的是（　　）。

　　A. 为购货方代垫的运费　　　　　　　B. 应收保险公司的各项赔款
　　C. 为职工代垫的房租　　　　　　　　D. 存出保证金

2. 多项选择题

(1) 施工企业采用备抵法核算坏账准备，估计坏账损失的方法有（　　）。

　　A. 应收账款余额百分比法　　　　　　B. 账龄分析法
　　C. 年数总和法　　　　　　　　　　　D. 销货百分比法
　　E. 双倍余额递减法

(2) 下列各项，构成应收账款入账价值的有（　　）。

　　A. 增值税销项税额　　　　　　　　　B. 商业折扣
　　C. 代购货方垫付的保险费　　　　　　D. 销售货款
　　E. 代购货方垫付的运杂费

(3) 下列各项中，应计入"坏账准备"账户贷方的有（　　）。

A. 按规定提取的坏账准备　　　　　　　B. 当期发生的坏账损失
C. 收回已确认为坏账并转销的应收账款　D. 冲回多提的坏账准备
E. 补提的坏账准备

（4）下列各项中，会影响应收账款账面价值的有（　　）。
A. 收回前期应收账款　　　　　　　　　B. 发生赊销商品的业务
C. 收回已转销的坏账　　　　　　　　　D. 结转到期不能收回的商业汇票
E. 按规定计提应收账款的坏账准备

（5）下列关于现金折扣与商业折扣的说法，正确的是（　　）。
A. 商业折扣是指在商品标价上给予的扣除
B. 现金折扣是指债权人为鼓励债务人早日付款，而向债务人提供的债务扣除
C. 存在商业折扣的情况下，企业应收账款入账金额应按扣除商业折扣后的实际售价确认
D. 我国会计实务中采用总价法核算存在现金折扣的交易
E. 总价法是将未减去现金折扣前的金额作为实际售价，记作应收账款的入账价值

3. 判断题

（1）施工企业应向职工收取的暂付款项可在"应收账款"账户进行核算。（　　）

（2）预付款项不多的施工企业，可以将预付的款项直接记入"应付账款"的借方，不设置"预付账款"账户。但在编制会计报表时，要将"预付账款"和"应付账款"的金额分开列示。（　　）

（3）施工企业实际发生坏账损失时，应借记"坏账准备"账户，贷记"应收账款"账户。（　　）

（4）施工企业采用应收账款余额百分比法计提坏账准备的，期末"坏账准备"账户余额应等于按应收账款余额的一定百分比计算的坏账准备金额。（　　）

（5）按总价法核算存在现金折扣的交易，其实际发生的现金折扣作为当期的财务费用。（　　）

（6）2018年4月5日，兴发建筑安装公司赊销产品一批，价款100 000元，增值税额17 000元，现金折扣条件为2/10，1/20，n/30。4月12日，购货单位付款。则应确认财务费用1 000元。（　　）

（7）施工企业在赊销业务不多时，可以采用直接转销法核算发生的坏账损失。（　　）

（8）无息票据的贴现所得一定小于票据面值，而有息票据的贴现所得则不一定小于票据面值。（　　）

（9）企业取得应收票据时，无论是否带息，均应按其到期值入账。（　　）

（10）应收款项属于企业的一项金融资产。（　　）

4. 计算及账务处理题

兴发建筑安装工程公司为增值税一般纳税人，2019年发生如下经济业务，编制会计分录。

（1）4月2日，向甲公司销售多余钢材一批，钢材已按合同发出，价款25 000元，增值税4 250元，货款尚未收到。

（2）4月3日，收到建设单位交来的上月已结算的工程款共计300 000元，存入银行。

（3）4月6日，收到保险公司交来的现金支票一张，金额8 000元，用于支付被盗财

物的损失。

（4）4月8日，以银行存款100 000元，预先支付分包单位的工程款。

（5）4月10日，与明朗建筑工程公司结算机械作业劳务，100台班，每台班不含税价格150元，共计15 000元，增值税1 650元，收到期限为3个月的商业承兑汇票一张。

（6）7月10日，收到明朗建筑工程公司按时支付的商业承兑汇票款项。

（7）7月25日，与建设单位结算本月工程价款500 000元，收到建设单位开出的期限为50天的银行承兑汇票一张。

（8）8月15日，上述汇票到期，由于建设单位暂时无力支付，未收回该款项。

（9）8月16日，销售钢材一批，价款共计100 000元，增值税13 000元，收到供货单位开出的期限为6个月、利率为8%的商业承兑汇票一张。

（10）9月16日，因急需资金，持上述商业汇票到银行办理贴现，贴现率为10%。

（11）10月9日，收回以前已确认的坏账60 000元。

（12）11月5日，一债务人破产，应收账款20 000元无法收回，经批准确认为坏账。

（13）12月31日，应收账款有借方余额890 000元，坏账准备有贷方余额1 500元，按应收账款余额的1%计提坏账准备。

能力评价体系

知识要点	能力要求	所占分值(100分)	自评分数
应收款项的概念	熟悉应收账款、应收票据、预收账款、其他应收款的定义	10	
应收账款的核算	掌握应收账款发生和收回的核算，重点掌握坏账准备的计提和核算	40	
应收票据的核算	应收票据的取得、收回和贴现的核算	40	
其他应收款和预付账款的核算	了解其他应收款和预付账款的核算	10	
总　　分		100	

第4章 存货

教学目标

掌握采用实际成本法对原材料进行核算；掌握采用计划成本法对原材料进行核算。熟悉存货的概念及其分类；熟悉不同取得方式下，存货实际成本的构成；熟悉原材料的分类和计价；熟悉周转材料的定义与分类；熟悉周转材料的核算；熟悉存货清查；了解周转材料的摊销方法；了解低值易耗品的定义与分类及其摊销方法；了解存货期末计价。

教学要求

能力要求	知识要点	相关知识
掌握采用实际成本法对原材料进行核算	实际成本法	编制原材料收入、发出的会计分录
掌握采用计划成本法对原材料进行核算	计划成本法	编制原材料收入、发出的会计分录
熟悉存货的概念及其分类	存货的界定	存货概念、存货的范围、存货类型
熟悉存货实际成本的构成	存货成本	购进、自制、委托加工、接受投资、接受捐赠和盘盈存货的成本构成
熟悉原材料的分类和计价	原材料的分类和计价	原材料类型、计划成本法和实际成本法
熟悉周转材料的定义与分类	周转材料的定义与分类	周转材料的定义、周转材料的类型
熟悉周转材料的核算	周转材料的核算	低值易耗品的核算、其他周转材料的核算
熟悉存货清查	存货清查	清查的概念、方法、会计处理

【企业会计准则第1号——存货】

推荐阅读资料

1. 平准，2017. 施工企业会计核算与纳税实务（升级版）[M]. 北京：人民邮电出版社.
2. 中国会计视野 http：//www.esnai.com/

【学习重点】

存货的计量、原材料的分类与计价、实际成本法下取得与发出存货的核算、计划成本法下取得与发出存货的核算

【最新标准】

《企业会计准则》（财政部令第33号）

引例

明朗建筑工程公司为增值税一般纳税人，2019年5月2日采购水泥200吨，单价450元/吨，增值税税率16%，另付运费3 000元，5月5日第一项目部领用水泥200吨。

这是常见的材料收发业务，对材料收发业务的核算，首先要解决的问题是材料核算方法，企业可以采用实际成本法或计划成本法对材料进行核算。企业对材料的核算主要包括两个环节：收入和发出。

材料是企业进行施工生产的重要劳动对象，历来是企业进行成本控制的重点。本章主要介绍原材料的核算，这部分资产是企业流动资产的重要构成内容，但其流动性相对比较差，变现能力不强。

4.1 存货概述

【工地坍塌事件背后】

存货作为施工企业重要的资产，科学、合理地管理存货对企业的生产经营具有重要的影响。存货核算合理与否对确认企业的产品成本影响很大，进而对企业的经营成果也有相当重要的影响。

4.1.1 存货的概念及确认

《企业会计准则第1号——存货》规定，存货是指企业在正常生产经营过程中持有的以备出售的产成品或商品，或者为了出售仍然处在生产过程中的在产品，或者将在生产过程或提供劳务过程中耗用的材料、物料等。由于存货经常处于不断被销售和重置或被耗用的过程中，具有鲜明的流动性，属于企业流动资产的范畴。施工企业的存货主要是为施工生产耗用而储存的各种材料物资和未完工程以及施工企业附属工业企业的在产品、产成品和待销商品，包括主要材料、结构件、机械配件、其他材料、未完工程、在产品、产成品、半成品等。

第4章 存货

> **特别提示**
>
> 房屋、建筑物在一般企业通常是作为固定资产进行管理的，但对于施工企业而言，它所建造的房屋、建筑物主要是满足广大建设单位的需要，属于企业生产的产品，因而是企业的存货。但是，如果施工企业建造的房屋、建筑物被用于其本身的生产经营，则应作为企业的固定资产，而不属于企业的存货。

按照《企业会计准则第1号——存货》的规定，存货在同时满足以下两个条件时，才能加以确认：一是与该存货有关的经济利益很可能流入企业，二是该存货的成本能够可靠地计量。某个项目要确认为存货，首先要符合存货的定义，在此前提下，应当符合上述存货确认的两个条件。关于存货的确认需要说明以下几点。

(1) 凡依照销售合同已经售出，其所有权已经转移的商品，都不包括在存货之中，即使商品尚未运离企业。

(2) 如果商品已经运离企业，但所有权尚未转给对方的，应包括在存货之中。

(3) 已经购入而在运输途中，尚未收到入库的商品，如果所有权已经转为本企业所有，应包括在存货之中。

(4) 委托其他单位代销的商品，由于这部分委托代销商品的所有权并未转移，仍应属于本企业存货的一部分。反之，企业受托代销的商品，在尚未售出之前，仍属寄销人所有，不属于本企业的存货。

4.1.2 存货的分类

为加强存货管理，正确组织存货的核算，必须对存货进行科学分类。施工企业存货的类型繁多，按其在施工中的作用不同和存放地点不同，可分为以下几类。

(1) 原材料。原材料指企业用以进行建筑安装工程施工而存放在仓库的各种材料，包括主要材料、结构件、机械配件和其他材料等。

(2) 周转材料。周转材料指施工企业在施工生产过程中能够多次使用，并基本保持原有的物质形态，但价值逐渐转移的各种材料，包括包装物、低值易耗品以及企业（建造承包商）的钢模板、木模板、脚手架等。

(3) 在途物资。在途物资指企业从外购进，货款已经支付，但尚在运输途中或虽已到达但尚未验收入库的材料。

(4) 委托加工中的物资。委托加工中的物资指企业委托外单位加工的各种材料和构件。

(5) 在产品和产成品。在产品指施工企业的附属工业生产和辅助生产部门正在加工尚未完工的产品；产成品指施工企业的附属工业生产和辅助生产部门已经加工完成全部生产过程并验收入库的产品。

(6) 未完工程。未完工程指尚未完成施工过程，正在建造的各类建筑工程。

(7) 自制物资。自制物资指企业自行组织生产、加工的各种材料、物品等。

4.1.3 存货的计量

一般来说，各种存货应当按取得时的实际成本入账。存货实际成本的构成，因取得存货的方式的不同而不同。

1. 购入的存货

施工企业购入存货的成本通常包括买价、运杂费、税金、采购保管费，以及为购入存货而发生的其他费用。

（1）买价指购入存货发票上所填列的价款和手续费。

（2）运杂费指存货运到工地仓库（或施工现场堆放存货的地方）以前所发生的包装费、装卸费、运输费、保险费以及运输途中的合理损耗等费用。

（3）税金指按规定应计入成本的税金，如关税、消费税等。

（4）采购保管费指企业的材料供应部门和仓库在组织材料物资的采购、供应和保管过程中所发生的费用。一般包括采购和保管人员的薪酬、办公费、差旅交通费、固定资产使用费、劳动保护费、检验试验费（减检验试验收入）、材料整理及零星运费、材料物资盘亏毁损（减盘盈）等。

> **特别提示**
>
> 营业税和增值税，是我国两大主体税种。营改增在全国的推开，大致经历了以下三个阶段。2011年，经国务院批准，财政部、国家税务总局联合下发营业税改增值税试点方案。从2012年1月1日起，在上海交通运输业和部分现代服务业开展营业税改增值税试点。自2012年8月1日起至2012年年底，国务院将扩大营改增试点至8省市；2013年8月1日，"营改增"范围已推广到全国试行，将广播影视服务业纳入试点范围。2014年1月1日起，将铁路运输和邮政服务业纳入营业税改征增值税试点，至此交通运输业已全部纳入营改增范围；2016年5月1日起，营业税改征增值税试点全面推开。2017年10月30日，国务院常务会议通过《国务院关于废止〈中华人民共和国营业税暂行条例〉和修改〈中华人民共和国增值税暂行条例〉的决定（草案）》，标志着实施60多年的营业税正式退出历史舞台增值税制度将更加规范。这是自1994年分税制改革以来，财税体制的又一次深刻变革。

2. 自制的存货

自制的存货成本包括制造过程中耗用材料的实际成本、支付的工资和其他费用。

3. 委托加工的存货

委托加工的存货成本包括实际耗用的原材料或者半成品成本、加工费、运输费、装卸费和保险费等费用，以及按规定应计入成本的税金。

> **特别提示**
>
> 在"营改增"后，施工企业从营业税纳税人变成增值税纳税人。增值税一般纳税人在购进材料物资时，符合进项税抵扣条件的应记入"应交税费——应交增值税（进项税额）"账户，而不应计入材料成本。能够记入材料物资成本的税金主要指关税、消费税、车辆购置税等。

4. 投资者投入的存货

投资者投入的存货应当按照投资合同或协议约定的价值确定，但合同或协议约定价值不公允的除外。

5. 接受捐赠的存货

接受捐赠的存货按以下规定确定其实际成本。

（1）捐赠方提供了有关凭据（如发票、报关单、有关协议）的，按凭据上标明的金额加上应支付的相关税费，作为实际成本。

（2）捐赠方没有提供有关凭据的，按如下顺序确定其实际成本：同类或类似存货存在活跃市场的，按同类或类似存货的市场价格估计的金额，加上应支付的相关税费，作为实际成本；同类或类似存货不存在活跃市场的，按该接受捐赠的存货的预计未来现金流量现值，作为实际成本。

6. 盘盈的存货

按照同类或类似存货的市场价格，作为实际成本。

4.2 原材料

施工企业的原材料是在施工生产经营活动中不可缺少的物质要素。从其参加生产过程来看，一般是一次参加施工生产过程，一经投入施工生产后就要全部被消耗或改变其原有的实物形态；从其价值补偿形式来看，原材料的价值是一次性全部转移到企业承包的工程或生产的产品中去的，构成工程或产品成本的一个重要组成部分，然后通过工程价款结算或产品销售，其价值一次性获得补偿。

4.2.1 原材料的分类与计价

1. 原材料的分类

施工企业的原材料一般可以分为以下几类。

（1）主要材料。主要材料指用于工程或产品并构成工程或产品实体的各种材料，如钢材、铝材、原木、板材、水泥、砖、瓦、石灰、砂石、合页、螺钉、瓷砖、坐便器、电灯、电缆、油漆等。

【砂石涨价背后的无奈】

（2）结构件。结构件指经过吊装、拼砌和安装就能构成房屋建筑物实体的各种金属的、钢筋混凝土的和木质的结构物、构件、砌块等，如钢窗、木门、铝合金门窗、塑钢门窗、钢木屋架、钢筋混凝土预制件等。

（3）机械配件。机械配件指施工机械、生产设备、运输设备等各种机械设备替换、维修用的各种零件和配件，以及为机械设备准备的备品、备件，如曲轴、活塞、轴承、齿轮、阀门等。

(4) 其他材料。其他材料指除主要材料、结构件、机械配件以外的各种一次性消耗材料，如燃料、油料、冷冻剂、爆破材料等。

在上述分类的基础上，各类材料还应该按物理性能、技术特征、等级、成分、规格、尺寸作为下一级明细分类。如主要材料，可分为黑色金属材料、木材、硅酸盐材料、电器材料等；而黑色金属材料，还可以进一步分为圆钢、螺纹钢、方钢、扁钢、角钢、工字钢、槽钢等；对每一种钢材还可按规格的大小再分类。

2. 原材料的计价方法

一般来说，企业的原材料有实际成本计价和计划成本计价两种计价方法。若采用计划成本计价，最终要通过一定的方法，将耗用材料的计划成本调整还原为实际成本。

（1）实际成本计价法。实际成本计价法指材料物资的收入、发出和结存，都按其取得时所发生的实际成本计价。该方法一般适用于规模小、材料物资的品种规格较少、收发料次数不多的施工企业。在规模较大的施工企业中，对于那些品种规格不多、但耗用量较大的材料物资，为了提高核算的准确性，也可以采用按实际成本计价的方法。

材料物资的日常收发核算按实际成本计价时，由于每一次入库材料物资的实际单位成本不一定完全相同，当发出材料物资时，就存在着按哪一批材料物资的实际单位成本计价的问题。企业会计准则规定，企业可以选用先进先出法、月末一次加权平均法、移动加权平均法、个别计价法确定发出材料物资的实际成本。其中月末一次加权平归法和移动加权平均法统称加权平均法。

（2）计划成本计价法。计划成本计价法是指每一种材料物资的收入、发出和结存，都按预先确定的计划成本计价。计划成本与实际成本之间的差额，叫做材料成本差异，通常可以按各类材料物资综合核算，月终在计划成本的基础上调整，计算出各种材料物资收入、发出、结存的实际成本。材料计划成本确定后，企业的有关部门必须统一使用，在年度内一般不作变动，以利于材料的计价。采用这种计价方法，主要具有下列优点：可以简化核算手续，减少核算工作量；有利于考核材料采购业务的成果，及时改进采购工作；便于分析工程或产品耗用材料的升降情况；便于材料物资原始凭证的记录和汇总。

计划成本计价法一般适用于规模较大、材料实际成本变动较小、材料的品种规格较多、收发料业务频繁的施工企业。

在实际工作中，施工企业可以将上述两种计价方法结合使用。

4.2.2 采用实际成本法对原材料进行核算

在实际成本法下，需设置"原材料""在途物资"和"采购保管费"等账户对原材料的收入、发出、结存进行核算。"原材料"账户属资产类账户，用来核算企业库存的各种原材料的实际成本。该账户借方登记入库原材料的实际成本；贷方登记发出原材料的实际成本；期末余额在借方，表示库存原材料的实际成本。"在途物资"账户属资产类账户，用来核算企业已经付款或已开出承兑商业汇票但尚未到达或尚未验收入库的各种物资的实际成本。该账户借方登记已支付或已开出承兑的商业汇票的各种物资的实际成本；贷方登记已验收入库物资的实际成本；期末余额在借方，表示在途物资的实际成本。"采购保管费"账户属资产类账户，用来归集和分配应由材料负担的各种采购和保管费用，该账户借方登记企业发生的各项采购保管费;贷方登记已分配计入材料采购成本的采购保管费;该账户期末是否有余额取决于采购保管费的分配方式。

1. 实际成本法下购入原材料的核算

由于结算方式和采购地点的不同,材料入库和货款的支付在时间上往往不一致,因而其账务处理也有所不同。

(1) 结算凭证到达并同时将材料验收入库。企业在支付货款或开出承兑商业汇票,材料验收入库后,应根据发票账单等结算凭证确定的材料成本,借记"原材料"账户,按照实际支付的款项,贷记"银行存款"账户、"其他货币资金"账户等,或根据已承兑的商业汇票贷记"应付票据"账户。

应用案例 4-1

明朗建筑工程公司为增值税一般纳税人,于 2019 年 8 月 6 日向永通钢铁公司购入钢材,取得的增值税专用发票上注明的原材料货款为 100 000 元,增值税额 13 000 元,发票等结算凭证已经收到,材料已验收入库,货款已通过银行转账支付。根据有关原始凭证,做如下会计分录。

借:原材料　　　　　　　　　　　　　　　　　　　　　　　100 000
　　应交税费——应交增值税(进项税额)　　　　　　　　　　 13 000
　　贷:银行存款　　　　　　　　　　　　　　　　　　　　　113 000

(2) 结算凭证先到,材料后到。这种情况下,应根据有关结算凭证、增值税专用发票中记载的已付款的材料的价款及增值税额,借记"在途物资"账户,根据实际付款金额,贷记"银行存款"或"其他货币资金"账户,或根据已承兑的商业汇票贷记"应付票据"账户;如未付款,则贷记"应付账款"账户。待材料验收入库后,再借记"原材料"账户,贷记"在途物资"账户。

应用案例 4-2

明朗建筑工程公司 2019 年 8 月 8 日收到银行转来的托收承付结算凭证承付支款通知以及发票,向永华水泥厂购买水泥,买价 100 000 元,增值税款 13 000 元,经审核无误,予以承付,水泥尚未验收入库。根据有关原始凭证,做如下会计分录。

借:在途物资——永华水泥厂　　　　　　　　　　　　　　　100 000
　　应交税费——应交增值税(进项税额)　　　　　　　　　　 13 000
　　贷:银行存款　　　　　　　　　　　　　　　　　　　　　113 000

应用案例 4-3

明朗建筑工程公司 2019 年 8 月 20 日收到仓库送来的收料单,永华水泥厂水泥运到验收入库。根据收料单,做如下会计分录。

借：原材料 100 000
　　贷：在途物资——永华水泥厂 100 000

(3) 材料先到，结算凭证后到。对于材料已经到达并已验收入库，但发票账单等结算凭证未到，货款尚未支付的采购业务，因企业未收到有关结算凭证，无法准确计算入库材料实际成本及销售方代垫的采购费用，应于月末按材料的暂估价值，借记"原材料"账户，贷记"应付账款——暂估应付账款"账户。下月初用红字作同样的记账凭证予以冲回，待结算凭证到达后，借记"原材料"账户，贷记"银行存款"账户、"其他货币资金"或"应付票据"等账户。

应用案例4-4

明朗建筑工程公司2019年7月25日从外地购进砌块一批，已验收入库。

(1) 2019年7月31日结算凭证未到，按材料计划成本22 000元估价入账，做如下会计分录。

借：原材料——砌块 22 000
　　贷：应付账款——暂估应付账款 22 000

(2) 2019年8月1日将估价入账的材料以红字（加框表示）冲回，做如下会计分录。

借：原材料——砌块 22 000
　　贷：应付账款——暂估应付账款 22 000

(3) 2019年8月26日结算凭证到达，该批砌块买价20 000元，增值税2 600元，款项通过银行转账支付，做如下会计分录。

借：原材料 20 000
　　应交税费——应交增值税（进项税额） 2 600
　　贷：银行存款 22 600

(4) 购料途中发生短缺和毁损。如果是运输途中的合理损耗，应当计入材料采购成本。如果是供货单位责任事故造成的短缺，应视款项是否已经支付而做出相应的账务处理，如果尚未支付货款，应按短缺的数量和发票金额填写拒付理由书，向银行办理拒付手续，如果货款已经支付，并已计入"在途物资"账户，在材料运达企业验收入库，发生短缺或毁损时，应根据有关的索赔凭证，借记"应付账款"账户，贷记"在途物资"账户。如果是运输部门的责任事故造成的短缺或毁损，应根据有关的索赔凭证，借记"其他应收款"账户，贷记"在途物资"账户。如果是运输途中发生的非常损失和尚待查明原因的途中损耗，查明原因前，借记"待处理财产损溢——待处理流动资产损溢"账户，贷记"在途物资"账户。待查明原因经批准后再进行账务处理。查明原因经批准后，如果是因供应单位、运输部门、保险公司和其他过失人负责赔偿的损失，借记"应付账款""其他应收款"等账户，贷记"待处理财产损溢——待处理流动资产损溢"账户；如果是因自然灾害等非正常原因造成的损失，应将扣除残料价值和过失人、保险公司赔偿后的净损失，借记"营业外支出——非常损失"账户，贷记"待处理财产损溢——待处理流动资产损溢"账户;如果是其他无法收回的损失,经批准后,借记"管理费用"账户,贷记"待处理财产损溢——待处理流动资产损溢"账户。

 应用案例 4-5

明朗建筑工程公司 2019 年 8 月 9 日购入细砂 100 吨,单价 80 元/吨,运费 1 000 元,增值税共计 350 元,款项均通过银行转账支付。8 月 10 日细砂运抵企业,经验收短缺 1 吨,系途中合理损耗,做如下会计分录。

借:原材料   9 000
　　应交税费——应交增值税(进项税额)   350
　　贷:银行存款   9 350

途中合理损耗不影响原材料总成本,但影响原材料的单位成本。应用案例 4-5 中,若无原材料运输途中合理损耗其单位成本应为 90 元/吨,但现在其单位成本应为 90.91 元/吨(9 000 元÷99 吨)。

 应用案例 4-6

(1) 明朗建筑工程公司 2019 年 8 月 10 日购入螺纹钢 30 吨,单价 5 200 元,运费 20 000 元,增值税共计 28 720 元,款项均以银行存款支付,做如下会计分录。

借:在途物资   176 000
　　应交税费——应增值税(进项税额)   28 720
　　贷:银行存款   204 720

(2) 2019 年 8 月 11 日钢材运抵企业,经验收短缺 3 吨,原因尚待查明,做如下会计分录。

借:原材料   158 400
　　待处理财产损溢——待处理流动资产损溢   17 600
　　贷:在途物资   176 000

(3) 2019 年 8 月 12 日查明原因,系运输部门责任,做如下会计分录。

借:其他应收款——运输部门   20 472
　　贷:待处理财产损溢——待处理流动资产损溢   17 600
　　　　应交税费——应交增值税(进项税额转出)   2 872

【案例分析】

本例中,原材料短缺应由运输部门赔偿,要特别注意"增值税"的处理,短缺材料的"进项税额"不能抵扣,所以运输部门要连同增值税一起赔偿,会计处理时,记入"应交税费——应交增值税(进项税额转出)"账户。

(5) 采购保管费的核算。采购保管费是指企业材料物资供应部门及仓库为采购、验收、保管和收发材料物资所发生的各项费用,一般包括采购和保管人员的薪酬、办公费、差旅交通费、固定资产使用费、劳动保护费、检验试验费(减检验试验收入)、材料整理及零星运费、材料物资盘亏损毁(减盘盈)等。采购保管费属于材料的间接成本,应采用先归集后分配的方法计入材料成本。

① 采购保管费的归集。采购保管过程中发生的采购保管费,应在发生时,借记"采购保管费"账户,贷记"银行存款""应付职工薪酬"等账户。

应用案例 4-7

明朗建筑工程公司2019年8月发生采购保管费4 000元,其中应付采购保管人员工资2 000元,采购保管部门领用材料1 000元,支用银行存款1 000元,做如下会计分录。

借:采购保管费　　　　　　　　　　　　　　　　　　　4 000
　　贷:应付职工薪酬　　　　　　　　　　　　　　　　　2 000
　　　　原材料　　　　　　　　　　　　　　　　　　　　1 000
　　　　银行存款　　　　　　　　　　　　　　　　　　　1 000

② 采购保管费的分配。采用实际成本法核算原材料的企业,采购保管费可以直接分配计入当月领用原材料的部门或工程的成本费用中。按照这种方法采购保管费账户期末如有借方余额,则它表示库存原材料应负担的采购保管费,且在编制资产负债表时,应在存货项目下加以反映。其计算公式为

$$\text{本月采购保管费分配率} = \frac{\text{采购保管费期初余额} + \text{采购保管费本期发生额}}{\text{月初结存原材料买价及运杂费之和} + \text{本月购入原材料买价及运杂费之和}} \times 100\%$$

$$\text{本月某部门或工程应分配的采购保管费} = \text{该部门或工程领用原材料的买价及运费之和} \times \text{本月采购保管费分配率}$$

月末,根据计算结果,借记"工程施工""管理费用"等账户,贷记"采购保管费"账户。通过以上的分配结转后,"采购保管费"账户的月末余额表示库存原材料应负担的采购保管费。

应用案例 4-8

承应用案例4-7,明朗建筑工程公司2019年8月初采购保管费账户有借方余额1 000元,原材料账户有借方余额200 000元,本月购入原材料300 000元,本月共领用原材料400 000元,其中:工程领用380 000元,管理部门领用5 000元,机械作业部门领用15 000元。做如下会计分录。

$$\text{本月采购保管费分配率} = \frac{1\ 000\ \text{元} + 4\ 000\ \text{元}}{200\ 000\ \text{元} + 300\ 000\ \text{元}} \times 100\% = 1\%$$

工程应分配的采购保管费 = 380 000 元 × 1% = 3 800 元

管理部门应分配的采购保管费＝5 000元×1％＝50元

机械作业部门应分配的采购保管费＝15 000元×1％＝150元

借：工程施工　　　　　　　　　　　　　　　　　　　　　3 800
　　管理费用　　　　　　　　　　　　　　　　　　　　　　　50
　　机械作业　　　　　　　　　　　　　　　　　　　　　　 150
　　贷：采购保管费　　　　　　　　　　　　　　　　　　　　　　4 000

（6）运杂费的核算。运杂费属于材料的直接成本，发生时应直接计入或分配计入各种材料的采购成本。为简化核算手续，对于零星发生的室内运杂费，直接计入采购保管费。对于两种或两种以上原材料同时运输的，运杂费的分配可以采用重量、体积、买价等合理的标准进行分配。

 应用案例 4-9

明朗建筑工程公司2019年8月14日从宏大贸易公司购进钢材和玻璃钢一批。钢材150吨，单价3 500元/吨，计525 000元；玻璃钢8 000m²，单价40元/m²，计320 000元，宏大贸易公司代垫运杂费16 900元。该批材料由甲运输公司承运。上述货款及运杂费已付，但尚未办理验收入库手续。

（1）按买价分配运杂费。

运杂费分配率＝16 900元÷(525 000元＋320 000元)×100％＝2％

钢材应负担的运杂费＝525 000元×2％＝10 500元

玻璃钢应负担的运杂费＝320 000元×2％＝6 400元

（2）计算钢材和玻璃钢的实际成本。

钢材实际成本＝525 000元＋10 500元＝535 500元

玻璃钢实际成本＝320 000元＋6 400元＝326 400元

（3）根据发票账单和付款凭证，做如下会计分录。

借：在途物资——宏大贸易公司（钢材）　　　　　　　　535 000
　　　　　　——宏大贸易公司（玻璃钢）　　　　　　　　326 400
　　贷：银行存款　　　　　　　　　　　　　　　　　　　　　861 400

2. 实际成本法下自制原材料的核算

施工企业自制并已验收入库的原材料，以实际成本借记"原材料"账户，贷记"生产成本"账户。

 应用案例 4-10

明朗建筑工程公司本月辅助生产车间自制材料一批，已全部验收入库，实际成本为25 000元。根据材料验收入库单，做如下会计分录。

借：原材料　　　　　　　　　　　　　　　　　　　　　25 000
　　贷：生产成本——辅助生产成本　　　　　　　　　　　　　25 000

3. 实际成本法下委托加工物资的核算

根据工程施工的需要,施工企业经常需要将某种材料委托外单位加工、改制成另一种材料,这种业务称为委托加工。材料经加工、改制后,其性能发生了变化,成本也会增加。委托加工材料的成本包括耗用原材料的实际成本,支付的加工费和税金,发生的往返运杂费等。

企业应设置"委托加工物资"账户,核算委托加工材料的实际成本。该科目属资产类账户,其借方登记耗用的原材料的实际成本、支付的加工费、税金(不包括增值税)、运杂费等,贷方登记加工完成并已验收入库的材料的实际成本以及退回的剩余材料的实际成本,期末借方余额反映尚未加工完成的委托加工物资的实际成本。本账户应按加工合同和受托加工单位设置明细账户进行明细分类核算。

应用案例 4-11

(1) 明朗建筑工程公司 2019 年 8 月 15 日委托诚信木器厂加工制作木门窗,发出原木 15m³,成本为 800 元/m³。根据"委托加工材料发货单",做如下会计分录。

借:委托加工物资——诚信木器厂(木门窗)   12 000
    贷:原材料——主要材料(原木)   12 000

(2) 2019 年 8 月 28 日,开出转账支票一张,支付加工费及往返运杂费 6 000 元,支付增值税 600 元。根据转账支票存根,做如下会计分录。

借:委托加工物资——诚信木器厂(木门窗)   6 000
    应交税费——应交增值税(进项税额)   600
    贷:银行存款   6 600

(3) 2019 年 8 月 29 日,上述门窗加工完成,已验收入库,剩余原木 1m³,退回企业,根据"委托加工材料入库单"和"收料单",做如下会计分录。

借:原材料——主要材料(原木)   800
    原材料——结构件(木门窗)   17 200
    贷:委托加工物资——诚信木器厂(木门窗)   18 000

4. 实际成本法下残次料回收的核算

为了杜绝浪费,降低成本,企业应对施工过程中产生的边角料、废旧材料及时回收利用。回收残次料时,要填制注明"残次料"字样的收料单,办理验收入库手续。回收的残次料通过"原材料——其他材料"账户核算。施工现场回收的残次料冲减工程成本,仓库回收的残次料冲减采购保管费。

应用案例 4-12

明朗建筑工程公司 2019 年 8 月,某工程竣工时回收残次料价值 8 400 元。根据收料单,做如下会计分录。

借:原材料——其他材料   8 400
    贷:工程施工——某工程   8 400

5. 实际成本法下发出原材料的核算

(1) 实际成本法下发出存货的计价方法。

① 先进先出法。先进先出法是以先购入的存货先发出这样一种存货货物流动假设为前提,对发出的存货进行计价的一种方法。采用先进先出法,先购入的存货成本在后购入的存货之前转出,据此确定发出存货和期末存货的成本。

应用案例4-13

明朗建筑工程公司2019年8月1日结存钢材100吨,单价为2 000元/吨,金额200 000元,购进批次为085。本月钢材的收入、发出情况见表4-1。

表4-1 钢材收入、发出情况表

2019年		摘要	收入				发出	
月	日		数量/吨	单价/(元/吨)	金额/元	批次	数量/吨	批次
8	5		60	2 200	132 000	086		
8	8	略					50	085
8	10						50	085
							30	086
8	20		200	2 500	500 000	087		
8	26						60	087

该企业的原材料收入、发出和结存采用先进先出法,其材料明细账见表4-2。

表4-2 材料明细分类账

材料名称:钢材

2019年		凭证号数	摘要	收入			发出			结存		
月	日			数量/吨	单价/(元/吨)	金额/元	数量/吨	单价/(元/吨)	金额/元	数量/吨	单价/(元/吨)	金额/元
8	1		结转							100	2 000	200 000
8	5	略	购入	60	2 200	132 000				160	100×2 000	332 000
											60×2 200	
8	8		发出				50	50×2 000	100 000	110	50×2 000	232 000
											60×2 200	
8	10		发出				80	50×2 000	166 000	30	30×2 200	66 000
								30×2 200				
8	20		购入	200	2 500	500 000				230	30×2 200	566 000
											200×2 500	
8	26		发出				60	30×2 200	141 000	170	170×2 500	425 000
								30×2 500				
8	31		合计	260		632 000	190		407 000	170	170×2 500	425 000

在采用先进先出法的情况下,可以随时结转存货发出成本,但这种方法较烦琐;如果

存货收发业务较多,且存货单价不稳定时,工作量较大。在物价上涨时,期末存货成本接近于市价,而发出成本偏低,利润偏高。

② 加权平均法。加权平均法也称全月一次加权平均法,它是指在月末以月初存货数量和本期各批收入的数量作为权数,一次计算月初结存存货和本月收入存货的加权平均单位成本,从而确定本月发出存货和月末结存存货成本的一种方法。其计算公式如下:

$$存货加权平均单价 = \frac{月初结存存货实际成本 + 本月收入存货的实际成本}{月初结存存货数量 + 本期收入存货的数量}$$

本月发出存货成本 = 本月发出存货数量 × 加权平均单价

期末结存存货成本 = 期末结存存货数量 × 加权平均单价

考虑到计算的加权平均单价不一定是整数,往往要在小数点后四舍五入,为了保持账面数字之间的平衡关系,一般采用倒挤成本法计算发出存货的成本,即:

本月发出存货成本 = 月初结存存货实际成本 + 本月收入存货的实际成本 − 期末结存存货成本

应用案例 4-14

承应用案例 4-13,若该企业的原材料收入、发出和结存采用加权平均法,其材料明细账见表 4-3。

表 4-3 材料明细分类账

材料名称:钢材

2019年		凭证号数	摘要	收入			发出			结存		
月	日			数量/吨	单价/(元/吨)	金额/元	数量/吨	单价/(元/吨)	金额/元	数量/吨	单价/(元/吨)	金额/元
8	1	略	期初余额							100	2 000	20 000
8	5		购进	60	2 200	132 000				160		
8	8		发出				50			110		
8	10		发出				80			30		
8	20		购进	200	2 500	500 000				230		
8	26		发出				60			170		
8	31		本月合计	260		632 000	190	2 311.11	439 111.3	170	2 311.11	392 888.7

加权平均单价 = (200 000 元 + 132 000 元 + 500 000 元) ÷ (100 吨 + 60 吨 + 200 吨) ≈ 2 311.11 元/吨

期末结存材料成本 = 170 吨 × 2 311.11 元/吨 = 392 888.7 元

本月发生材料成本 = 200 000 元 + 132 000 元 + 500 000 元 − 392 888.7 元 = 439 111.3 元

采用加权平均法,只需在期末计算一次加权平均单价,比较简单。但是这种方法平时从账上无法提供发出和结存存货的单价及金额,不利于对存货的管理。

③ 个别计价法。个别计价法又称分批计价法,是以某批存货收入的实际单价作为该批存货发出的单价的一种计价方法。采用这种计价方法,存货保管方面应按收入存货批次分别存放,以便正确辨认并计量发出的存货的实际成本。在实际工作中,施工企业较少采

用这种方法。

计价方法一经确定,一般不得随意变更,以保持会计核算资料的一贯性和可比性。

(2) 实际成本法下发出原材料的核算。施工企业日常材料发出业务比较频繁,各种领料凭证数量较多,应根据领发料凭证随时登记材料明细账,以反映各种材料的发出数和结存数。为简化总分类核算工作,可将领发料凭证定期按领用材料的部门和用途进行归类和汇总,编制"发生材料汇总表",见表4-4。

表4-4 发生材料汇总表　　　　　　　　　　　单位:元

用途 \ 材料类别	主要材料				结构件	机械配件	其他材料	合计
	钢材	水泥	其他	小计				
工程施工								270 000
其中:甲工程	80 000	10 000	22 000	112 000	40 000		6 000	158 000
乙工程	40 000	24 000	23 000	87 000	20 000		5 000	112 000
机械作业部门						3 000	1 800	4 800
采购保管部门			1 000	1 000			200	1 200
辅助生产部门	10 000		500	10 500			2 000	12 500
管理部门			800	800			1 500	2 300
合　　计	130 000	34 000	47 300	211 300	60 000	3 000	16 500	290 800

对发出原材料进行核算时,应根据发出材料汇总表,借记有关账户,其中工程直接耗用材料记入"工程施工"账户,机械部门领用材料记入"机械作业"账户,辅助生产部门领用材料记入"生产成本——辅助生产"账户,管理部门领用材料记入"管理费用"账户,对外销售的各种材料实际成本记入"其他业务成本"账户,自营建造固定资产领用材料记入"在建工程"账户,采购保管部门领用材料记入"采购保管费"账户,贷记"原材料"账户。

应用案例 4-15

明朗建筑工程公司2019年8月各有关部门领用材料见表4-4。根据"发出材料汇总表",做如下会计分录。

```
借:工程施工——甲工程                          158 000
          ——乙工程                          112 000
    机械作业                                   4 800
    采购保管费                                 1 200
    生产成本——辅助生产                       12 500
    管理费用                                   2 300
    贷:原材料——主要材料                      211 300
            ——结构件                        60 000
            ——机械配件                       3 000
            ——其他材料                      16 500
```

4.2.3 采用计划成本法对原材料进行核算

采用计划成本进行材料日常收、发核算的企业，除设置"原材料""采购保管费"账户外，还应设置"材料采购"和"材料成本差异"账户进行材料的总分类核算。

"材料采购"账户，用以核算购入的各种材料物资的实际成本、计划成本以及确定的材料成本差异。该账户属资产类账户，其借方登记外购材料支付的买价、运杂费以及分配计入材料采购成本的采购保管费，贷方登记已付款并已验收入库的材料物资的计划成本以及短缺材料的实际成本。月末或每次采购入库时，应将收入材料实际成本大于计划成本的差异（称为超支差或正差）转入"材料成本差异"账户的借方，若实际成本小于计划成本，则将其差异（称为节约差或负差）转入"材料成本差异"账户的贷方。期末借方余额表示在途材料的实际成本。本账户应按材料类别设置明细账进行明细分类核算。

"材料成本差异"账户，用以核算各种材料实际成本与计划成本之间的差异。该账户属资产类账户，其借方登记收入材料实际成本大于计划成本的差异，贷方登记收入材料实际成本小于计划成本的差异以及发出材料应负担的成本差异，期末借方余额表示原材料实际成本大于计划成本的差异；如为贷方余额，则表示原材料实际成本小于计划成本的差异。本账户明细账的设置应与"材料采购"账户相一致。

● 特 别 提 示

采用计划成本核算的企业，"原材料"账户核算的是各种材料的计划成本。

1. 计划成本法下购入原材料的核算

施工企业采购材料，发生采购材料的实际成本时，记入"材料采购"账户，材料验收入库时，按入库材料的计划成本，借记"原材料"账户，贷记"材料采购"账户，实际成本与计划成本的差额，转入"材料成本差异"账户。

应用案例 4-16

（1）明朗建筑工程公司于 2019 年 9 月 5 日向通化钢铁公司购入圆钢 100 吨，取得增值税专用发票注明价款 300 000 元，增值税 39 000 元，货款以银行存款支付。做如下会计分录。

借：材料采购——主要材料（钢材）   300 000
  应交税费——应交增值税（进项税额）   39 000
  贷：银行存款   339 000

（2）2019 年 9 月 10 日，仓库转来收料单，100 吨圆钢已验收入库，其计划单价为每吨 2 800 元。根据收料单原材料验收入库并结转材料成本差异，做如下会计分录。

借：原材料——主要材料（钢材）   280 000
  材料成本差异   20 000
  贷：材料采购——主要材料（钢材）   300 000

如果已付款的材料月末尚未到货，其买价和运杂费应作为在途材料保留在"材料采购"账户借方，待以后月份收料并验收入库后，再根据收料单作结转材料计划成本的会计处理。

同实际成本核算一样，对于已经验收入库但发票账单尚未到达的材料物资，也应于月末暂估入账，下月初用红字冲回，待收到发票账单后，再按正常程序进行账务处理。

2. 计划成本法下原材料短缺和毁损的核算

企业购入材料发生短缺和毁损的会计处理，与按实际成本计价的核算方法基本相同。

应用案例 4-17

（1）明朗建筑工程公司 2019 年 8 月 15 日向某砖厂购进普通红砖 10 万块，买价为 24 000 元，运杂费 1 200 元，增值税 3 218 元，已开出一张承兑金额为 28 418 元的商业汇票。根据有关凭证，做会计分录如下。

　　借：材料采购——硅酸盐材料　　　　　　　　　　　　　　　　25 200
　　　　应交税费——应交增值税（进项税额）　　　　　　　　　　 3 218
　　　　贷：应付票据　　　　　　　　　　　　　　　　　　　　　28 418

（2）2019 年 8 月 18 日，上述普通红砖到货，经验收发现毁损了 5 000 块，实际成本 1 260 元，系运输途中发生运输事故所致，已上报等待批准处理，应转出进项税额 161 元。做会计分录如下。

　　借：待处理财产损溢——待处理流动资产损溢　　　　　　　　　 1 421
　　　　贷：材料采购——硅酸盐材料　　　　　　　　　　　　　　 1 260
　　　　　　应交税费——应交增值税（进项税额转出）　　　　　　　 161

（3）其余普通红砖验收入库，计划成本 23 750 元。作会计分录如下。

　　借：原材料——硅酸盐材料（普通砖）　　　　　　　　　　　　23 750
　　　　材料成本差异　　　　　　　　　　　　　　　　　　　　　　 190
　　　　贷：材料采购——硅酸盐材料　　　　　　　　　　　　　　23 940

3. 计划成本法下自制原材料的核算

自制并已验收入库的原材料，按计划成本借记"原材料"账户，贷记"生产成本"账户。同时结转材料成本差异，实际成本大于计划成本的差异，借记"材料成本差异"账户；实际成本小于计划成本的差异，贷记"材料成本差异"账户。

应用案例 4-18

明朗建筑工程公司的辅助生产车间 2019 年 8 月自制材料一批，已全部验收入库，实际成本 30 000 元，计划成本 29 000 元。做如下会计分录。

　　借：原材料——主要材料　　　　　　　　　　　　　　　　　　29 000
　　　　材料成本差异　　　　　　　　　　　　　　　　　　　　　 1 000
　　　　贷：生产成本——辅助生产成本　　　　　　　　　　　　　30 000

4. 计划成本法下发出原材料的核算

企业发出材料时，一律采用计划成本计价，根据不同的用途，借记"工程施工""生产成本""机械作业""管理费用"等账户，贷记"原材料"账户。期末再将发出材料计划成本调整为实际成本。调整公式为

$$实际成本 = 计划成本 \pm 材料成本差异$$

在期末，根据"原材料"和"材料成本差异"账户的记录，计算出材料成本差异分配率和本期发出材料应承担的成本差异。有关计算公式为

$$材料成本差异分配率 = \frac{期初结存材料成本差异 + 本期收入材料成本差异}{期初结存材料计划成本 + 本期收入材料计划成本} \times 100\%$$

上述公式中，材料成本差异如果是节约差异，用负号表示。材料成本差异率可分别为主要材料、结构件、机械配件、其他材料、周转材料等计算分类成本差异率。

发出材料应负担的材料成本差异 = 本期发出材料计划成本 × 材料成本差异分配率

应用案例 4-19

明朗建筑工程公司 2019 年 8 月发出材料汇总表见表 4-4。

根据发出材料汇总表，做如下会计分录。

借：工程施工——甲工程	158 000
——乙工程	112 000
机械作业	4 800
采购保管费	1 200
生产成本——辅助生产	12 500
管理费用	2 300
贷：原材料	290 800

假定本月材料综合成本差异率为 1%，月末分配材料成本差异时，做如下会计分录。

借：工程施工——甲工程	1 580
——乙工程	1 120
机械作业	48
采购保管费	12
生产成本——辅助生产	125
管理费用	23
贷：材料成本差异	2 908

5. 计划成本法下采购保管费的核算

按计划成本计价进行材料核算的企业发生采购保管费时，应逐一归集到"采购保管费"账户的借方。月末，应将发生的采购保管费分配计入购入材料的采购成本。采用这种方法分配采购保管费时，期末"采购保管费"账户无余额。

为了均衡年度内各月材料物资采购成本的负担，采购保管费也可按预先确定的分配率分配。企业可以选择采用实际分配率，或者采用计划分配率。实际分配率是把当月实际发生的采购保管费用以当月购入材料物资的直接采购成本（买价和运杂费之和）为分配标

准，全部分配计入当月购入的各种材料物资的采购成本中。其计算公式为

$$\text{本月采购保管费实际分配率} = \frac{\text{本月发生的采购保管费总额}}{\text{本月购入材料物资的买价和运杂费之和}} \times 100\%$$

$$\text{本月购入某种材料物资应分配的采购保管费} = \text{本月购入该类材料物资的买价和运杂费之和} \times \text{本月采购保管费实际分配率}$$

计划分配率是指为均衡年度内各月材料物资采购成本负担，采购保管费按预先确定的全年计划采购保管费总额和全年计划采购材料物资的计划成本计算分配率进行分配。其计算公式为

$$\text{采购保管费计划分配率} = \frac{\text{全年计划采购保管费总额}}{\text{全年计划采购材料物资的计划成本}} \times 100\%$$

$$\text{本月购入某种材料物资应分配的采购保管费} = \text{本月购入该类材料物资的计划成本} \times \text{采购保管费计划分配率}$$

 应用案例 4-20

明朗建筑工程公司 2019 年 8 月发生采购保管费 4 000 元，其中应付采购保管人员工资 2 000 元，采购保管部门领用材料 1 000 元，支用银行存款 1 000 元。本月材料应负担的材料成本差异为 1%，采购保管费采用实际分配率。本月购进硅酸盐材料和黑色金属的直接采购成本分别为 2 010 000 元和 2 000 000 元。

(1) 2019 年 8 月，发生各项采购保管费时，做如下会计分录。

借：采购保管费　　　　　　　　　　　　　　　　　　　　　　　　4 000
　　贷：应付职工薪酬　　　　　　　　　　　　　　　　　　　　　　2 000
　　　　原材料　　　　　　　　　　　　　　　　　　　　　　　　　1 000
　　　　银行存款　　　　　　　　　　　　　　　　　　　　　　　　1 000

(2) 2019 年 8 月末，分配采购保管部门应承担的材料成本差异时，做如下会计分录。

借：采购保管费　　　　　　　　　　　　　　　　　　　　　　　　　　10
　　贷：材料成本差异　　　　　　　　　　　　　　　　　　　　　　　10

(3) 2019 年 8 月末，分配采购保管费时，做如下会计分录。

本月采购保管费实际分配率 $=\dfrac{4\ 010\ 元}{2\ 010\ 000\ 元 + 2\ 000\ 000\ 元} \times 100\% = 0.1\%$

硅酸盐材料应负担的采购保管费 = 2 010 000 元 × 0.1% = 2 010 元

黑色金属应负担的采购保管费 = 2 000 000 元 × 0.1% = 2 000 元

借：材料采购——主要材料（硅酸盐材料）　　　　　　　　　　　　2 010
　　　　　　　　主要材料（黑色金属）　　　　　　　　　　　　　　2 000
　　贷：采购保管费　　　　　　　　　　　　　　　　　　　　　　　4 010

特 别 提 示

为了确定各类材料物资的实际成本以及实际成本与计划成本之间的差异，企业应设置"材料采购"明细账和"材料成本差异"明细账，进行明细分类核算。

4.3 周转材料

4.3.1 周转材料的定义与分类

周转材料指施工企业在施工生产过程中多次周转使用并基本保持原有物质形态而价值逐渐转移的各种材料,包括包装物、低值易耗品以及企业(建造承包商)的钢模板、木模板、挡板、脚手架、其他周转材料等。

包装物是指企业在生产经营活动中为了包装本企业的产品或商品而储备的各种包装容器,如桶、箱、瓶、坛、袋等。

低值易耗品是指使用年限在一年以下或单位价值低于固定资产标准的物品,如一般工具、管理用具、劳动保护用品等。

模板指浇灌混凝土使用的木模、组合钢模以及配合模板使用的支撑材料、滑模材料、构件等。按固定资产管理的固定钢模和现场固定的大型钢模板不包括在内。

挡板指土方工程使用的挡土板等,包括支撑材料在内。

脚手架指搭建脚手架的竹竿、木杆、竹木跳板、钢管脚手架及其附件等。

其他周转材料指除以上各类外,作为流动资产管理的其他周转材料,如塔吊使用的轻轨、枕木等(不包括属于塔吊的钢轨)。

特别提示

本节周转材料的核算内容中,不包括包装物和低值易耗品。因施工企业较少用到包装物,所以本书不介绍包装物的核算,低值易耗品的核算将在4.4节中详细介绍。

4.3.2 周转材料的摊销法

由于周转材料在生产过程中能够多次周转使用,价值随同其损耗程度,逐渐转移、摊销计入工程成本或有关费用,实际工作中,周转材料的摊销方法应视周转材料价值的多少、耐磨程度、使用期限长短等具体因素确定。周转材料的摊销方法一般有以下几种,企业可根据自身的具体情况选择使用。

1. 一次摊销法

一次摊销法是指在领用周转材料时,将其全部价值一次计入工程成本或有关费用。这种方法一般适用于易腐、易潮或价值较低、使用期限较短的周转材料,如安全网等。

2. 分次摊销法

分次摊销法是根据周转材料的预计使用次数,确定每次应摊销的数额。这种方法适用

于预制钢筋混凝土构件时所使用的定型模板、模板、挡板等周转材料。其计算公式为

$$周转材料每次摊销额 = 周转材料原价 \times \frac{1 - 残值占原价的百分比}{预计使用次数}$$

$$本期摊销额 = 本期使用次数 \times 每次摊销额$$

应用案例 4-21

明朗建筑工程公司 2019 年 8 月使用的定型模板的原价为 3 000 元,预计使用 10 次,报废时预计残值为原价的 5%,本月使用 2 次,则本期的摊销额为

$$周转材料每次摊销额 = 3\,000\,元 \times \frac{1 - 5\%}{10} = 285\,元$$

$$本期摊销额 = 2 \times 285\,元 = 570\,元$$

在实际工作中,不论采用哪一种摊销方法,平时计算的摊销额都不可能与实际损耗价值完全一致。为了使周转材料的摊销额与实际损耗价值相接近,企业必须在工程竣工或年终时,对在用周转材料进行盘点清理,根据实际损耗情况确定应提摊销额,并调整已提摊销额,以保证工程成本、产品成本和有关费用的正确性。

对周转材料进行盘点清理,根据实际损耗情况确定应提摊销额,并调整已提摊销额主要有以下几种情况。

(1) 企业清查盘点中发现短缺、报废周转材料,应及时办理报废手续,并办理补提摊销。

$$报废、短缺周转材料应补提摊销额 = 应提摊销额 - 已提摊销额$$

$$应提摊销额 = 报废、短缺周转材料计划成本 - 残料价值$$

$$已提摊销额 = \frac{报废短缺周转材料计划成本} \times \frac{该类在用周转材料账面已提摊销额}{该类在用周转材料账面计划成本}$$

(2) 对工程竣工或不再使用而退库的周转材料,应及时办理退库手续,并按新旧程度补提摊销。

$$退回周转材料应补提摊销额 = 应提摊销额 - 已提摊销额$$

$$应提摊销额 = 退回周转材料计划成本 \times (1 - 退回时新旧程度的百分比)$$

$$已提摊销额 = 退回周转材料计划成本 \times \frac{该类在用周转材料账面已提摊销额}{该类在用周转材料账面计划成本}$$

对于转移到其他工程的周转材料,也应及时办理转移手续,并比照上述方法,确定转移时的新旧程度,补提或冲回摊销额。

4.3.3 周转材料的核算

为了核算和监督周转材料的购入、领用、摊销和结存情况,企业应设置"周转材料"账户。本账户属于资产类账户,用以核算库存和在用的各种周转材料的计划成本或实际成本。在本账户下设置"在库周转材料""在用周转材料"和"周转材料摊销"3 个明细账户。

"周转材料"账户借方登记企业库存、在用周转材料的计划成本或实际成本,贷方登

记周转材料的摊销额以及因盘亏、报废、毁损、短缺等原因减少的周转材料价值。本账户期末借方余额，反映企业在库周转材料的计划成本或实际成本以及在用周转材料的摊余价值。

1. 领用周转材料的核算

采用一次摊销法的，领用时应按其账面价值，借记"管理费用""生产成本""销售费用""合同履约成本"等账户，贷记"周转材料"账户。

采用其他摊销方法的，领用时应按其账面价值，借记"周转材料——在用周转材料"账户，贷记"周转材料——在库周转材料"账户；摊销时应按摊销额，借记"管理费用""生产成本""销售费用""合同履约成本"等账户，贷记"周转材料——周转材料摊销"账户。

2. 报废、退库周转材料的核算

采用一次摊销法的，周转材料报废时，应按报废周转材料的残料价值，借记"原材料"等账户，贷记"管理费用""生产成本""销售费用""合同履约成本"等账户。

采用其他摊销方法的，周转材料报废时应补提摊销额，借记"管理费用""生产成本""销售费用""合同履约成本"等账户，贷记"周转材料——周转材料摊销"账户。同时，应按报废周转材料的残料价值，借记"原材料"等账户，贷记"管理费用""生产成本""销售费用""工程施工"等账户；并转销全部已提摊销额，借记本科目（在用），贷记本科目（在库）。

应用案例 4—22

明朗建筑工程公司承建的甲工程 2019 年 8 月领用全新脚手架 10m³，计划成本 10 000 元，采用分期摊销法，预计残值占计划成本的 10%，预计使用 10 个月。使用 5 个月后，甲工程领用的脚手架 2m³ 退回仓库，其计划成本为 2 000 元，退回时估计成色为 50%。在用脚手架账面已计提摊销额 4 500 元。

(1) 领用时，根据周转材料领用单，做如下会计分录。

借：周转材料——在用周转材料　　　　　　　　　　　　　　10 000
　　贷：周转材料——在库周转材料　　　　　　　　　　　　　　10 000

(2) 每月计提摊销额时，做如下会计分录。

每月摊销额 $= 10\ 000\ 元 \times \dfrac{1-10\%}{10} = 900\ 元$

借：合同履约成本——甲工程　　　　　　　　　　　　　　　　900
　　贷：周转材料——周转材料摊销（在用）　　　　　　　　　　　900

(3) 退回时，根据退库周转材料应补提摊销额，做如下会计分录。

应提摊销额 $= 2\ 000\ 元 \times (1-50\%) = 1\ 000\ 元$

已提摊销额 $= 2\ 000\ 元 \times \dfrac{4\ 500\ 元}{10\ 000\ 元} = 900\ 元$

应补提摊销额 $= 1\ 000\ 元 - 900\ 元 = 100\ 元$

借：合同履约成本——甲工程　　　　　　　　　　　　　　　　100
　　贷：周转材料——周转材料摊销（在用）　　　　　　　　　　　100

(4) 退回的脚手架验收入库。

借：周转材料——在库周转材料   2 000
　　贷：周转材料——在用周转材料   2 000

(5) 结转退库脚手架的已提摊销额。

借：周转材料——周转材料摊销(在用)   1 000
　　贷：周转材料——周转材料摊销(在库)   1 000

4.4 低值易耗品

4.4.1 低值易耗品的定义与分类

低值易耗品是指单位价值较低、使用年限较短，不能作为固定资产管理的各种工具、用具和物品。低值易耗品，从其性质上看，属于劳动资料，它可以多次周转使用而不改变其原有实物形态，有的在使用中需要经常修理，报废时也有一定的残值，其价值在整个使用过程中随着磨损的程度逐渐地转移到成本费用中。因此，低值易耗品具有固定资产的一般特征。但是，由于它的价值较低，使用期限短，易于损耗，需要经常补充和更换，所以它又具有周转材料的特征。基于上述的特点，低值易耗品的管理和核算应按固定资产和周转材料的方法结合使用，即对于低值易耗品的计价、采购、收发、结存和实物的清查盘点，应按照周转材料的管理和核算方法进行；对于使用中低值易耗品的价值转移、计提摊销、修理和清理报废等，则应比照固定资产的办法处理。

施工企业的低值易耗品品种、规格繁多，为了便于管理和核算，通常按用途将其分为以下几类。

(1) 生产工具。生产工具是指在施工过程中使用的各种工具、器具和仪器，如铁锹、小平车等。

(2) 管理用具。管理用具是指在管理和服务工作中使用的各种用具和器具，如办公用具、消防器具等。

(3) 劳保用品。劳保用品是指在施工过程中用于保护职工安全的各种用品，如工作服、安全帽等。

(4) 其他用具。其他用具是指不属于上述各类的其他低值易耗品，如医疗器械、炊事用具、试验用具、玻璃器皿等。

低值易耗品按其使用情况，可分为在库低值易耗品和在用低值易耗品；按其摊销方法，可分为一次摊销的低值易耗品和分次摊销的低值易耗品。

低值易耗品与固定资产的区别，虽然原则上是按其单位价值和使用年限两种标准来划

分,但在会计实务中,往往不易确定。因此,应编制低值易耗品目录,作为具体划分低值易耗品的依据。低值易耗品目录,通常由主管部门制定,各施工企业可结合具体情况作适当的补充。

4.4.2 低值易耗品的摊销法

低值易耗品的价值随其实物形态的磨损而逐渐地转移,为了正确反映低值易耗品价值的损耗情况以及为成本费用核算提供依据,对于领用的低值易耗品,应采用合理的方法摊销其价值。对于其逐渐转移的价值也应采用合理的摊销方法计入各项成本费用中。低值易耗品的摊销方法有一次摊销法和分次摊销法两种。

1. 一次摊销法

这种摊销法是在领用低值易耗品时,将其全部价值一次计入成本费用。对于价值较小,使用期限短的低值易耗品,可在领用时一次计入成本费用,玻璃器皿等易碎物品,不论价值大小,在领用时均一次计入成本费用。该方法主要适用于单位价值较低,使用期限较短,或者容易破损的低值易耗品的摊销。

2. 分次摊销法

这种摊销法是在领用低值易耗品时摊销其账面价值的单次摊销额,对价值较大,使用期限较长的低值易耗品,可以采用分次摊销法。这种方法适用于对在用低值易耗品按工程项目、使用部门进行数量和金额核算的企业。

低值易耗品的摊销方法,由企业根据具体情况自行确定,不同的低值易耗品可采用不同的摊销方法。摊销方法确定之后,不应随意改变。

4.4.3 低值易耗品的核算

为了反映和监督低值易耗品的购入、领用、结存和价值摊销情况,施工企业应设置"周转材料——低值易耗品"账户。本账户核算所有低值易耗品的计划成本或实际成本。本账户的借方核算企业库存及在用低值易耗品的计划成本或实际成本,贷方核算低值易耗品摊销价值及盘亏、报废、毁损等减少的低值易耗品价值,期末余额反映期末所有在库低值易耗品的计划成本或实际成本以及在用低值易耗品的摊余价值。本账户应按低值易耗品的类别、品种、规格进行数量和金额的明细核算。

本账户下设"在库低值易耗品""在用低值易耗品"和"低值易耗品摊销"3个明细账户。"在库低值易耗品"用来核算和监督企业库存低值易耗品的计划成本或实际成本,其明细核算与"原材料"账户相同;"在用低值易耗品"用来核算和监督企业领用并采用分次摊销法的低值易耗品的计划成本或实际成本,应按使用部门设置明细账进行明细核算;"低值易耗品摊销"是用来核算企业在用低值易耗品摊销增减变化情况,是"在用低值易耗品"的备抵调整账户。每次计提摊销时,记入贷方,低值易耗品报废时,将累计计提的摊销额与"在用低值易耗品"相冲销时记入借方,其余额反映在用低值易耗品的累计摊销额。

低值易耗品的日常收发可按实际成本计价核算，也可按计划成本计价核算。采用计划成本核算的企业，应于月份终了时，结转当月领用低值易耗品应分摊的成本差异。

购入低值易耗品和库存低值易耗品的核算，与原材料核算基本相同，在此不再介绍。下面主要介绍低值易耗品领用、摊销和报废的账务处理。

1. 领用一次摊销的低值易耗品

领用一次摊销的低值易耗品时，将其全部价值直接转入有关成本费用，并同时结转应负担的材料成本差异。

应用案例 4-23

2019年8月明朗建筑工程公司行政管理部门领用一次摊销的管理用具一批，计划成本1 800元，应负担的材料成本差异率为2%。做如下会计分录。

借：管理费用　　　　　　　　　　　　　　　　　　　　　　　1 836
　　贷：周转材料——低值易耗品（在库）　　　　　　　　　　　1 800
　　　　材料成本差异——低值易耗品差异　　　　　　　　　　　　 36

2. 领用分次摊销的低值易耗品

应用案例 4-24

明朗建筑工程公司第一工程项目部为树立企业形象，改善办公条件，购进一批办公用具，实际成本为7 200元，增值税936元，当时投入使用。该批办公用具按实际成本计价，采用分次摊销法核算，摊销次数为2次。

（1）购入时，做如下会计分录。

借：周转材料——低值易耗品（在库）　　　　　　　　　　　　7 200
　　应交税费——应交增值税（进项税额）　　　　　　　　　　　 936
　　贷：银行存款　　　　　　　　　　　　　　　　　　　　　　8 136

（2）领用时，做如下会计分录。

借：周转材料——低值易耗品（在用）　　　　　　　　　　　　7 200
　　贷：周转材料——低值易耗品（在库）　　　　　　　　　　　7 200

（3）第一次摊销时，做如下会计分录。

借：合同履约成本——间接费用　　　　　　　　　　　　　　　3 600
　　贷：周转材料——低值易耗品（摊销）　　　　　　　　　　　3 600

（4）第一次摊销时，做如下会计分录。

借：合同履约成本——间接费用　　　　　　　　　　　　　　　3 600
　　贷：周转材料——低值易耗品（摊销）　　　　　　　　　　　3 600

同时，做如下会计分录。

借：周转材料——低值易耗品（摊销）　　　　　　　　　　　　7 200

　　　　贷：周转材料——低值易耗品（在用）　　　　　　　　　　　　　7 200

在采用分次摊销法的情况下，企业应加强在用低值易耗品的实物管理，按部门和个人设置"低值易耗品领用备查簿"，反映低值易耗品的领用、交回和报废情况。

4.5 存货清查与期末计量

4.5.1 存货清查

施工企业的存货品种规格多、数量大，收发业务频繁。在收发保管过程中，由于种种原因，如计算误差、自然损耗、管理不善等原因，常常会发生账实不符的现象，因此，对存货进行定期的、系统的清查盘点是十分必要的。

1. 存货清查概述

存货清查是对企业各种存货进行实地盘点，将账存数和实存数进行相互核对，以查明账实是否相符的一种方法。通过存货清查，可以查明各项存货的实存数，确定账实差异以及产生差异的原因；可以发现存货管理上存在的问题，健全存货保管和核算制度；也可查明各种存货储备利用情况以确保生产需要，同时对积压存货做出及时处理，挖掘存货的潜力。

在每次进行清查盘点前，应将已经收发的存货数量全部登记入账，并准备盘点清册，抄列各种存货的编号、名称、规格和存放地点。盘点时，应在盘点清册上逐一登记各种存货的账面结存数量和实存数量，并进行核对。对于账实不符的存货，应查明原因，分清责任，并根据清查结果编制"存货盘存报告单"，作为存货清查的原始凭证。

由于施工企业各种存货实物形态、体积重量、堆放方式、堆放地点等不同，企业应因地制宜，采用灵活多样的清查方法。常用的方法有实地盘点和技术推算两种。所谓实地盘点，就是对各种存货逐一清点或通过计量仪器来确定其实存数量。技术推算就是对那些大量的成堆的存货，采用量方、计尺等技术方法，通过测算来确定其实存数量。

在进行存货清查盘点时，如果发现存货盘盈或盘亏，应于期末前查明原因，并根据企业的管理权限，报经理（厂长）会议或类似机构批准后，在期末结账前处理完毕。

2. 存货清查核算

为了核算企业在清查财产过程中查明的各种财产物资的盘盈、盘亏和毁损情况，施工企业应设置"待处理财产损溢"账户，并在本账户下设置"待处理流动资产损溢"明细账户，用来核算存货的盘盈、盘亏和毁损。该账户属资产类账户其借方登记盘亏和毁损的存货和经批准后转销的存货盘盈数；贷方登记盘盈的存货和经批准后转销的存货盘亏及毁损数。本账户处理前的借方余额，反映企业尚未处理的各种财产的净损失；处理前的贷方余额，反映企业尚未处理的各种财产的净溢余；期末，处理后本账户应无余额。

(1) 存货盘盈的核算。

存货盘盈是指存货的实存数超过账面结存数量的差额。存货发生盘盈，应按照同类或类似存货的市场价格作为实际成本及时登记入账，借记相关存货账户，贷记"待处理财产损溢——待处理流动资产损溢"账户；待查明原因，报经批准处理后，冲减当期管理费用。

应用案例 4-25

明朗建筑工程公司 2019 年 8 月在存货清查中发现盘盈一批甲材料，市场价格为 6 500 元，按实际成本计价。

① 发现盘盈时，做如下会计分录。

借：原材料　　　　　　　　　　　　　　　　　　　　　　　　6 500
　　贷：待处理财产损溢——待处理流动资产损溢　　　　　　　　6 500

② 报经批准处理后，做如下会计分录。

借：待处理财产损溢——待处理流动资产损溢　　　　　　　　　6 500
　　贷：管理费用　　　　　　　　　　　　　　　　　　　　　　6 500

(2) 存货盘亏的核算。

存货盘亏是指存货的实存数量少于账面结存数量的差额。存货发生盘亏，应将其账面成本及时转销，借记"待处理财产损溢——待处理流动资产损溢"账户，贷记"原材料""周转材料""库存商品"等存货账户。待查明原因，报经批准后，根据造成盘亏的原因，分别按以下情况进行会计处理。

① 属于定额内的损耗，计入采购保管费。

② 属于计量误差和管理不善等原因造成的短缺或毁损，能确定过失人的，应由过失人赔偿；全部损失扣除残料价值、过失人赔偿后的净损失，计入管理费用。

③ 属于自然灾害或意外事故造成的存货毁损，属于保险责任范围的，应向保险公司索赔；全部损失扣除赔款后的净损失，计入营业外支出。

应用案例 4-26

明朗建筑工程公司 2019 年 8 月对存货进行清查时发现，甲工程工地仓库毁损水泥一批，计划成本为 36 000 元，应负担的成本差异为 540 元。经查实，除 1 000 元属于定额内损耗外，其余为长期积压所致。因管理不善造成的水泥毁损应转出进项税额 5 800 元。

① 批准前，根据"存货盘盈盘亏报告表"，做如下会计分录。

借：待处理财产损溢——待处理流动资产损溢　　　　　　　　42 340
　　贷：原材料——主要材料（水泥）　　　　　　　　　　　　36 000
　　　　材料成本差异——主要材料　　　　　　　　　　　　　　540
　　　　应交税费——应交增值税（进项税额转出）　　　　　　5 800

② 批准处理后，作会计分录如下。

借：采购保管费　　　　　　　　　　　　　　　　　　　　　　1 000

　　　　合同履约成本——间接费用　　　　　　　　　　　　　　41 340
　　　　　贷：待处理财产损溢——待处理流动资产损溢　　　　　　42 340

● 特 别 提 示

　　资产盘盈，按税法规定不涉及增值税的处理；资产盘亏，则需要看具体情况，税法规定由管理不善造成被盗、丢失、霉烂变质的，其损失部分的进项税不能抵扣，应作进项税额转出处理；其他原因造成的资产盘亏，不属于不允许抵扣进项税的情形，发生时增值税不做处理。

　　盘盈或盘亏的存货如在期末结账前尚未处理的，应在对外提供财务会计报告时先按上述规定进行处理（即转销"待处理财产损溢"账户余额），并在会计报表附注中做出说明；如果其后批准处理的金额与已处理的金额不一致，应按其差额调整会计报表相关项目的年初数。

4.5.2　存货的期末计量

　　由于市价下跌以及陈旧、过时、毁损等原因，已入账的存货可能发生减值。如果在会计期末仍然按历史成本计价，就会虚夸资产，导致会计信息失真。

1. 存货期末计价原则

　　《企业会计准则第1号——存货》规定，"资产负债表日，存货应当按照成本与可变现净值孰低计量"。所谓"成本与可变现净值孰低"，是指对期末存货按照成本与可变现净值两者之中较低者进行计价的方法。存货成本高于其可变现净值的，应当计提存货跌价准备，计入当期损益。即当成本低于可变现净值时，按成本计价；当可变现净值低于成本时，按可变现净值计价。会计期末，为了客观地反映企业期末存货的实际价值，施工企业在编制资产负债表时，应当准确地计量"存货"项目的金额，即要确定期末存货的价值。

● 特 别 提 示

　　这里所讲的"成本"是指存货的历史成本，即按前面所介绍的以历史成本为基础的发出存货计价方法（如先进先出法等）计算的期末存货的实际成本；如果企业在存货成本的日常核算中采用简化核算方法（如计划成本法），则"成本"为经调整后的实际成本。

　　"可变现净值"是指在日常活动中，存货的估计售价减去至完工时估计将要发生的成本、估计的销售费用以及相关税费后的金额。

　　采用"成本与可变现净值孰低法"对期末存货计价时，要将成本与可变现净值进行比较，比较的方法一般有：单项比较法、分类比较法和总额比较法。

　　《企业会计准则第1号——存货》规定，"存货跌价准备应当按照单个存货项目计提"。即在一般情况下，企业应当按每个存货项目的成本与可变现净值逐一进行比较，取其低者计量存货，并且将成本高于可变现净值的差额作为计提的存货跌价准备。企业应当根据管理要求及存货的特点，具体规定存货项目的确定标准。比如，将某一型号和规格的材料作为一个存货项目、将某一品牌和规格的商品作为一个存货项目等。

另外,对于数量繁多、单价较低的存货,《企业会计准则第1号——存货》也规定可以按存货类别计提存货跌价准备。即按存货类别的成本总额与可变现净值总额进行比较,每个存货类别均取较低者确定为存货价值。

期末对存货进行计量时,如果同一类存货,其中一部分是有合同价格约定的,另一部分则不存在合同价格,在这种情况下,企业应区分有合同价格约定的和没有合同价格约定的两个部分,分别确定其期末可变现净值,并与其相对应的成本进行比较,从而分别确定是否需计提存货跌价准备,由此计提的存货跌价准备不得相互抵消。

2. 存货跌价准备的核算

企业应当设置"存货跌价准备"账户,该账户属资产类账户,是有关存货账户的备抵调整账户。该账户贷方登记企业于期末或年末实际计提的存货跌价准备;借方登记结转存货账面价值时冲销的已计提的存货跌价准备以及因已计提存货跌价准备的存货的账面价值又得以恢复,而按恢复增加的数额冲销已计提存货跌价准备,但按恢复增加数冲销的存货跌价准备金额,应以本账户的余额冲减至零为限;本账户期末有贷方余额,反映企业已提取的存货跌价准备。

 应用案例 4-27

明朗建筑工程公司采用成本与可变现净值孰低法对存货进行期末计价。2016年年末存货的账面成本为100 000元,可变现净值为95 000元,"存货跌价准备"账户余额为零,应计提的存货跌价准备为5 000元。2017年年末存货的种类和数量、账面成本和已计提的存货跌价准备均未发生变化(下同),且存货的可变现净值为90 000元。2018年年末存货的可变现净值为97 000元。2019年年末存货的可变现净值为101 000元。

(1) 2016年年末,计提存货跌价准备时,做如下会计分录。

借:资产减值损失——计提的存货跌价准备　　　　　　　　　　5 000
　　贷:存货跌价准备　　　　　　　　　　　　　　　　　　　　5 000

(2) 2017年年末应计提的存货跌价准备为10 000元(100 000元-90 000元)。由于前期已计提5 000元,故应补提存货跌价准备5 000元。做如下会计分录。

借:资产减值损失——计提的存货跌价准备　　　　　　　　　　5 000
　　贷:存货跌价准备　　　　　　　　　　　　　　　　　　　　5 000

(3) 2018年年末应计提的存货跌价准备为3 000元(100 000元-97 000元),由于该存货已计提存货跌价准备为10 000元,因此,应冲减已计提的存货跌价准备7 000元(10 000元-3 000元)。做如下会计分录。

借:存货跌价准备　　　　　　　　　　　　　　　　　　　　　7 000
　　贷:资产减值损失——计提的存货跌价准备　　　　　　　　　7 000

(4) 2019年年末应冲减已计提的存货跌价准备3 000元("存货跌价准备"账户余额冲

减至零为限）。做如下会计分录。

　　借：存货跌价准备　　　　　　　　　　　　　　　　　　　　3 000
　　　　贷：资产减值损失——计提的存货跌价准备　　　　　　　　　　3 000

　　企业计提了存货跌价准备，如果其中有部分存货已经销售，或因债务重组、非货币性资产交换转出，则企业在结转销售成本的同时，应结转对其已计提的存货跌价准备。发出存货结转存货跌价准备时，借记"存货跌价准备"账户，贷记"主营业务成本""其他业务成本""生产成本"等账户。如果存货是按类别计提跌价准备的，应按比例同时结转相应的存货跌价准备。

本章小结

　　存货这一章的内容比较庞杂，线索也比较多。为了便于学习和掌握现将本章内容总结如下。
　　（1）两种计价方法：实际成本计价法和计划成本计价法。
　　所有的存货都可以根据管理的需要采用实际成本计价法或计划成本计价法，这两种方法各有利弊。
　　（2）两种主要存货：原材料和周转材料，它们是将在生产过程或提供劳务过程中耗用的，统称为材料。
　　原材料包括主要材料、结构件、机械配件和其他材料。周转材料包括包装物、低值易耗品以及模板、挡板、脚手架等。
　　（3）两种计量方法：历史成本和可变现净值。
　　在存货的日常核算中，各种存货均按取得时的实际成本入账，即按历史成本计量。而在期末，各种存货则必须按照"历史成本与可变现净值孰低"计量，当可变现净值低于历史成本时，就需要计提存货跌价准备，以保证存货账面价值的真实性。
　　（4）三个核算步骤：取得、发出和摊销。
　　原材料无论采用实际成本计价法，还是采用计划成本计价法，都需要在取得时和发出时进行正确的核算。而周转材料由于可以多次周转使用，还必须在使用过程中进行摊销的核算。
　　（5）八个存货账户：原材料、在途物资、采购保管费、委托加工物资、材料采购、材料成本差异、周转材料、存货跌价准备。
　　（6）两种存货清查方法：实地盘点法和技术推算法。

习　　题

1. 单项选择题

（1）下列各种物资中，不应作为施工企业存货核算的是（　　）。
　　A. 包装物　　　　　B. 低值易耗品　　　　C. 在产品　　　　D. 工程物资

(2) 明朗建筑工程公司2018年6月完成混凝土矩形柱60m³，预算定额为每立方米消耗木模板10元，则在定额摊销法下本月的摊销额为（ ）。
   A. 10元   B. 50元   C. 600元   D. 60元
(3) 材料在途中的合理损耗不影响原材料的总成本，但影响原材料的（ ）。
   A. 定额成本   B. 计划成本   C. 单位成本   D. 储存成本
(4) 下列各项与存货相关的费用中，不应计入存货成本的是（ ）。
   A. 材料采购过程中发生的保险费   B. 材料入库前发生的挑选整理费
   C. 库存商品入库后发生的储存费用 D. 材料采购过程中发生的装卸费
(5) 某施工企业原材料按实际成本进行日常核算。2018年3月1日结存甲材料300kg，实际成本为20元/kg；3月15日购入甲材料280kg，实际成本为25元/kg；3月31日发出甲材料200kg。按先进先出法计算3月份发出甲材料的实际成本为（ ）元。
   A. 400   B. 500   C. 4 000   D. 1 400
(6) 在物价不断上涨时期，施工企业可以选用的存货发出方法中，若要使会计报表中的净收益最高，可以采用的计价方法是（ ）。
   A. 加权平均法 B. 先进先出法 C. 移动加权平均法 D. 个别计价法
(7) 存货采用先进先出法进行核算的施工企业，在物价持续上涨的情况下将会使（ ）。
   A. 期末库存升高，当期损益增加   B. 期末库存降低，当期损益减少
   C. 期末库存升高，当期损益减少   D. 期末库存降低，当期损益增加
(8) 存货采用加权平均法进行核算的施工企业，在物价持续上涨的情况下将会使（ ）。
   A. 期末库存升高，当期损益增加   B. 期末库存降低，当期损益减少
   C. 期末库存升高，当期损益减少   D. 期末库存降低，当期损益增加
(9) 某施工企业2018年3月1日存货结存数量为200件，单价为4元/件；2日发出存货150件；3月5日购进存货200件，单价为4.4元/件；3月7日发出存货100件。在对存货发出采用移动加权平均法的情况下，3月7日结存存货的实际成本为（ ）元。
   A. 628   B. 432   C. 1 080   D. 1 032
(10) 下列关于存货可变现净值的表述中，正确的是（ ）。
   A. 可变现净值等于存货的市场销售价格
   B. 可变现净值等于销售存货产生的现金流入
   C. 可变现净值等于销售存货产生现金流入的现值
   D. 可变现净值是确认存货跌价准备的重要依据之一

2. 多项选择题

(1) 下列项目中，应计入材料采购成本的有（ ）。
   A. 运费及装卸等杂费
   B. 进口关税
   C. 运输途中的合理损耗
   D. 一般纳税人购入材料支付的可以抵扣的增值税
(2) 施工企业对发出存货的实际成本进行计价的方法有（ ）。

A. 个别计价法　　　　B. 加权平均法　　　　C. 先进先出法　　　　D. 后进先出法

(3) 下列各项与存货相关的费用中,应计入存货成本的有(　　)。

A. 材料采购过程中发生的保险费

B. 材料入库前发生的挑选整理费

C. 在生产过程中为达到下一个生产阶段所必需的仓储费用

D. 非正常消耗的直接材料

(4) 周转材料的摊销办法包括(　　)。

A. 一次摊销法　　　　　　　　　　　B. 分期摊销法

C. 分次摊销法　　　　　　　　　　　D. 一次加权平均法

(5) 下列关于存货会计处理的表述中,正确的有(　　)。

A. 存货采购过程中发生的合理损耗计入存货采购成本

B. 存货跌价准备通常应当按照单个存货项目计提也可分类计提

C. 债务人因债务重组转出存货时不结转已计提的相关存货跌价准备

D. 发出原材料采用计划成本核算的应于资产负债表日调整为实际成本

3. 判断题

(1) 施工企业在采购材料过程中发生的采购保管费,不计入材料成本。　　　(　　)

(2) 购入材料在运输途中发生的合理损耗不需单独进行账务处理。　　　　　(　　)

(3) 存货计价方法的选择,不仅影响着资产负债表中资产总额的多少,而且也影响利润表中的净利润。　　　　　　　　　　　　　　　　　　　　　　　　　　(　　)

(4) 先进先出法、加权平均法在实地盘存制与永续盘存制下均可以使用。　　(　　)

(5) 入库原材料形成的超支差异在"材料成本差异"账户的贷方予以登记。　(　　)

(6) 周转材料可按计划成本计价。　　　　　　　　　　　　　　　　　　　(　　)

(7) 无论企业对存货采用实际成本法核算,还是采用计划成本法核算,在编制资产负债表时,资产负债表上的存货项目反映的都是存货的实际成本。　　　　　　(　　)

(8) 发出原材料应负担的成本差异必须按月分摊。　　　　　　　　　　　　(　　)

(9) 属于非常损失造成的存货毁损,应按该存货的实际成本计入营业外支出。(　　)

(10) 施工企业的存货包括给施工现场搭盖的简易工棚。　　　　　　　　　(　　)

4. 计算及账务处理题

(1) 明朗建筑工程公司为增值税一般纳税人,2019年8月发生下列与原材料有关的经济业务,采用实际成本法编制会计分录。

① 上月向市建材公司购入杉原木40m³,因账单发票未到,已按计划单价400元/m³暂估入账,本月初应予以冲回。

② 上月已付款的生石灰20吨,单价300元/吨,运杂费1 000元,增值税805元,现已收料入库,计划单价330元。

③ 向东风水泥厂购入水泥12吨,单价400元/吨,运杂费600元,增值税621元,已通过银行转账付讫,材料已验收入库,该批水泥计划成本为5 380元。

④ 接银行托收承付通知,红星建材公司发来的原木,应付货款10 000元,代垫运杂费200元,增值税1 722元,经审核单证,同意支付,原木尚未到达。

⑤ 向红旗机械厂订购轴承一批,材料已验收入库,月末发票账单尚未到达,计划成

本1 100元。

⑥ 向梅岭石化厂购入汽油一批，材料已入库，货款运杂费共计2 000元，增值税300元，企业存款户暂无余额，货款尚未支付，计划成本为2 300元。

⑦ 向长城砖厂订购红砖一批，按合同规定预付货款10 000元，已通过银行付讫。

⑧ 长城砖厂发来红砖，已验收入库，应付买价运杂费21 000元，增值税240元，除预付10 000元外，余款通过银行付讫。计划成本24 000元。

⑨ 银行通知承付长城钢厂货款，圆钢12吨，单价4 600元/吨，计55 200元，代垫运杂费800元，增值税9 441元，钢材尚未运到。

⑩ 向长城钢厂购入的圆钢12吨已运到，经验收，短少0.2吨，系运输途中丢失。应向铁路部门索赔，其余钢材验收入库，计划单价4 600元。

⑪ 企业本月实际发生采购保管费4 000元，其中应付采购保管人员工资2 280元，支用银行存款500元，领用材料800元，计提固定资产折旧420元。

⑫ 本月初结存采购保管费2 000元，本月实际发生采购保管费4 000元，月初结存原材料130 000元，本月购入材料的买价和运杂费共计170 000元，本月领用材料120 000元，其中工程领用100 000元，管理部门领用10 000元，辅助生产部门领用5 000元，机械部门领用5 000元。

（2）明朗建筑工程公司2019年8月发生下列与原材料有关的经济业务，采用计划成本法编制会计分录。材料成本差异于每批材料验收入库时结转。

①～⑪题见上题①～⑪题。

⑫ 月末，计算本月采购保管费的实际分配率及应分配给主要材料、结构件、机械配件和其他材料的采购保管费数额并编制会计分录。

⑬ 月初"原材料"有借方余额130 000元，"材料成本差异"有贷方余额6 000元，本月领用材料120 000元，其中工程领用100 000元，管理部门领用10 000元，辅助生产部门领用5 000元，机械部门领用5 000元，计算材料成本差异率并编制发出材料分配材料成本差异的会计分录。

（3）明朗建筑工程公司2019年8月发生下列与材料其他收发业务有关的经济业务，采用计划成本法编制会计分录。

① 辅助生产部门领用主要材料一批，加工制作结构件，其计划成本为26 000元，应负担的材料成本差异为3%。

② 月末，分配制作结构件工人的工资5 420元。

③ 制作结构件过程中，发生其他费用3 500元，其中计提固定资产折旧1 500元，以银行存款支付其他费用2 100元。

④ 自制结构件已完工，并验收入库，其计划成本为35 000元。

⑤ 企业发出原木一批，委托立新木材加工厂加工成方材，其计划成本为40 000元，应负担的材料成本差异为−2.5%。

⑥ 以银行存款支付加工费和往返运杂费5 000元，增值税412元。

⑦ 方材已加工完成并验收入库，其计划成本45 000元。

（4）明朗建筑工程公司2019年8月发生下列与低值易耗品有关的经济业务，采用计划成本法编制会计分录。

① 企业购入低值易耗品一批，买价和运杂费共计 60 000 元，增值税 10 000 元，以银行存款支付，该批低值易耗品现已验收入库，采用一次摊销法进行核算其计划成本为 70 000 元。

② 企业管理部门本月领用一次摊销的劳保用品一批，其计划成本为 10 000 元，应负担的材料成本差异为 2%。

③ 企业所属施工部门本月领用施工生产用的工具、器具一批，其计划成本为 8 000 元，应负担的材料成本差异为 2%，按五五摊销法摊销，估计使用 3 次，使用一段时间后，该批工具、器具全部报废，收回的残料价值为 200 元，已验收入库。

(5) 明朗建筑工程公司 2019 年发生下列与其他周转材料有关的经济业务，采用计划成本法编制会计分录。

① 企业购入钢模板一批，买价和运杂费共计 98 000 元，增值税 1 500 元，以银行存款支付，该批钢模板已验收入库，其计划成本为 100 000 元。

② 施工部门本月领用安全网一批，计划成本为 16 000 元，应负担的材料成本差异为 －2%，采用一次摊销法核算。

③ 甲工程本月领用全新脚手架一批，其计划成本为 20 000 元，预计使用期限为 12 个月，预计残值率为 10%，采用分期摊销法计算。

④ 乙工程本月领用木模板 20m³，计划成本为 1 000 元/m³，预计使用 10 次，预计残值率为 4%，实际使用 5 次，采用分次摊销法核算。

⑤ 年终对乙工程进行清查盘点，将不需用的木模板 5m³ 退回仓库，估计成色为 60%。

⑥ 结转退库木模板的已提摊销额。

(6) 明朗建筑工程公司发生下列与存货期末计价有关的经济业务，编制会计分录。

① 该公司采用成本与可变现净值孰低法对期末存货进行计价，并采用备抵法进行相应的账务处理。公司于 2019 年 1 月 31 日首次计提存货跌价准备，月末库存水泥账面成本为 160 000 元，预计其可变现净值为 150 000 元。

② 2019 年 2 月 28 日，库存水泥的预计可变现净值为 148 000 元。

③ 2019 年 3 月 31 日，库存水泥的可变现净值有所恢复，为 149 000 元。

④ 2019 年 4 月 30 日，库存水泥的可变现净值进一步恢复，为 168 000 元。

(7) 明朗建筑工程公司 2019 年 8 月发生下列与存货盘存和清查有关的经济业务，编制会计分录。

① 公司在材料清查盘点中，发现盘盈木材 3m³，按同类木材的市场价格确定其成本为 2 400 元。

② 公司在材料清查盘点中，发现盘亏和损毁水泥 10 吨，其计划成本为 3 500 元，应负担的材料成本差异为 3%。

③ 经查明盘盈的木材 2 400 元，是计量错误造成的，报经批准后予以转销。

④ 经查明，盘亏和损毁水泥 3 605 元中，属于定额内损耗 200 元，应由过失人赔偿 1 905 元，自然灾害造成的损失 1 000 元，一般管理损失 500 元，报经批准后予以转销。

能力评价体系

知识要点	能力要求	所占分值(100分)	自评分数
实际成本法	掌握采用实际成本法对原材料进行核算	25	
计划成本法	掌握采用计划成本法对原材料进行核算	25	
存货的界定	熟悉存货的概念及其分类	5	
存货成本	熟悉存货实际成本的构成	5	
原材料的分类和计价	熟悉原材料的分类和计价	5	
周转材料的定义与分类	熟悉周转材料的定义与分类	5	
周转材料核算	熟悉周转材料、低值易耗品的核算	20	
存货清查与期末计价	熟悉存货清查的核算和期末计价的核算	10	
总　　分		100	

第5章 固定资产

教学目标

了解固定资产的分类、影响固定资产折旧的因素、固定资产后续支出的概念；熟悉固定资产的定义、计提折旧的定义、计提折旧的范围、固定资产的后续支出、固定资产的清查和期末计量；掌握固定资产取得的核算、固定资产折旧方法及核算、固定资产处置的核算。

教学要求

能力要求	知识要点	相关知识
熟悉固定资产的定义	固定资产	固定资产的定义、固定资产的特征
熟悉折旧的定义及其计提范围	折旧	折旧的概念、计提折旧的范围、时间
熟悉固定资产后续支出的核算	后续支出	修理、更新、改造
熟悉固定资产的清查和期末计量	清查和期末计量	盘盈、盘亏、固定资产减值准备
掌握固定资产取得的核算	取得的核算	外购、自行建造、投资者投入、接受捐赠
掌握固定资产折旧的方法及核算	折旧方法及核算	平均年限法、工作量法、双倍余额递减法、年数总和法
掌握固定资产的处置	处置	固定资产清理

推荐阅读资料

1. 王华，石本仁，2015. 中级财务会计 [M]. 3版. 北京：中国人民大学出版社.
2. 张维宾，2016. 中级财务会计学 [M]. 5版. 上海：立信会计出版社.

【学习重点】
固定资产取得、固定资产折旧和固定资产处置的核算

【最新标准】
《企业会计准则》（财政部令第33号）

【企业会计准则第4号——固定资产】

第 5 章　固定资产

> **引例**
>
> 光明建设集团为增值税一般纳税人，因办公需要，2019 年年初在厂区内新建一处办公楼，预计建设期为两年，建成后使用年限为 70 年。因建设需要，从中国银行借入为期三年的借款 3 000 万元，借款年利率为 7%，三年后一次还本付息；预计该建设工程的总造价为 8 000 万元。该工程将于 2020 年年初竣工。
>
> 这是一个典型的固定资产购建项目，企业对固定资产的核算主要包括：取得时的成本、使用时的成本转移、使用期间的维修、报废时的清理等几种情况。
>
> 本章主要介绍固定资产的核算，这部分资产是企业非流动资产的重要构成内容。

5.1　固定资产取得

固定资产是施工企业从事施工生产活动的主要劳动资料。固定资产的价值随着使用磨损程度的加深，逐渐地、部分地转化为受益期间的费用，通过计提折旧的方式计入有关工程成本或期间费用，固定资产的核算正确与否，直接影响到企业会计信息的质量，因此应对固定资产进行正确的核算和科学的管理。

5.1.1　固定资产的定义

固定资产是指同时具有以下特征的有形资产。
（1）为生产商品、提供劳务、出租或经营管理而持有。
（2）使用寿命超过一个会计年度。

特别提示

在实际工作中，往往要对固定资产与低值易耗品进行区分。固定资产是指同时具有以下特征的有形资产：①为生产商品、提供劳务、出租或经营管理而持有的；②使用寿命超过一个会计年度。不符合上述条件的劳动资料称为低值易耗品。低值易耗品与固定资产同属企业的劳动资料，两者有许多相同的性质：如可多次使用而不改变原有的实物形态，使用过程中需要进行维修，报废时有残值等。两者不同的特点在于：低值易耗品属于价值较低或使用年限较短、易损易耗的工具、设备，在价值补偿上，低值易耗品损耗的价值以摊销的形式计入成本、费用中，摊销期限短，有的甚至是一次性的摊销；而固定资产价值高、使用年限长，在价值补偿上以折旧的方式计入成本。正因为如此，低值易耗品被视为存货，作为流动资产进行核算和管理。

5.1.2 固定资产的分类

施工企业的固定资产种类繁多,规格不一。为加强管理,企业有必要对固定资产进行合理的分类。根据不同的管理需要和不同的分类标准,可以对固定资产进行不同的分类。

(1) 按固定资产的经济用途分类,可分为生产经营用固定资产和非生产经营用固定资产。

① 生产经营用固定资产是指直接服务于企业生产、经营过程的各种固定资产,如生产经营用的房屋、建筑物、机器、设备、器具、工具等。

② 非生产经营用固定资产是指不直接服务于企业生产、经营过程的各种固定资产,如职工宿舍、食堂、浴室、理发室、医院、疗养院等使用的房屋、设备和其他固定资产等。

按照固定资产的经济用途分类,可以归类反映和监督企业经营用固定资产和非经营用固定资产之间以及经营用各类固定资产之间的组成和变化情况,借以考核和分析企业固定资产的利用情况,促使企业合理配备固定资产,充分发挥其效用。

(2) 按固定资产使用情况分类,可分为使用中固定资产、未使用固定资产和不需用固定资产。

① 使用中固定资产是指正在使用中的生产经营用固定资产和非生产经营用固定资产。由于季节性经营或大修理等原因,暂时停止使用的固定资产仍属于企业使用中的固定资产;企业出租(指经营性租赁)给其他单位使用的固定资产和内部替换使用的固定资产也属于使用中的固定资产。

② 未使用固定资产是指已完工或已购建的尚未交付使用的新增固定资产以及因进行改建、扩建等原因暂停使用的固定资产,如企业购建的尚待安装的固定资产、经营任务变更停止使用的固定资产等。

③ 不需用固定资产是指本企业多余或不适用的,需要调配处理的固定资产。

按照固定资产的使用情况分类,有利于反映企业固定资产的使用情况及其比例关系,便于分析固定资产的利用效率,挖掘固定资产的使用潜力,促使企业合理地使用固定资产。

(3) 按固定资产的所有权分类,可分为自有固定资产和租入固定资产。

① 自有固定资产是指企业拥有的可供企业自由支配使用的固定资产。

② 租入固定资产是指企业采用租赁方式从其他单位租入的固定资产。企业对租入的固定资产依照租赁合同拥有使用权,同时负有支付租金的义务,但资产的所有权属于出租单位。租入固定资产可分为经营性租入固定资产和融资租入固定资产。

> **特别提示**
>
> 会计将租赁分为经营租赁和融资租赁,承租人和出租人在租赁开始日就确定了租赁行为属于融资租赁或经营租赁。
>
> 会计准则规定满足以下 5 个条件之一的,应认定为融资租赁。

（1）在租赁期满时，资产的所有权转移给承租人。

（2）承租人有购买租赁资产的选择权，由于所订立的购价预计远低于行使选择权时租赁资产的公允价值，因而在租赁开始日就可合理地确定承租人将会行使这种选择权。

（3）租赁期占租赁资产使用寿命的大部分。

（4）就承租人而言，租赁开始日最低租赁付款额的现值几乎相当于租赁开始日租赁资产公允价值。

（5）租赁资产性质特殊，如果不作较大修整，只有承租人才能使用。

从以上融资租赁应具备的条件可以看出，融资租赁实质上是转移了与资产所有权有关的全部风险和报酬的租赁。虽然从法律意义上融资租赁的财产不属于承租方，但按照企业会计准则会计信息质量要求中的实质重于形式的要求，会计上把融资租赁来的固定资产当作企业自有的固定资产管理。

经营租赁是指融资租赁以外的其他租赁。经营租赁的财产实质上风险报酬并没有转移，因此不能确认为企业的财产。

（4）按固定资产的经济用途和使用情况等综合分类，可把企业的固定资产分为以下七大类：生产经营用固定资产、非生产经营用固定资产、租出固定资产、不需用固定资产、未使用固定资产、土地、融资租入固定资产。

● 特 别 提 示

租出固定资产是指在经营租赁方式下出租给外单位使用的固定资产。

土地指过去已经估价单独入账的土地。因征地而支付的补偿费，应计入与土地有关的房屋、建筑物的价值内，不单独作为土地价值入账。企业取得的土地使用权，不作为固定资产管理，而是作为企业的无形资产管理。

5.1.3 固定资产取得的核算

【固定资产成本】

固定资产取得时应当以历史成本入账，也称原始价值，是指购建某项固定资产达到预定可使用状态前发生的一切合理、必要的支出。

为了核算固定资产，企业一般应设置"固定资产""累计折旧""在建工程""工程物资""固定资产清理"等账户，核算固定资产取得、计提折旧、处置等情况。

"固定资产"是资产类账户，核算企业固定资产的原价，借方登记企业增加的固定资产原价，贷方登记企业减少的固定资产原价，期末有借方余额，表示企业期末固定资产的账面价值。企业应当设置"固定资产登记簿"和"固定资产卡片"，按固定资产类别、使用部门和每项固定资产进行明细核算。

"累计折旧"是资产类账户，属于"固定资产"账户的备抵调整账户，核算企业固定资产的累计折旧，贷方登记企业计提的固定资产折旧，借方登记处置固定资产转出的累计折旧，期末有贷方余额，表示企业固定资产的累计折旧额。

"在建工程"是资产类账户，核算企业基建、更新改造等在建工程发生的支出，借方登记企业各项在建工程的实际支出，贷方登记完工工程转出的成本，期末有借方余额，表示企业尚未达到预定可使用状态的在建工程成本。

"工程物资"是资产类账户，核算企业为在建工程而准备的各种专用物资的实际成本，借方登记企业购入工程物资的成本，贷方登记领用工程物资的成本，期末有借方余额，表示企业为在建工程准备的、尚未领用的各种专用物资的成本。

"固定资产清理"是资产类账户，核算企业因出售、报废、损毁、对外投资、非货币性资产交换、债务重组等原因转出的固定资产价值以及在清理过程中发生的费用等，借方登记固定资产转入清理的净值和清理过程中发生的费用，贷方登记收回出售固定资产的价款、残料价值和变价收入，其贷方余额表示清理后的净收益，借方余额表示清理后的净损失。

1. 外购固定资产

企业外购的固定资产，应按实际支付的购买价款、相关税费（不包括增值税）、使固定资产达到预定可使用状态前所发生的可归属于该项资产的运输费、装卸费、安装费和专业人员服务费等，作为固定资产的取得成本。发生的进项税若符合抵扣条件，单独记入"应交税费——应交增值税（进项税额）"账户，若不符合抵扣条件，则记入固定资产成本。外购的资产按是否可以直接使用，分为不需安装的固定资产和需要安装的固定资产两种类型，应分别核算。

（1）不需安装的固定资产。

企业购入不需安装的固定资产，应按实际支付的购买价款、相关税费、使固定资产达到预定可使用状态前所发生的可归属于该项资产的运输费、装卸费、安装费和专业人员服务费等，作为固定资产的取得成本，借记"固定资产"账户，借记"应交税费——应交增值税（进项税额）"，贷记"银行存款"等账户。

应用案例 5-1

光明建设集团为增值税一般纳税人，2019年9月3日，购入一台不需要安装即可投入使用的设备，取得的增值税专用发票上注明的设备价款为30 000元，增值税税额为3 900元，运输费300元，增值税税额27元，包装费400元，增值税税额52元，款项均以银行存款支付。做如下会计分录。

该固定资产取得成本＝固定资产买价＋运输费＋包装费

＝30 000元＋300元＋400元

＝30 700元

借：固定资产　　　　　　　　　　　　　　　　　　　　　　30 700
　　应交税费——应交增值税（进项税额）　　　　　　　　　　3 979
　　贷：银行存款　　　　　　　　　　　　　　　　　　　　　34 679

（2）需要安装的固定资产。

企业购入需要安装的固定资产，应在购入的固定资产成本的基础上加上安装调试成本等，作为固定资产的取得成本，先通过"在建工程"账户核算，待安装完毕达到预定可使用状态时，再由"在建工程"账户转入"固定资产"账户。

应用案例 5-2

2019年9月6日,光明建设集团购入一台需要安装的设备,取得的增值税专用发票上注明的设备价款为200 000元,增值税税额为26 000元,另支付运输费900元,增值税税额为900元,安装费30 000元,增值税税额为2 700元,款项均以银行存款支付。

(1) 支付设备价款时,做如下会计分录。

借:在建工程　　　　　　　　　　　　　　　　　　　　　　200 000
　　应交税费——应交增值税(进项税额)　　　　　　　　　　 26 000
　　贷:银行存款　　　　　　　　　　　　　　　　　　　　　226 000

(2) 支付设备运输费时,做如下会计分录。

借:在建工程　　　　　　　　　　　　　　　　　　　　　　 10 000
　　应交税费——应交增值税(进项税额)　　　　　　　　　　　　900
　　贷:银行存款　　　　　　　　　　　　　　　　　　　　　 10 900

(3) 支付安装费时,做如下会计分录。

借:在建工程　　　　　　　　　　　　　　　　　　　　　　 30 000
　　应交税费——应交增值税(进项税额)　　　　　　　　　　　2 700
　　贷:银行存款　　　　　　　　　　　　　　　　　　　　　 32 700

(4) 安装完毕交付使用时,做如下会计分录。

该固定资产成本=200 000元+10 000元+30 000元=240 000元

借:固定资产　　　　　　　　　　　　　　　　　　　　　　240 000
　　贷:在建工程　　　　　　　　　　　　　　　　　　　　　240 000

2. 自行建造固定资产

企业自行建造固定资产,应按建造该项固定资产达到预定可使用状态前所发生的必要支出,作为固定资产的成本。自行建造的固定资产,可采用自营和出包两种方式进行,先通过"在建工程"账户核算,工程达到预定可使用状态时,再从"在建工程"账户转入"固定资产"账户。

(1) 自营工程。

自营工程是企业自行组织材料采购、自行组织施工人员施工的建筑工程和安装工程。购入工程物资时,借记"工程物资"账户,贷记"银行存款"等账户。领用工程物资时,借记"在建工程"账户,贷记"工程物资"账户。在建工程领用本企业原材料时,借记"在建工程"账户,贷记"原材料"账户。自营工程发生的其他费用,借记"在建工程"账户,贷记"银行存款""应付职工薪酬"等账户。自营工程达到预定可使用状态时,按其成本,借记"固定资产"账户,贷记"在建工程"账户。

应用案例 5-3

光明建设集团自建厂房一栋,购入为工程准备的各项物资500 000元,支付的增值税额为65 000元,全部用于工程建设。工程施工过程中另外领用水泥一批,实际成本为

80 000 元；施工人员应计薪酬为 100 000 元，以银行存款支付的其他费用共计 30 000 元。工程完工并达到预定可使用状态。

(1) 购入工程物资时，做如下会计分录。

借：工程物资　　　　　　　　　　　　　　　　　　　　　　500 000
　　应交税费——应交增值税（进项税额）　　　　　　　　　 65 000
　　贷：银行存款　　　　　　　　　　　　　　　　　　　　　　565 000

(2) 工程领用工程物资时，做如下会计分录。

借：在建工程　　　　　　　　　　　　　　　　　　　　　　500 000
　　贷：工程物资　　　　　　　　　　　　　　　　　　　　　　500 000

(3) 工程领用水泥时，做如下会计分录。

借：在建工程　　　　　　　　　　　　　　　　　　　　　　 80 000
　　贷：原材料　　　　　　　　　　　　　　　　　　　　　　　 80 000

(4) 分配工程人员薪酬时，做如下会计分录。

借：在建工程　　　　　　　　　　　　　　　　　　　　　　100 000
　　贷：应付职工薪酬　　　　　　　　　　　　　　　　　　　　100 000

(5) 支付工程发生的其他费用时，做如下会计分录。

借：在建工程　　　　　　　　　　　　　　　　　　　　　　 30 000
　　贷：银行存款　　　　　　　　　　　　　　　　　　　　　　 30 000

(6) 工程完工，投入使用时，做如下会计分录。

固定资产成本＝500 000 元＋80 000 元＋100 000 元＋30 000 元＝710 000 元

借：固定资产　　　　　　　　　　　　　　　　　　　　　　710 000
　　贷：在建工程　　　　　　　　　　　　　　　　　　　　　　710 000

(2) 出包工程。

出包工程是指企业通过招标等方式将工程项目发包给建造承包商，由建造承包商组织施工的建筑工程和安装工程。企业采用出包方式建造的固定资产工程，其工程的具体支出主要由建造承包商核算，在这种方式下，"在建工程"账户主要是企业与建造承包商办理工程价款的结算账户，企业支付给建造承包商的工程价款作为工程成本，通过"在建工程"账户核算。企业按合理估计的发包工程进度和合同规定向建造承包商结算的进度款，借记"在建工程"账户，贷记"银行存款"等账户；工程完成时按合同规定补付的工程款，借记"在建工程"账户，贷记"银行存款"等账户。工程达到预定可使用状态时，按其成本，借记"固定资产"账户，贷记"在建工程"账户。

应用案例 5-4

2019 年光明建设集团将一栋厂房的建造工程出包给元和建筑工程公司承建，2019 年 6 月 3 日，按合理估计的发包工程进度和合同规定向该公司结算进度款 600 000 元，取得增值税专用发票，税额 54 000 元。2019 年 12 月 3 日，工程完工，收到该公司有关工程结算的单据，补付工程款 400 000 元，取得增值税专用发票，税额 36 000 元。工程完工并达到预定可使用状态。

(1) 2019年6月3日，结算进度款时，做如下会计分录。

借：在建工程　　　　　　　　　　　　　　　　　　　600 000
　　应交税费——应交增值税（进项税额）　　　　　　 54 000
　　　贷：银行存款　　　　　　　　　　　　　　　　　　　　654 000

(2) 2019年12月3日，补付工程款时，做如下会计分录。

借：在建工程　　　　　　　　　　　　　　　　　　　400 000
　　应交税费——应交增值税（进项税额）　　　　　　 36 000
　　　贷：银行存款　　　　　　　　　　　　　　　　　　　　436 000

(3) 2019年12月3日，工程完工并达到预定可使用状态时，做如下会计分录。

借：固定资产　　　　　　　　　　　　　　　　　　1 000 000
　　　贷：在建工程　　　　　　　　　　　　　　　　　　　1 000 000

3. 投资者投入的固定资产

投资者投入的固定资产，按投资各方确认的价值入账，借记"固定资产"账户，贷记"实收资本"账户。

根据2006年《企业会计准则第4号——固定资产》第十一条规定，投资者投入固定资产的成本，应当按照投资合同或协议约定的价值确定，但合同或协议约定价值不公允的除外。公允价值是指在公平交易中，熟悉情况的交易双方自愿进行资产交换或者债务清偿的金额。在公平交易中，交易双方应当是持续经营企业，不打算或不需要进行清算、重大缩减经营规模，或在不利条件下仍能进行交易。

应用案例 5-5

2019年5月12日，光明建设集团收到某单位投入的机器设备一台，该设备在原单位的账面原价为500 000元，已提折旧为200 000元，经双方协商确认的价值为360 000元，设备已交付使用。做如下会计分录。

借：固定资产　　　　　　　　　　　　　　　　　　　360 000
　　　贷：实收资本　　　　　　　　　　　　　　　　　　　　360 000

4. 接受捐赠的固定资产

企业接受捐赠的固定资产时，如果对方提供了固定资产的有关凭证记录，则以凭证的记录为依据入账；如果无提供的凭证记录，则应按同类资产的市场价格及有关费用（包装运杂费、保险费、安装费等）作为原价入账。企业接受捐赠的固定资产应作为营业外收入处理。在接受捐赠时，借记"固定资产"账户，如为旧的固定资产，应按估计折旧贷记"累计折旧"账户，按其差额贷记"营业外收入"账户。

应用案例 5-6

2019年9月15日,光明建设集团接受捐赠计算机5台,按照同类资产的市场价值确认其原价为40 000元。计算机已交付使用。做如下会计分录。

借:固定资产　　　　　　　　　　　　　　　　　　　　　40 000
　　贷:营业外收入　　　　　　　　　　　　　　　　　　　　40 000

对增加的固定资产,根据其不同来源,企业必须取得有关的原始凭证。为反映各项固定资产的增减变动情况,企业除了设置固定资产总分类账户外,还应按固定资产个体设置固定资产卡片,对每一固定资产登记对象进行编号,并在实物上标明编订的号码,以便查找核对。固定资产卡片格式见表5-1。

表5-1　固定资产卡片

项目	内容	项目	内容
固定资产名称		调入时已用年限	
固定资产编号		调入时已提折旧	
固定资产类别		折旧方法	
固定资产型号规格		固定资产原值	
建造单位(制造单位)		预计使用年限	
建造年份		预计残值	
直接验收日期凭证		预计清理费用	
开始使用时间		月折旧率	
原值及折旧记录		大修理记录		减值准备提取记录		停用记录	
凭证	摘要	原值	折旧	凭证	摘要	金额	日期	凭证	金额	起止日期	停用原因

5.2 固定资产折旧

随着施工企业使用固定资产时间的递进,固定资产不断地损耗,其价值也不断地减少,减少掉的固定资产的价值要体现在它所属的部门成本或费用里。折旧就是反映每期固定资产价值耗用多少的概念。

5.2.1 固定资产折旧的定义

固定资产的折旧是指固定资产在使用过程中,逐渐损耗而消失的那部分价值。固定资产损耗的这部分价值,应当在固定资产的有效使用年限内进行分摊,形成折旧费用,计入各期成本。这个分摊的过程称为固定资产折旧。固定资产折旧的实质,是固定资产的价值随着固定资产的使用而逐渐转移到生产的产品中构成费用,然后通过产品(商品)的销售,收回货款,得到补偿。固定资产的损耗分为有形损耗和无形损耗两种。有形损耗是指固定资产由于使用和自然力的影响而引起的使用价值和价值的损失。无形损耗是指由于科学进步等而引起的固定资产的价值损失。

5.2.2 固定资产折旧的范围

企业在用的固定资产(包括经营用固定资产、非经营用固定资产、租出固定资产)一般均应计提折旧,包括房屋和建筑物,在用的机器设备、仪器仪表、运输工具,季节性停用、大修理停用的设备,融资租入和以经营租赁方式租出的固定资产。

不计提折旧的固定资产包括未使用、不需用的机器设备,以经营租赁方式租入的固定资产,在建工程项目交付使用以前的固定资产,已提足折旧继续使用的固定资产,未提足折旧提前报废的固定资产,国家规定不计提折旧的其他固定资产(如土地等)。

按照现行会计制度规定,企业在计提当月折旧时,应以月初应计提折旧的固定资产原值为依据。对于当月增加的固定资产,当月不计提折旧,即本月增加的固定资产本月不增计折旧,从下月开始计提折旧;当月减少的固定资产,当月照提折旧,即本月减少的固定资产本月不减计折旧,从下月停止计提折旧。

5.2.3 影响固定资产折旧的因素

企业在一定时期内计提固定资产折旧时应考虑以下因素。
(1) 固定资产原值,是指固定资产的成本,是计提折旧的基数。
(2) 固定资产预计净残值,是指假定固定资产预计使用寿命已满并处于使用寿命终了时的预期状态,企业从该项资产处置中获得的扣除预计处置费用后的金额。
(3) 固定资产减值准备,是指固定资产已计提的固定资产减值准备累计金额。
(4) 固定资产的使用年限,是指企业使用固定资产的预计期间,或者该固定资产所能生产产品或提供劳务的数量。固定资产预计使用年限直接影响到各期应计提的折旧额,其他条件相同的情况下,预计使用年限长,每期应计提的折旧额就少;反之,每期应计提的折旧额就大。在确定固定资产使用年限时,应当考虑固定资产的预计生产能力、有形损耗和无形损耗等因素。

> **特别提示**
>
> 一般情况下，固定资产计算折旧的最低年限如下：房屋、建筑物，为 20 年；飞机、火车、轮船、机器、机械和其他生产设备，为 10 年；与生产经营活动有关的器具、工具、家具等，为 5 年；飞机、火车、轮船以外的运输工具，为 4 年；电子设备，为 3 年。
>
> 固定资产残值率：内资企业残值率 5%；外资企业残值率 10%。

5.2.4 固定资产折旧的方法

固定资产折旧的方法是指将固定资产应计提的折旧总额分摊于各受益期的方法。固定资产折旧的方法主要包括平均年限法、工作量法、双倍余额递减法和年数总和法。企业应合理地确定固定资产预计使用年限和预计净残值，并选择合理的折旧方法，经股东大会或董事会、经理（厂长）会议或类似机构批准，作为计提折旧的依据。上述方法一经确定不得随意变更。

1. 平均年限法

平均年限法又称直线法，是将固定资产的折旧均衡地分摊到各期的一种方法。该方法是将固定资产的应计提折旧额均衡地分摊到固定资产的预计使用寿命内，采用这种方法计算的每期折旧额是相等的。年折旧额的计算公式为

$$固定资产年折旧额 = (固定资产原值 - 预计净残值) \div 预计使用年限$$

在实际工作中，通常根据固定资产原值乘以折旧率计算折旧额。折旧率是一定时期内固定资产折旧额与固定资产原值的比率，年折旧率和月折旧率的计算公式分别为

$$固定资产年折旧率 = \frac{1 - 预计净残值率}{预计使用年限}$$

$$固定资产月折旧率 = 固定资产年折旧率 \div 12$$

应用案例 5-7

光明建设集团有一栋仓库，原价为 5 000 000 元，预计可使用 20 年，预计报废时的净残值率为 2%。该仓库的折旧率和折旧额的计算如下。

年折旧率 = (1 - 2%) ÷ 20 = 4.9%

月折旧率 = 4.9% ÷ 12 = 0.41%

月折旧额 = 5 000 000 元 × 0.41% = 20 500 元

> **特别提示**
>
> 房屋、建筑物、构筑物等固定资产适用于平均年限法计提折旧。

2. 工作量法

工作量法是根据固定资产在施工生产过程中实际完成的工作量计算折旧的一种方法。

它一般适用于各期使用程度不同的大型机械和设备。其计算公式为

单位工作量折旧额＝（固定资产原值－预计净残值）÷预计总工作量

某项固定资产月折旧额＝该项固定资产当月工作量×单位工作量折旧额

应用案例 5-8

光明建设集团的一台大型施工机器，账面原值为 200 000 元，预计净残值率为 5%，在有效使用期限内预计能使用 2 000 台班，本月实际工作 24 台班，则本月的折旧额计算如下。

台班折旧额＝200 000 元×（1－5%）÷2 000 台班＝95 元/台班

本月应计提折旧额＝95 元/台班×24 台班＝2 280 元

● 特 别 提 示

根据 2007 年通过的《中华人民共和国企业所得税法》第三十二条，企业的固定资产由于技术进步等原因，确需加速折旧的，可以缩短折旧年限或采取加速折旧的方法。

3. 双倍余额递减法

双倍余额递减法是在不考虑固定资产净残值的情况下，以平均年限法折旧率的两倍乘以期初固定资产账面余额来计算各期折旧额的一种加速折旧方法。其计算公式为

$$年折旧率＝\frac{2}{预计使用年限}×100\%$$

年折旧额＝期初固定资产账面余额×年折旧率

固定资产账面余额＝固定资产账面原值－累计折旧－固定资产减值准备

月折旧额＝年折旧额÷12

为了保证固定资产在规定折旧年限既不多提折旧也不少提折旧，正好使得固定资产应计提折旧总额等于固定资产的累计已计提折旧额，并且不违背加速折旧下各年折旧额逐年递减（至少后面年份的折旧额不大于前面年份的折旧额）这一要求，按照现行会计制度规定，采用双倍余额递减法计提折旧时，应当在其固定资产折旧年限期满的前两年内，将固定资产的净值扣除净残值后的余额平均摊销。

应用案例 5-9

光明建设集团一项固定资产的账面原值为 1 000 000 元，预计使用年限为 5 年，预计净残值为 4 000 元。按双倍余额递减法计提折旧，每年的折旧额如下。

$$年折旧率＝\frac{2}{5}×100\%＝40\%$$

第一年应计提的折旧额＝1 000 000 元×40%＝400 000 元

第二年应计提的折旧额＝（1 000 000 元－400 000 元）×40%＝240 000 元

第三年应计提的折旧额＝（1 000 000 元－400 000 元－240 000 元）×40%＝144 000 元

从第四年起改用平均年限法计提折旧。

第四年和第五年应计提的折旧额＝(1 000 000元－400 000元－240 000元－144 000元－4 000元)÷2＝106 000元

4. 年数总和法

年数总和法是将固定资产的原值减去净残值后的净额乘以一个逐年递减的分数计算每年的折旧额，这个分数的分子代表固定资产尚可使用的年数，分母代表预计使用年限的年数总和。其计算公式为

$$年折旧率＝\frac{尚可使用的年数}{预计使用年限的年数总和}\times100\%$$

或者

$$年折旧率＝\frac{预计使用年限－已使用年限}{预计使用年限\times\frac{预计使用年限＋1}{2}}\times100\%$$

$$年折旧额＝(固定资产原值－预计净残值)\times年折旧率$$

$$月折旧额＝年折旧额÷12$$

应用案例 5-10

承应用案例5-9，若采用年数总和法，各年折旧计算如下。

第一年应计提的折旧额＝(1 000 000元－4 000元)×5/15＝332 000元

第二年应计提的折旧额＝(1 000 000元－4 000元)×4/15＝265 600元

第三年应计提的折旧额＝(1 000 000元－4 000元)×3/15＝199 200元

第四年应计提的折旧额＝(1 000 000元－4 000元)×2/15＝132 800元

第五年应计提的折旧额＝(1 000 000元－4 000元)×1/15＝66 400元

为体现一贯性原则，在一年内固定资产折旧方法不能变更。在各折旧方法中，当已提月份不小于预计使用月份时，将不再计提折旧。

5.2.5　固定资产折旧的核算

企业应按月计提固定资产折旧，并根据用途记入相关资产的成本或者当期损益。企业自行建造固定资产过程中使用的固定资产，其计提的折旧应记入"在建工程"成本；各施工单位所使用的固定资产，其计提的折旧应计入"工程施工——间接费用"；管理部门所使用的固定资产计提的折旧应计入"管理费用"；销售部门所使用的固定资产，其计提的折旧应计入"销售费用"；经营租出的固定资产，其计提的折旧应计入"其他业务成本"。企业计提固定资产折旧时，借记"工程施工——间接费用""销售费用""管理费用""其他业务成本"等账户，贷记"累计折旧"账户。

固定资产计提折旧的过程，是固定资产损耗价值在施工生产过程中转化为工程或产品价值的过程。企业每期提取的固定资产折旧，应在固定资产折旧分配表中反映。

第5章 固定资产

应用案例 5-11

光明建设集团采用平均年限法对固定资产计提折旧。2019 年 1 月份根据"固定资产折旧分配表"（表 5-2），确定的各施工单位及企业行政管理部门应分配的折旧额为：第一项目部 150 000 元，第二项目部 240 000 元，第三项目部 300 000 元，企业行政管理部门 60 000元。本月计提的固定资产折旧额均为房屋的折旧。做如下会计分录。

借：合同履约成本——间接费用（第一项目部）　　　　　　　　　150 000
　　　　　　　　　间接费用（第二项目部）　　　　　　　　　240 000
　　　　　　　　　间接费用（第三项目部）　　　　　　　　　300 000
　　管理费用　　　　　　　　　　　　　　　　　　　　　　　　60 000
　　贷：累计折旧　　　　　　　　　　　　　　　　　　　　　　750 000

表 5-2　固定资产折旧分配表
2019 年 1 月　　　　　　　　　　　　　　　　　　单位：元

固定资产类别	月折旧额	对应科目			
		工程施工——间接费用（第一项目部）	工程施工——间接费用（第二项目部）	工程施工——间接费用（第三项目部）	管理费用
房屋	750 000	150 000	240 000	300 000	60 000
合　计	750 000	150 000	240 000	300 000	60 000

5.3　固定资产的后续支出

固定资产的后续支出是固定资产经初始计量并入账后又发生的与固定资产相关的支出，包括在原有固定资产基础上进行的改建扩建、改良支出以及修理、装修支出。固定资产更新改造等后续支出，满足固定资产确认条件的，应当计入固定资产成本，如有被替换的部分，应同时将被替换部分的账面价值从原固定资产账面价值中扣除；不满足固定资产确认条件的固定资产修理费用等，应当在发生时计入当期损益。

5.3.1　固定资产修理的核算

固定资产修理是恢复固定资产原有性能的行为，修理并不增加固定资产使用年限或提高其工作效率。若是经常性修理，每次修理费用较少，可于发生时直接计入当期的成本费用；若发生的固定资产修理费用金额较大且发生不均衡，可用待摊或预提的方式核算。施工企业行政管理部门和项目部等发生的固定资产修理支出记入"管理费用"账户。

 应用案例 5-12

2019年9月20日，光明建设集团对办公所用的打印机进行日常维护，以现金支付维护费100元，增值税13元。做如下会计分录。

借：管理费用　　　　　　　　　　　　　　　　　　　　　　　　　100
　　应交税费——应交增值税（进项税额）　　　　　　　　　　　　　13
　　贷：库存现金　　　　　　　　　　　　　　　　　　　　　　　　113

5.3.2　固定资产更新、改造的核算

在对固定资产发生可资本化的后续支出（更新改造、改良）后，企业应当将该固定资产的原价、已计提的累计折旧和减值准备转销，将固定资产的账面价值转入在建工程。固定资产发生的可资本化的后续支出，通过"在建工程"账户核算。在固定资产发生的后续支出完工并达到预定可使用状态时，再从"在建工程"账户转入"固定资产"账户。

 应用案例 5-13

2019年9月7日，光明建设集团为适应生产需要，将一台起重机进行改良。该起重机账面原值200 000元，累计已提折旧120 000元，改建过程中领用原材料1 000元，以银行存款支付改建费用16 000元，现已改建完成，交付使用。

（1）交付改建时，做如下会计分录。

借：在建工程——改良起重机　　　　　　　　　　　　　　　　　80 000
　　累计折旧　　　　　　　　　　　　　　　　　　　　　　　　120 000
　　贷：固定资产　　　　　　　　　　　　　　　　　　　　　　200 000

（2）改良过程中发生相关费用时，做如下会计分录。

借：在建工程——改良起重机　　　　　　　　　　　　　　　　　17 000
　　贷：原材料　　　　　　　　　　　　　　　　　　　　　　　　1 000
　　　　银行存款　　　　　　　　　　　　　　　　　　　　　　　16 000

（3）改良完毕交付使用时，做如下会计分录。

借：固定资产　　　　　　　　　　　　　　　　　　　　　　　　97 000
　　贷：在建工程——改良起重机　　　　　　　　　　　　　　　　97 000

5.4　固定资产的处置

企业在生产经营过程中，可能将不适用或不需用的固定资产对外出售转让，或因磨损、技术进步等原因对固定资产进行报废，或因遭受自然灾害而对毁损的固定资产进行处

理。固定资产的处置包括固定资产的出售、报废、毁损、对外投资、非货币性资产交换、债务重组等。

特别提示

非货币性资产交换，是指交易双方主要以存货、固定资产、无形资产和长期股权投资等非货币性资产进行的交换，该交换不涉及或只涉及少量的货币性补价。

对固定资产的处置进行会计核算时，应结转固定资产的账面价值，计算有关的清理收入、清理费用及残料价值等。处置固定资产通过"固定资产清理"账户核算，固定资产转入清理的净值和清理过程中发生的费用计入该账户的借方；收回出售固定资产的价款、残料价值和变价收入计入该账户的贷方，其贷方余额表示清理后的净收益；借方余额表示清理后的净损失，清理完毕后应将其贷方或借方余额转入"营业外收入"或"营业外支出"账户。固定资产处置按以下步骤进行账务处理。

（1）转销固定资产的账面价值。企业因出售、报废、毁损、对外投资、非货币性资产交换、债务重组等原因转出的固定资产，按该项固定资产的账面净值，借记"固定资产清理"账户；按已计提的固定资产折旧，借记"累计折旧"账户；按已计提的减值准备，借记"固定资产减值准备"账户；按其账面原价，贷记"固定资产"账户。

（2）支付清理费用。在固定资产清理过程中，支付相关税费及其他费用，借记"固定资产清理"账户，贷记"银行存款""应交税费——应交营业税"等账户。

（3）收回出售固定资产的价款、残料价值和变价收入等，借记"银行存款""原材料"等账户，贷记"固定资产清理"账户。

（4）保险赔偿等的处理。应由保险公司或过失人赔偿的损失，借记"其他应收款"等账户，贷记"固定资产清理"账户。

（5）清理净损益的处理。固定资产清理完成后，属于生产经营期间正常的处理损失，借记"营业外支出——处置非流动资产损失"账户，贷记"固定资产清理"账户；属于自然灾害等非正常原因造成的损失，借记"营业外支出——非常损失"账户，贷记"固定资产清理"账户。如为处理收益，借记"固定资产清理"账户，贷记"营业外收入"账户。

应用案例 5-14

2019年9月，光明建设集团的一台设备由于性能等原因决定提前报废，账面原值为500 000元，已计提折旧450 000元，未计提减值准备。报废时的残料变价收入为20 000元，报废清理过程中发生清理费用3 500元。有关收入、支出均通过银行办理结算。

（1）将报废固定资产转入清理时，做如下会计分录。

借：固定资产清理	50 000
累计折旧	450 000
贷：固定资产	500 000

（2）收回残料变价收入时，做如下会计分录。

借：银行存款	20 000
贷：固定资产清理	20 000

(3) 支付清理费用时，做如下会计分录。

借：固定资产清理   3 500
    贷：银行存款   3 500

(4) 结转报废固定资产发生的净损失时，做如下会计分录。

借：营业外支出——非流动资产处置损失   33 500
    贷：固定资产清理   33 500

5.5 固定资产的清查及期末计量

为了保证固定资产核算的真实性，施工企业应经常对固定资产进行盘点清查。一般来说，每年至少应在编制财务报告之前对固定资产进行一次全面的清查。对清查过程中发现的盘盈、盘亏的固定资产，应及时查明原因，做相应的账务处理。在每期末，施工企业应对固定资产的价值进行检查，若发现固定资产由于损坏、技术进步或其他经济原因，导致其可收回金额低于账面价值，应考虑计提固定资产的减值准备。

5.5.1 固定资产的清查

企业应定期或者至少于每年年末对固定资产进行清查盘点，以保证固定资产核算的真实性，充分挖掘企业现有固定资产的潜力。固定资产的清查应由财会部门、固定资产管理部门和使用单位等有关人员组成清查小组，具体负责开展清查盘点工作。清查程序分两步：第一步将"固定资产"总账账户余额与固定资产登记簿中各类固定资产余额之和核对相符；第二步将固定资产登记簿中各类固定资产余额与该类固定资产卡片中各项固定资产余额之和核对相符，做到账账相符、账卡相符。在此基础上，清查小组应盘点实物，将固定资产的实存数与账面数进行核对，在固定资产清查过程中，如果发现盘盈、盘亏的固定资产，应填制固定资产盘盈、盘亏报告表，见表5-3。清查固定资产的损溢，应及时查明原因，并按照规定程序报批处理，做到账实相符。

表5-3 固定资产盘盈、盘亏报告表
2019年9月30日   单位：元

固定资产名称及规格型号	盘盈			盘亏			计量单位	原因及责任
	数量	金额	已提折旧	数量	金额	已提折旧		
卷扬机	1	50 000	10 000				台	记账差错
电焊机	1	5 000	2 000				台	记账差错
惠普打印机				1	1 500	250	台	管理不善
合计	2	55 000	12 000	1	1 500	250		

1. 固定资产盘盈

企业在财产清查中盘盈的固定资产，作为前期差错处理，应按重置成本确定其入账价值，借记"固定资产"账户，贷记"以前年度损益调整"账户。"以前年度损益调整"的增减变动会影响企业所得税、盈余公积和利润分配，计算应缴纳的企业所得税时，借记"以前年度损益调整"账户，贷记"应交税费——应交企业所得税"账户；补提盈余公积时，借记"以前年度损益调整"账户，贷记"盈余公积"账户；调整利润分配时，借记"以前年度损益调整"账户，贷记"利润分配——未分配利润"账户。

2. 固定资产盘亏

盘亏的固定资产通过"待处理财产损溢"账户核算。盘亏或毁损的固定资产，在减去过失人或者保险公司等赔款和残料价值之后，计入当期营业外支出。

应用案例 5-15

2019年9月26日，光明建设集团进行财产清查时发现短缺一台笔记本电脑，原价为10 000元，已计提折旧7 000元。光明建设集团应做如下会计处理。

（1）盘亏固定资产时，做如下会计分录。

借：待处理财产损溢　　　　　　　　　　　　　　　　　3 000
　　累计折旧　　　　　　　　　　　　　　　　　　　　7 000
　　　贷：固定资产　　　　　　　　　　　　　　　　　　　　10 000

（2）报经批准转销时，做如下会计分录。

借：营业外支出——盘亏损失　　　　　　　　　　　　　3 000
　　　贷：待处理财产损溢　　　　　　　　　　　　　　　　　3 000

5.5.2　固定资产的期末计量

固定资产在资产负债表中的可收回金额低于其账面价值的，企业应将该固定资产的账面价值减记至可收回金额，同时确认为资产减值损失，计提固定资产减值准备。借记"资产减值损失——计提的固定资产减值准备"账户，贷记"固定资产减值准备"账户。固定资产减值损失一经确认，在以后会计期间不得转回。

【固定资产期末计量举例】

知识链接

《企业会计准则》关于固定资产减值的规定：①企业应当定期或者至少于每年年度终了时，对各项资产逐项进行检查，检查结果如果是可收回金额低于账面价值的，应当按可收回金额低于账面价值的差额计提固定资产和在建工程减值准备；②在满足规定的条件下可以全额计提固定资产减值准备。已经全额计提减值准备的固定资产不再计提折旧。

本章小结

本章主要介绍了固定资产的概念、特征、类别、计价及取得、修理、折旧、处置、清查和减值的核算方法和要求。

固定资产是指企业为生产商品、提供劳务、出租或经营管理而持有的，使用寿命超过一个会计年度的，并在使用过程中保持其原有实物形态的劳动资料。

固定资产按其经济用途和使用情况分为生产经营用固定资产、非生产经营用固定资产、租出固定资产、不需用固定资产、未使用固定资产、土地、融资租入固定资产七大类。

固定资产的增加方式有外购、自建、投资者投入、接受捐赠、融资租入、非货币性资产交换换入、债务重组等。固定资产增加时应当以历史成本入账，即购建某项固定资产达到预定可使用状态前发生的一切合理、必要的支出。

固定资产折旧，是指固定资产在使用过程中，逐渐损耗而转移到产品成本、费用中的那部分价值。影响固定资产折旧数额大小的因素有计提折旧的基数、折旧年限、折旧方法和预计净残值。折旧的计提方法包括年限平均法、工作量法、年数总和法、双倍余额递减法。固定资产折旧的会计处理，按照"谁受益，谁承担"的原则，分别计入固定资产使用部门的成本费用中，借记相关成本费用，贷记"累计折旧"账户。

固定资产的处置通过"固定资产清理"账户核算。一般需要经过5个步骤的核算：转销固定资产的账面价值，支付清理费用，收回出售固定资产的价款、残料价值和变价收入等，保险赔偿等的处理，清理净损益的处理。

固定资产清查应至少每年一次，清查结果无非3种情况：账实相符、盘盈、盘亏。若账实相符，则不需做账务处理；若盘盈，则应作为前期差错处理；若盘亏，则应分两步处理：发现盘亏和经批准转销。

习题

1. 单项选择题

(1) 将固定资产分类为生产经营用固定资产和非生产经营用固定资产两大类的划分标准是（　　）。

A. 使用情况　　　　B. 经济用途　　　　C. 使用性能　　　　D. 来源渠道

(2) 将固定资产分类为使用中、未使用、不需用固定资产等的划分标准是（　　）。

A. 使用情况　　　　B. 经济用途　　　　C. 使用性能　　　　D. 来源渠道

(3) 以原始价值作为固定资产的基本计价标准符合的会计原则是（　　）。

A. 可靠性　　　　B. 相关性　　　　C. 可理解性　　　　D. 谨慎性

(4) 某施工企业2018年1月23日购买一台大型挖掘机械并投入使用，该台机械的账面原值为740万元，预计使用5年，预计净残值为20万元，在采用年数总和法计提折旧的情况下，2018年该设备应计提折旧额为（　　）。

A. 220 万元　　　　B. 226 万元　　　　C. 240 万元　　　　D. 247 万元

（5）某施工企业 2018 年 12 月 28 日购入一台不需要安装的设备，已交付使用。其账面原值为 50 000 元，预计使用年限 5 年，预计净残值 2 000 元，如果按双倍余额递减法计提折旧，则第四年的折旧额为（　　）。

A. 20 000 元　　　B. 12 000 元　　　C. 7 200 元　　　D. 4 400 元

（6）某施工企业于 2018 年 5 月 3 日购进一台不需要安装的设备，收到的增值税专用发票上注明的设备价款为 3 000 万元，增值税额为 390 万元，款项已支付；另支付保险费 15 万元，装卸费 5 万元，增值税税额 1.2 万元。当日，该设备投入使用。假定不考虑其他因素，该设备的初始入账价值为（　　）。

A. 3 000 万元　　　B. 3 020 万元　　　C. 3 390 万元　　　D. 3 570 万元

（7）不会影响固定资产折旧计算的因素是（　　）。

A. 固定资产的原始价值　　　　　　B. 固定资产预计净残值
C. 固定资产的性能　　　　　　　　D. 固定资产预计使用年限

（8）下列固定资产不能计提折旧的是（　　）。

A. 已单独估价入账的土地　　　　　B. 大修理期间的固定资产
C. 季节性停产的固定资产　　　　　D. 融资租入的固定资产

（9）下列各项应计入固定资产成本的是（　　）

A. 购买固定资产支付的进口关税
B. 购买固定资产支付的车辆购置税
C. 购买固定资产支付的符合进项税额抵扣条件的增值税
D. 购买固定资产支付的不符合进项税额抵扣条件的增值税

（10）某施工企业 2018 年 12 月 31 日"固定资产"账户余额为 1 000 万元，"累计折旧"账户余额为 300 万元，"固定资产减值准备"账户余额为 50 万元。该企业 2018 年 12 月 31 日资产负债表"固定资产"的项目金额为（　　）。

A. 650 万元　　　　B. 700 万元　　　　C. 950 万元　　　　D. 1 000 万元

2. 多项选择题

（1）下列资产属于施工企业中固定资产的核算范围的有（　　）。

A. 为施工生产而持有的起重机械　　B. 为经营性出租而持有的经纬仪
C. 为经营管理而持有的文字处理机　D. 为建设单位建造的水塔

（2）外购固定资产取得成本主要包括（　　）。

A. 购买价款　　　　　　　　　　　B. 运输费
C. 安装费　　　　　　　　　　　　D. 符合进项税额抵扣条件的增值税

（3）不计提折旧的固定资产包括（　　）。

A. 未使用、不需用的固定资产　　　B. 未提足折旧提前报废的固定资产
C. 经营租赁方式租入的固定资产　　D. 已经提足折旧继续使用的固定资产

（4）固定资产计提折旧时考虑的因素主要有（　　）。

A. 固定资产原值　　　　　　　　　B. 固定资产预计净残值
C. 固定资产的使用年限　　　　　　D. 固定资产减值准备

(5) 固定资产计提折旧的方法有（　　）。
A. 平均年限法　　　B. 工作量法　　　C. 双倍余额递减法　　D. 年数总和法
(6) 施工企业按月计提固定资产折旧后，根据用途记入有关的成本或损益账户的有（　　）。
A. 工程施工　　　B. 管理费用　　　C. 机械作业　　　D. 其他业务成本
(7) 固定资产的处置包括（　　）。
A. 固定资产的出售　　　　　　　　B. 固定资产的报废
C. 固定资产的毁损　　　　　　　　D. 固定资产的对外投资

3. 判断题

(1) 经营性租出的固定资产不提折旧。　　　　　　　　　　　　　　　　　　（　　）
(2) 当月增加的固定资产当月计提折旧，当月减少的固定资产当月不提折旧。（　　）
(3) 固定资产的处置是指固定资产的出售、报废、毁损、盘亏等固定资产的减少。
　　　　　　　　　　　　　　　　　　　　　　　　　　　　　　　　　　　（　　）
(4) 盘亏、盘盈的固定资产通过"固定资产清理"账户核算。　　　　　　　　（　　）
(5) 以前年度确认的"固定资产减值损失"在以后会计年度可以转回。　　　（　　）
(6) 施工企业出售固定资产时应按出售价款缴纳相应的营业税。　　　　　　（　　）
(7) 承租方应把融资租赁来的固定资产当作企业自有资产进行管理。　　　　（　　）
(8) "累计折旧"是资产类账户，贷方表示折旧的增加，借方表示折旧的转出。（　　）
(9) 企业取得的土地使用权，不作为固定资产管理，而是作为企业的无形资产管理。
　　　　　　　　　　　　　　　　　　　　　　　　　　　　　　　　　　　（　　）
(10) 施工企业外购固定资产的成本中包括购买固定资产时发生的增值税。　（　　）
(11) "工程物资"不是企业的存货，而是企业的非流动资产。　　　　　　　（　　）
(12) 双倍余额递减法和年数总和法是企业加速折旧的方法。　　　　　　　（　　）

4. 计算及账务处理题

(1) 光明建设集团为增值税一般纳税人一套生产设备账面原值 90 000 元，折旧年限 5 年，预计净残值率 4%。请分别按双倍余额递减法和年数总和法计算各年的折旧额。

(2) 光明建设集团 2019 年 9 月发生下列与固定资产有关的经济业务，编制会计分录。

① 2019 年 9 月 2 日，购入不需要安装的设备一台，买价 200 000 元，支付包装费、运杂费 1 000 元，增值税 26 090 元，均以银行存款付讫，已交付使用。

② 2019 年 9 月 10 日，将一台挖掘机出售，原值为 250 000 元，已提折旧 100 000 元，售价 23 400 元，增值税 23 400 元，款项已存入银行。

③ 2019 年 9 月 14 日，批准报废一台 5 吨卷扬机，原值为 20 000 元，已提折旧 15 000 元，以现金支付清理费用 1 000 元，增值税 60 元，残值收入 3 000 元，增值税 510 元存入银行。

④ 2019 年 9 月 19 日，机械施工部门对施工机械进行日常维护，领用配件 5 000 元。

⑤ 2019 年 9 月 25 日，月末检查时发现闲置未用的测绘仪器一台，账面原价为 60 000 元，累计折旧为 20 000 元，由于其市价持续下跌，预计可收回金额为 25 000 元，企业按规定计提固定资产减值准备 15 000 元。

⑥ 2019 年 9 月 25 日，月末计提固定资产折旧 65 000 元，其中管理部门计提 5 000 元，

机械作业部门计提 40 000 元，材料采购及仓储部门计提 20 000 元。

（3）光明建设集团 2019 年以自营方式建造职工餐厅一处，发生如下经济业务，编制会计分录。

① 1 月 15 日，以银行存款购进专用物资一批，买价、运杂费共计 500 000 元，增值税 57 500 元，材料已验收入库。

② 1 月 20 日，该工程领用专用物资 480 000 元。

③ 3 月 10 日，该工程领用原材料 100 000 元。

④ 1 月～10 月，每月月末计算该工程施工生产人员薪酬，共计 520 000 元。

⑤ 1 月～10 月，该工程共计使用施工机械 490 台班，每台班的作业成本为 210 元。

⑥ 11 月 10 日，该工程竣工投入使用。

⑦ 11 月 15 日，将剩余专用物资验收入材料库。

能力评价体系

知识要点	能力要求	所占分值(100 分)	自评分数
固定资产	熟悉固定资产定义	10	
折旧	熟悉折旧的定义及其计提范围	10	
后续支出	熟悉固定资产后续支出的核算	10	
清查和期末计量	熟悉固定资产的清查及期末计量	10	
取得的核算	掌握固定资产取得的核算	20	
折旧方法及核算	掌握固定资产折旧方法及核算	20	
处置	掌握固定资产处置的核算	20	
总　　分		100	

第6章 无形资产

教学目标

掌握无形资产的核算；熟悉无形资产的概念和计量。

教学要求

能力要求	知识要点	相关知识
熟悉无形资产的基本概念	无形资产的内容	无形资产的定义、特征、内容、分类、计量
掌握无形资产的核算	无形资产的取得和摊销	购入、自行开发、投资者投入、摊销、处置

 推荐阅读资料

1. 马靖昊，2017. 会计之道——会计的逻辑与情怀 [M]. 上海：立信会计出版社.
2. 财政部会计司编写组，2018. 企业会计准则讲解 2018 [M]. 北京：人民出版社.

【学习重点】

无形资产的内容、无形资产的确认、无形资产的计量、无形资产的核算

【最新标准】

《企业会计准则》（财政部令第 33 号）

引例

明朗建筑公司为增值税一般纳税人，因企业发展需要，决定出资 100 万元购买一项新的施工技术，以提高企业的施工质量，增强市场竞争力。

施工技术属于施工企业的无形资产，企业所拥有的无形资产既可以从企业外部获得，也可以自主研发。对于无形资产的会计核算要解决以下几个问题：首先，需要确认取得无形资产的入账价值；其次，要记录无形资产的价值转移方式——"累计摊销"；再次，期末要测试无形资产是否发生减值；最后，记录无形资产的处置情况。

【企业会计准则第 6 号
——无形资产】

第6章 无形资产

本章主要介绍无形资产的核算,这部分资产是企业非流动资产的重要构成内容。

6.1 无形资产概述

6.1.1 无形资产的概念

1. 无形资产的定义及特征

无形资产是指企业拥有或者控制的没有实物形态的可辨认非货币性资产,商誉排除在无形资产之外。

无形资产一般具有以下特征。

(1) 不存在实物形态。无形资产只是一种受法律承认和保护的法定权利或获得超额利润的能力,没有物质实体。

(2) 收益性。无形资产是一种长期资产,能在较长时期内为企业带来较大的经济利益。

(3) 收益的不确定性。无形资产要依托于一定的实体发挥作用,所能带来的预期收益受诸多外在因素的影响,有些无形资产只是在某个特定的企业内存在并发挥效能,有些无形资产随着市场竞争、新技术的出现,或被替代或丧失其优越性。

(4) 持有的目的是为了使用、受益,而不是为了转卖。

(5) 有偿取得。无形资产作为一种能带来预期收益的资产,除接受捐赠,无非是通过外购和自创方式取得的,而外购和自创都必须花费成本,因此,都是有偿取得的。

特别提示

无形资产是从实物形态上与有形资产相对立的一类资产,同时还具有某些相同特征。拥有这些资产的企业,在市场竞争中处于特殊的有利地位,使企业得到额外的经济利益。

2. 无形资产的内容

无形资产一般包括专利权、非专利技术、商标权、著作权、土地使用权、特许经营权等。

(1) 专利权。专利权是指国家专利主管机关依法授予发明创造专利申请人对其发明创造在法定期限内所享有的专有权利,包括发明专利权、实用新型专利权和外观设计专利权。专利权可以由发明人申请获得,也可以向拥有专利权的人购买获得。

(2) 非专利技术。非专利技术是指企业在生产经营中已经采用的、未经公开的、在国内外享有法律保护的各种实用、先进、新颖的生产技术、经验和技巧。非专利技术是保密的、不公开的。它既包括技术领域,也包括经营领域。

（3）商标权。商标权是指经国家工商行政管理部门商标局批准注册，申请人专门在自己生产的产品或经销的商品上使用特定的名称、图案、标记的权利。商标一经注册登记，就获得了法律上的保证，他人未经商标所有人许可不得在同种商品或类似商品上再使用同样的商标，否则就属于侵权，应承担法律责任和经济责任。我国商标法规定，商标权的有效期为 10 年，期满前可以申请续展注册，经批准后可以继续享有商标的专用权。商标权内容包括两个方面：即独占使用权和禁止使用权。所谓独占使用权是指商标注册人享有在商标注册范围内独家使用其商标的权利。所谓禁止使用权是指商标注册人享有禁止他人对注册商标独占使用权进行侵犯的权利，这种权利是商标权具有排他性的法律表现。根据商标法规定，商标使用权在受让人保证使用该注册商标产品质量前提下，可以进行转让。

（4）著作权。著作权又称版权，是指国家版权部门依法授予著作者或文艺作品创作者以及出版商在一定年限内发表、制作、出版和发行其作品的专有权利。享有著作权的作品主要包括文学作品、工艺美术作品、影视作品、音乐舞蹈作品等。著作权包括两方面的权利，即精神权利（人身权利）和经济权利（财产权利）。前者指作品署名、发表作品、确认作者身份、保护作品的完整性、修改已经发表的作品等项权利，包括发表权、署名权、修改权和保护作品完整权；后者指以出版、表演、广播、展览、录制唱片、摄制影片等方式使用作品以及因授权他人使用作品而获得经济利益的权利，包括使用权和获得报酬权。

（5）土地使用权。土地使用权是指国家准许某一企业或单位在一定期间内对国有土地享有开发、利用、经营的权利。《中华人民共和国土地管理法》明确规定，我国实行土地的社会主义公有制，即全民所有制和劳动群众集体所有制。城市的土地都属于国家所有，农村和城市郊区的土地，除由法律规定属于国家所有以外，属于集体所有。任何单位和个人不得侵占、买卖或者以其他形式非法转让土地。国有土地可以依法确定给全民所有制单位或集体所有制单位使用，国有土地和集体所有的土地可以依法确定给个人使用。国有土地和集体所有的土地的使用权可以依法转让。

在我国任何企业、单位或个人，只能拥有土地的使用权，没有所有权。

（6）特许经营权。特许经营权又称特许权、专营权，是指企业通过支付费用，被准许在一定区域内，以一定的形式生产经营某种特定商品或劳务的专利权。它可以由政府机构授予，也可以由其他企业、单位或个人授予。前一种类型通常由政府机构授权，准许企业在一定区域内享有经营某种业务的特权，如公交运输、邮电通信、电力、煤气、自来水等专营权，烟草专卖权等；后一种类型通常是由其他企业、单位或个人授权，准许企业有限期或无限期地使用其商标权、专利权、非专利技术、商号等，以生产和销售某种产品或劳务的特有权利，如连锁分店使用总店的名称等。

3. 无形资产的分类

企业的无形资产可以按照不同的标准进行分类。其分类方法主要有以下几种。

（1）按有无期限可以将无形资产分为有限期无形资产和无限期无形资产。有限期无形资产是指法律明确规定了有效期限的无形资产，如专利权、商标权、著作权、土地使用权等。这种无形资产,在法律的有效期限内受法律保护,因此,它们的取得成本必须在其有效期限内摊销。无限期无形资产是指法律没有明确规定有效期限的无形资产,如非专利技术。这种无形资产企业可以无限期地使用,直到其经济价值自行消失为止。

(2) 按取得来源不同可以将无形资产分为外来无形资产和自创无形资产。外来无形资产是指政府给予企业的某种特权、企业从外单位购入的无形资产、企业接受其他单位投资转入的无形资产、企业接受捐赠的无形资产、企业通过债务重组取得的无形资产以及通过非货币性交易换入的无形资产等。自创无形资产是指企业自行开发、研制的无形资产,如企业自行开发、研制并按法律程序申请取得的专利权、商标权等。

6.1.2 无形资产的计量

施工企业取得的无形资产应当按照成本进行初始计量。对于不同来源的无形资产,其成本构成也不尽相同。

(1) 外购无形资产的成本包括购买价款、相关税费以及直接归属于使该项无形资产达到预定用途所发生的其他支出。其中,直接归属于使该项无形资产达到预定用途所发生的其他支出,是指使无形资产达到预定用途所发生的专业服务费用、测试无形资产是否正常发挥作用的费用等。

(2) 自行开发的无形资产,其成本包括自满足无形资产确认条件后至达到预定用途前所发生的支出总额,但是对于之前已经费用化的支出不再调整。

(3) 投资者投入无形资产的成本,应当按照投资合同或协议约定的价值确定,但合同或协议约定价值不公允的除外。

6.2 无形资产的核算

为了反映无形资产的取得和摊销情况,企业应设置"无形资产""累计摊销""研发支出"等账户对无形资产进行核算,并按无形资产的类别设置明细账户,进行明细核算。"无形资产"账户属资产类账户,核算企业持有的无形资产成本,借方登记取得无形资产的成本,贷方登记处置无形资产转出的无形资产账面余额,期末有借方余额,表示企业无形资产的成本。"累计摊销"账户是"无形资产"的备抵调整账户,核算企业对使用寿命有限的无形资产计提的累计摊销,贷方登记企业计提的无形资产摊销,借方登记处置无形资产转出的累计摊销,期末有贷方余额,表示企业无形资产的累计摊销额。"研发支出"账户属成本类账户,核算企业研究与开发无形资产过程中发生的各项支出,借方登记研发过程中的各项资本化支出和费用化支出,贷方登记期末转出的费用化支出和形成无形资产后转出的资本化支出,期末有借方余额,表示尚未达到预定用途的无形资产成本。该账户下应设置"费用化支出"与"资本化支出"两个明细账户进行核算。

6.2.1 无形资产的取得

1. 购入无形资产

企业购入无形资产，应按实际支付的价款及购入时发生的各种手续费等费用，借记"无形资产"账户，贷记"银行存款"账户。如在购进过程中，能够取得增值税专用发票，则可以抵扣进项税。

应用案例 6-1

明朗建筑公司为增值税一般纳税人，2019 年 7 月 2 日购入一项非专利技术，以银行存款支付转让价款，取得增值税专用发票，注明价款 75 000 元，税金 4 500 元，该项非专利技术预计受益年限为 5 年。做如下分录。

借：无形资产——非专利技术　　　　　　　　　　　　　75 000
　　应交税金——应交增值税（进项税额）　　　　　　　　4 500
　　贷：银行存款　　　　　　　　　　　　　　　　　　　　79 500

2. 自行开发无形资产

我国《企业会计准则》将企业自制并依法申请取得的无形资产的支出，区分为研究阶段支出与开发阶段支出。企业应当根据研究与开发的实际情况加以判断。

研究阶段是探索性的，为进一步开发活动进行资料及相关方面的准备，已进行的研究活动将来是否会转入开发、开发后是否会形成无形资产等均具有较大的不确定性。因此，企业内部研究开发项目研究阶段的支出，相当于发生时计入当期损益，比如，旨在获取知识而进行的活动，研究成果或其他知识的应用研究、评价和最终选择，材料、设备、产品、工序、系统或服务替代品的研究，新的或经改进的材料、设备、产品、工序、系统或服务的可能替代品的配制、设计、评价和最终选择等，均属于研究活动。

相对于研究阶段而言，开发阶段应当是已完成研究阶段的工作，在很大程度上具备了形成一项新产品或新技术的基本条件。比如生产前或使用前的原型和模型的设计、建造和测试，不具有商业性生产经营规模的试生产设施的设计、建造和运营等，均属于开发活动。

企业自行开发无形资产产生的研发支出，不满足资本化条件的借记"研发支出——费用化支出"账户，贷记"原材料""银行存款"等账户。期末将费用化支出转入当期损益，即借记"管理费用"账户，贷记"研发支出——费用化支出"账户。如果研究开发项目有望达到预定用途形成无形资产的，借记"研发支出——资本化支出"账户，贷记"原材料""银行存款"等账户。形成无形资产后再从"研发支出——资本化支出"账户转入"无形资产"账户，即借记"无形资产"账户，贷记"研发支出——资本化支出"账户。企业自行开发并依法申请取得的无形资产所发生的注册费、聘请律师费等费用计入无形资产的价值。

第6章 无形资产

应用案例 6-2

明朗建筑公司2018年自行研究、开发一项施工技术，截至2018年12月31日，共发生研发支出1 500 000元，经测试该项研发活动完成了研究阶段，从2019年1月1日开始进入开发阶段。2019年发生研发支出共计500 000元，并符合《企业会计准则第6号——无形资产》规定的开发支出资本化的条件。2019年6月30日，该项研发活动结束，最终形成一项非专利技术。

(1) 2018年发生研发支出时，做如下会计分录。

借：研发支出——费用化支出　　　　　　　　　　　　　1 500 000
　　贷：银行存款等　　　　　　　　　　　　　　　　　　　　　1 500 000

(2) 2018年12月31日，结转研发支出时，做如下会计分录。

借：管理费用　　　　　　　　　　　　　　　　　　　　1 500 000
　　贷：研发支出——费用化支出　　　　　　　　　　　　　　　1 500 000

(3) 2019年，发生研发支出时，做如下会计分录。

借：研发支出——资本化支出　　　　　　　　　　　　　　500 000
　　贷：银行存款等　　　　　　　　　　　　　　　　　　　　　　500 000

(4) 2019年6月30日，结转无形资产成本时，做如下会计分录。

借：无形资产　　　　　　　　　　　　　　　　　　　　　500 000
　　贷：研发支出——资本化支出　　　　　　　　　　　　　　　　500 000

根据《企业会计准则第6号——无形资产》的规定，开发阶段的支出，同时满足下列条件的，才能确认为无形资产。

(1) 完成该无形资产以使其能够使用或出售在技术上具有可行性。判断无形资产的开发在技术上是否具有可行性，应当以目前阶段的成果为基础，并提供相关证据和材料，证明企业进行开发所需的技术条件等已经具备，不存在技术上的障碍或其他不确定性。比如，企业已经完成了全部计划、设计和测试活动，这些活动是使资产能够达到设计规划书中的功能、特征和技术所必需的活动，或经过专家鉴定等。

(2) 具有完成该无形资产并使用或出售的意图。企业能够说明其开发无形资产的目的。

(3) 无形资产产生经济利益的方式。无形资产是否能够为企业带来经济利益，应当对运用该无形资产生产产品的市场情况进行可靠预计，以证明所生产的产品存在市场并能够带来经济利益，或能够证明市场上存在对该无形资产的需求。

(4) 有足够的技术、财务资源和其他资源支持，以完成该无形资产的开发，并有能力使用或出售该无形资产。企业能够证明可以取得无形资产开发所需的技术、财务和其他资源，以及获得这些资源的相关计划。企业自有资金不足以提供支持的，应能够证明存在外部其他方面的资金支持，如银行等金融机构声明愿意为该无形资产的开发提供所需资金等。

(5) 归属于该无形资产开发阶段的支出能够可靠地计量。

企业对研究开发的支出应当单独核算。同时从事多项研究开发活动的，所发生的支出应当按照合理的标准在各项研究开发活动之间进行分配；无法合理分配的，应当计入当期损益。

3. 投资者投入无形资产

企业接受投资者投入无形资产，应按投资合同或协议约定的价值（合同或协议约定的价值不公允的除外），借记"无形资产"科目，贷记"实收资本"科目。如果接受投资时，能够取得增值税专用发票，也可以抵扣进项税。

应用案例 6-3

明朗建筑工程公司 2019 年 7 月 12 日收到乙公司以土地使用权进行的投资，经协商确认其价值为 500 000 元，取得增值税专用发票，注明增值税为 45 000 元。做如下会计分录。

借：无形资产——土地使用权　　　　　　　　　　　　　　　　500 000
　　应交税费——应交增值税（进项税额）　　　　　　　　　　　45 000
　　贷：实收资本　　　　　　　　　　　　　　　　　　　　　　　　545 000

6.2.2　无形资产的摊销

企业应当于取得无形资产时，分析判断其使用寿命。使用寿命有限的无形资产应进行摊销，其残值应视为零，并应当自可供使用（即达到预定用途）当月起开始摊销，处置当月不再摊销。使用寿命不确定的无形资产不应摊销。

无形资产摊销方法包括直线法、生产总量法等。无法可靠确定预期实现方式的，应当采用直线法。无形资产摊销额应当计入当期损益，企业自用的无形资产，其摊销额应借记"管理费用"账户，贷记"累计摊销"账户；出租的无形资产摊销额应借记"其他业务成本"账户，贷记"累计摊销"账户，直接用于施工生产的无形资产摊销额应借记"合同履约成本"账户，贷记"累计摊销"账户。

应用案例 6-4

承应用案例 6-1，明朗建筑工程公司购入的这项非专利技术采用直线法计提摊销。每月计提摊销时，做如下会计分录。

$$月摊销额 = 75\,000\,元 \div 5 \div 12 = 1\,250\,元$$

借：管理费用　　　　　　　　　　　　　　　　　　　　　　　　1 250
　　贷：累计摊销　　　　　　　　　　　　　　　　　　　　　　　　1 250

6.2.3　无形资产的处置

无形资产的处置方式主要有两种：出租和出售。

1. 无形资产出租

无形资产出租就是让渡无形资产使用权。企业让渡无形资产使用权形成的租金收入和发生的相关费用，分别确认为其他业务收入和其他业务成本。

应用案例 6-5

明朗建筑公司 2019 年 7 月 16 日将某种新型建筑材料的专利使用权转让给光明建材厂，转让合同规定，受让方应于每月末按销售该建筑材料的数量支付专利使用费。2019 年 7 月，公司按合同规定派出技术人员为光明建材厂解决技术问题，共发生各种费用 2 500 元，以银行存款支付。月末，公司收到光明建材厂支付的专利使用费 9 000 元，增值税税额 540 元，已存入银行。

（1）2019 年 7 月，支付有关费用时，做会计分录如下。

借：其他业务成本　　　　　　　　　　　　　　　　2 500
　　贷：银行存款　　　　　　　　　　　　　　　　　　　　2 500

（2）2019 年 7 月末，收到专利使用费时，做会计分录如下。

借：银行存款　　　　　　　　　　　　　　　　　　9 540
　　贷：其他业务收入　　　　　　　　　　　　　　　　　　9 000
　　　　应交税费——应交增值税（销项税额）　　　　　　　540

2. 无形资产出售

无形资产出售就是让渡无形资产所有权。企业出售无形资产时，应按照实际取得的转让收入，借记"银行存款"等账户，按该无形资产已计提的累计摊销和减值准备，借记"累计摊销"和"无形资产减值准备"账户，按无形资产的账面余额，贷记"无形资产"账户，按其差额贷记"营业外收入"账户或借记"营业外支出"账户。

应用案例 6-6

明朗建筑公司 2019 年 7 月 17 日转让专利权一项，取得转让收入 50 000 元，该项无形资产成本为 100 000 元，已计提摊销 51 000 元，已计提减值准备 1 000 元，增值税税率为 6%。做会计分录如下。

借：银行存款　　　　　　　　　　　　　　　　　　50 000
　　累计摊销　　　　　　　　　　　　　　　　　　51 000
　　无形资产减值准备　　　　　　　　　　　　　　 1 000
　　营业外支出　　　　　　　　　　　　　　　　　 1 000
　　贷：无形资产　　　　　　　　　　　　　　　　　　　100 000
　　　　应交税费——应交增值税（销项税额）　　　　　　3 000

无形资产预期不能为施工企业带来经济利益时，应当将该无形资产的账面价值予以转销。

6.2.4 无形资产的减值

无形资产在资产负债表日存在可能发生减值的迹象时，即可收回金额低于账面价值的，企业应当将该无形资产的账面价值减记至可收回金额，减记的金额确认为减值损失，计入当期损益，同时计提相应的资产减值准备。企业应按减记的金额借记"资产减值损失——计提的无形资产减值准备"账户，贷记"无形资产减值准备"账户。无形资产减值损失一经确认，在以后会计期间不得转回。

应用案例 6-7

2019年年末，明朗建筑公司在对外购的专利权进行检查时发现，专利权的账面价值是70万元，剩余摊销年限5年。根据当时的市场行情，出售该专利权在扣除律师费和相关税费后，可以获得60万元。如果继续使用该专利权则预计5年内可以获得的未来现金流量的现值为50万元（假定使用年限结束时处置收益为零）。

根据已知条件判定该专利权的可收回金额为60万元（60万元大于50万元），则应计提的减值准备为10万元（70万元－60万元）。做如下会计分录。

借：资产减值损失——计提的无形资产减值准备　　　　　100 000
　　贷：无形资产减值准备　　　　　　　　　　　　　　　　　100 000

本章小结

本章主要介绍了无形资产的相关概念和无形资产的取得、摊销、期末计量和处置的会计核算。

无形资产是没有具体形态，但供企业长期使用并为企业带来经济利益的经济资源，包括专利权、非专利技术、商标权、土地使用权等。无形资产的主要特征表现为无实物形态和收益的不确定性。

无形资产取得时，应当按照成本进行初始计量，即按照取得无形资产并使之达到预定用途而发生的全部支出确定。其中自行研究、开发无形资产的成本确定问题比较复杂。研究是指为获取并理解新的科学技术知识而进行的独创性的有计划调查；开发是指在进行商业性生产或使用前，将研究成果或其他知识应用于某项计划或设计，以生产出新的或具有实质性改进的材料、装置、产品等。

无形资产的后续计量主要涉及无形资产的摊销和无形资产期末价值的确定。无形资产摊销与固定资产折旧相类似，使用寿命有限的无形资产应计提摊销，残值为零，按月计提；使用寿命无限的固定资产不计提摊销期末若无形资产可收回金额低于账面价值，与固定资产和存货一样，也要计提减值准备。

无形资产的处置主要介绍了无形资产出租和无形资产出售的账务处理方法。

第6章 无形资产

习 题

1. 单项选择题

(1) 无形资产是指施工企业拥有或控制的没有实物形态的可辨认的(　　)。
A. 资产　　　　　　B. 非流动性资产　　C. 货币性资产　　D. 非货币性资产

(2) 施工企业出租无形资产，其租金收入在(　　)科目中计量。
A. 主营业务收入　　　　　　　　　　B. 其他业务收入
C. 营业外收入　　　　　　　　　　　D. 投资收益

(3) 关于施工企业内部研究开发项目的支出，下列说法中错误的是(　　)。
A. 施工企业内部研究开发项目的支出，应当区分研究阶段支出与开发阶段支出
B. 施工企业内部研究开发项目研究阶段的支出，应当于发生时计入当期损益
C. 施工企业内部研究开发项目开发阶段的支出，应确认为无形资产
D. 施工企业内部研究开发项目开发阶段的支出，可能确认为无形资产，也可能确认为费用

(4) 由投资者投资转入的无形资产，应按合同或协议约定的价值，借记"无形资产"账户，按其在注册资本所占的份额，贷记"实收资本"账户，按其差额记入(　　)账户。
A. 资本公积——资本溢价　　　　　B. 营业外收入
C. 资本公积——其他资本公积　　　D. 营业外支出

(5) 施工企业摊销无形资产时，借记"管理费用"等账户，贷记(　　)账户。
A. 投资收益　　B. 累积摊销　　C. 营业外收入　　D. 无形资产

(6) 下列支出中，不应确认为无形资产的是(　　)。
A. 支付的土地使用权出让金
B. 由于技术先进掌握了生产诀窍而获得的商誉
C. 自行开发并依法取得专利权发生的注册费和律师费
D. 吸收投资所取得的专利权

(7) 某施工企业自创一项专利，并经过有关部门审核注册获得其专利权。该项专利权的研究开发费为15万元，其中开发阶段符合资本化条件的支出8万元；发生的注册登记费2万元，律师费1万元。该项专利权的入账价值为(　　)。
A. 15万元　　　B. 21万元　　　C. 11万元　　　D. 18万元

(8) 施工企业出售无形资产发生的净损失，应计入(　　)。
A. 营业外支出　　B. 其他业务成本　　C. 主营业务成本　　D. 管理费用

(9) 出租无形资产的摊销，应计入(　　)。
A. 其他业务成本　　B. 长期待摊费用　　C. 销售费用　　D. 管理费用

(10) 下列各项费用或支出中，应当计入无形资产入账价值的是(　　)。
A. 接受捐赠无形资产时支付的相关税费
B. 在无形资产研究阶段发生的研制费用
C. 在无形资产开发阶段发生的研制费用
D. 商标注册后发生的广告费

(11) 自创并经法律程序申请取得的无形资产,在研究阶段发生的人员工资应计入( )。
A. 管理费用　　　B. 无形资产　　　C. 其他业务支出　　　D. 销售费用

(12) 施工企业在研发阶段发生的无形资产支出应先计入( )科目。
A. 无形资产　　　B. 管理费用　　　C. 研发支出　　　D. 累计摊销

(13) 某项专门用于生产过程中的无形资产,其摊销金额应该计入( )。
A. 管理费用　　　B. 营业费用　　　C. 制造费用　　　D. 其他业务成本

2. 多项选择题

(1) 无形资产具有的特征是( )。
A. 无实体性　　　B. 可辨认性　　　C. 非货币性
D. 长期性　　　E. 经营性

(2) 施工企业自创商标权过程中发生的相关支出应全部计入当期损益,其中应计入销售费用的有( )。
A. 宣传广告费　　　B. 产品保修费　　　C. 注册登记费　　　D. 法律咨询费

(3) 无形资产出售时,应贷记的科目有( )。
A. 营业外支出　　　B. 应交税费　　　C. 无形资产　　　D. 营业外收入

(4) 无形资产转销时,应借记的科目有( )。
A. 累计摊销　　　　　　　　　B. 无形资产减值准备
C. 无形资产　　　　　　　　　D. 营业外支出

(5) 无形资产的摊销,其摊销额应区分情况分别记入( )账户。
A. 管理费用　　　　　　　　　B. 其他业务成本
C. 营业外支出　　　　　　　　D. 工程施工

(6) 在下列各项中,施工企业应确认为无形资产的有( )。
A. 购入的专利权
B. 因转让土地使用权补交的土地出让金
C. 自行开发并按法律程序申请取得的无形资产
D. 无偿划拨取得的土地使用权

(7) 施工企业发生下列无形资产项目支出,应于发生时计入当期损益的有( )。
A. 培训活动支出
B. 广告和营销活动支出
C. 符合无形资产准则规定的确认条件、构成无形资产成本的部分
D. 施工企业合并中取得的不能单独确认为无形资产、构成购买日确认的商誉的部分

(8) 关于无形资产处置,下列说法中正确的是( )。
A. 施工企业出售无形资产,应当将取得的价款与该无形资产账面原值的差额计入当期损益
B. 施工企业出售无形资产,应当将取得的价款与该无形资产账面净值的差额计入当期损益
C. 无形资产预期不能为施工企业带来经济利益的,应当将该无形资产的账面价值予以转销

D. 无形资产预期不能为施工企业带来经济利益的，也应按原预定方法和使用寿命摊销

（9）关于无形资产的摊销，下列说法中正确的有（　　）。

A. 使用寿命有限的无形资产，其应摊销额应当在使用寿命期内系统合理摊销

B. 施工企业摊销无形资产，应当自无形资产可供使用时起，至不再作为无形资产确认时为止

C. 使用寿命无限的无形资产不应摊销

D. 使用寿命有限的无形资产一定无残值

（10）施工企业内部研究开发项目开发阶段支出，同时满足（　　）条件的，才能为无形资产。

A. 归属于该无形资产开发阶段的支出能够可靠计量

B. 有足够的技术、财务资源和其他资源支持，以完成该无形资产开发，并有能力使用或出售该无形资产

C. 具有完成该无形资产并使用或出售的意图

D. 完成该无形资产以使其能够使用或出售在技术上具有可行性

（11）下列关于无形资产的会计处理中，不正确的有（　　）。

A. 转让无形资产使用权所取得的收入应计入其他业务收入

B. 使用寿命确定无形资产摊销只能采用直线法

C. 转让无形资产所有权所发生的支出应计入营业外支出

D. 使用寿命不确定的无形资产不应摊销

E. 使用寿命不确定的无形资产，既不应摊销也不应考虑减值

（12）下列各项中，会引起无形资产账面价值发生增减变动的有（　　）。

A. 对无形资产计提减值准备　　　　　B. 发生无形资产后续支出

C. 摊销无形资产　　　　　　　　　　D. 转让无形资产所有权

（13）关于无形资产的确认，应同时满足的条件有（　　）。

A. 符合无形资产定义

B. 与该资产有关的经济利益很可能流入施工企业

C. 该无形资产的成本能够可靠地计量

D. 必须是施工企业外购的

（14）关于无形资产的初始计量，下列说法中正确的有（　　）。

A. 外购的无形资产，其成本包括购买价款、相关税费以及直接归属于使该资产达到预定用途所发生的其他支出

B. 购入无形资产超过正常信用条件延期支付价款，实质上具有融资性质的，应按所购无形资产购买价总额入账

C. 投资者投入无形资产的成本，应当按投资合同或协议约定的价值确定，合同或协议约定价值不公允的除外

D. 施工企业取得的土地使用权，应作为无形资产核算，一般情况下，当土地使用权用于自行开发建造厂房等地上建筑物时，相关的土地使用权账面价值不转入在建工程成本

(15) 下列说法中正确的有(   )。
A. 投资者投入的无形资产,按投资各方确认的价值作为实际成本
B. 自行开发并按法律程序申请取得的无形资产,将依法取得时发生的注册费、聘请律师费等费用,直接计入当期费用
C. 为首次发行股票而接受投资者投入的无形资产,应按该无形资产在投资方的账面价值作为实际成本
D. 为首次发行股票而接受投资者投入的无形资产,应按该无形资产评估价值作为实际成本

3. 判断题

(1) 无形资产的可辨认性特征是区别于商誉的显著标志,其非货币性特征是区别于债权的显著标志。(   )

(2) 专利权和商标权均有法定有效期限,且到期时均不得继续申请延长注册期。
(   )

(3) 著作权又称版权,是指著作权人对其著作依法享有的出版、发行方面的专有权利,不包括修改权、保护作品完整权等。(   )

(4) 会计准则规定,施工企业拥有的专利权、商标权、非专利技术、著作权、土地使用权和特许权都应确认为无形资产核算。(   )

(5) 会计准则规定,施工企业自创商誉以及内部产生的品牌、报刊名等,不应确认为无形资产。(   )

(6) 施工企业自创商标权过程中发生的注册登记费应当计入管理费用。(   )

(7) 施工企业合并取得的无形资产,其公允价值能够可靠计量的,应当单独确认为无形资产并按公允价值计量,公允价值不能可靠取得的,应不予以确认。(   )

(8) 投资者投入、接受捐赠、非货币性资产交换以及债务重组取得的无形资产,其账务处理与固定资产相同。(   )

(9) 无论无形资产使用寿命是否有限,均应进行摊销。(   )

(10) 施工企业出售无形资产,应当将取得的价款与该无形资产账面价值的差额计入当期营业外收入。(   )

(11) 无形资产销售与转销所发生的损益属于营业外损益,而无形资产出租所发生的损益则属于营业损益。(   )

(12) 无形资产出租所发生的技术指导费、人员培训费、手续费、律师费、差旅费和印花税等初始直接费用以及因无形资产出租而发生的增值税等,应当记入"其他业务成本"账户。(   )

(13) 无形资产减值损失确认后,减值无形资产的摊销应当在未来期间做相应调整,以使该无形资产在剩余使用寿命内,系统地分摊调整后的无形资产账面价值。(   )

(14) 用于出租或增值的土地使用权属于投资性房地产,不属于无形资产。(   )

(15) 无形资产的后续支出,应区分不同情况在发生当期确认为资本化或计入当期损益。(   )

4. 计算及账务处理题

(1) 明朗建筑工程公司为增值税一般纳税人2019年7月20日从外单位购入一项专利权,

取得增值税专用发票价款为 5 000 000 元，税金 300 000 元。估计寿命为 10 年，该专利用于施工生产，且该无形资产的残值为零，购买价款通过银行支付。编制购入和摊销该无形资产的会计分录。

（2）明朗建筑工程公司所拥有的某项商标权的成本为 5 000 000 元，已摊销金额为 3 000 000 元，已计提的减值准备为 500 000 元。公司于 2019 年 7 月 24 日出售该商标权的所有权，取得出售收入 2 000 000 元，应交纳的增值税 120 000 元。编制相关的会计分录。

（3）明朗建筑工程公司于 2019 年 7 月 25 日将某项专利使用权转让给甲公司，转让合同规定，受让方应于每月末按销售额的一定比例支付专利使用费。本月，该公司收到甲公司支付的专利使用费 8 000 元，已存入银行。该项目免交增值税，试编制相关的会计分录。

（4）2019 年 12 月 31 日明朗建筑工程公司所拥有的一项专利技术，账面价值为 40 000 元，累计已提摊销 8 000 元，经测试该技术的可回收金额为 30 000 元。试编制相关的会计分录。

（5）明朗建筑工程公司正在研究和开发一项新工艺，2019 年 1~10 月发生的各项研究、调查、试验等费用 1 000 000 元，2019 年 10~12 月发生材料人工等各项支出 600 000 元，在 2019 年 9 月末，该公司已经可以证实该项新工艺必然开发成功，并满足无形资产确认标准。2020 年 1~6 月又发生材料费用、直接参与开发人员的工资、场地设备等租金和注册费等支出 2 400 000 元。2020 年 6 月末该项新工艺完成，达到了预定可使用状态。

要求：编制相关的会计分录。

（6）明朗建筑工程公司 2019 年 1 月 1 日从 A 施工企业购入一项专利的所有权，取得增值税专用发票，以银行存款支付买价 10 000 000 元，增值税 60 000 元，该专利自可供使用时起至不再作为无形资产确认时止的年限为 10 年，假定施工企业于年末一次计提全年无形资产摊销，2020 年 1 月 1 日，明朗建筑工程公司将上项专利权出售给 C 施工企业，开出增值税专用发票注明价款 900 000 元，增值税 54 000 元，款项存入银行。

要求：
① 编制该施工企业购入专利的会计分录。
② 计算该项专利权的年摊销额并编制有关会计分录。
③ 编制与该项专利权转让有关的会计分录。

能力评价体系

知识要点	能力要求	所占分值（100 分）	自评分数
无形资产的内容	熟悉无形资产的概念、特征、内容、分类、计量	20	
无形资产的取得和摊销	掌握无形资产的取得、摊销和处置的核算	80	
总　　分		100	

第7章 负 债

教学目标

熟悉负债的分类、流动负债和非流动负债的内容；掌握短期借款、应付票据、应付账款、其他应付款、应付职工薪酬、应交税费、长期借款、应付债券等项目增减的核算；了解长期应付款的核算。

教学要求

能力要求	知识要点	相关知识
掌握常用的流动负债的核算	流动负债	短期借款，应付账款，应付票据，预收账款，其他应付款，应付职工薪酬，应交税费
掌握常用的非流动负债的核算	非流动负债	长期借款，应付债券，长期应付款

 推荐阅读资料

1. 财政部会计资格评价中心，2017. 初级会计实务 [M]. 北京：中国财政经济出版社.
2. 田中正知，2015. 丰田生产的会计思维 [M]. 赵城立，王志，译. 北京：机械工业出版社.
3. 《国家税务总局关于企业工资薪金及职工福利费扣除问题的通知》国税函[2009]3号.
4. 《中华全国总工会办公厅关于印发〈基层工会经费收支管理办法〉的通知》总工发[2009]47号.
5. 《关于印发〈关于企业职工教育经费提取与使用管理的意见〉的通知》财建[2006]317号.

【学习重点】

掌握短期借款核算、应付及预收款项的核算内容

【最新标准】

《企业会计准则》（财政部令第33号）

第7章 负债

> **引例**
>
> 兴发建筑安装工程公司为增值税一般纳税人，2019年4月15日，因生产经营的需要从银行借入期限为3个月的借款100万元，利率5%，每月支付利息，到期偿还本金。
>
> 这是一种典型的短期借款行为，构成企业的一项流动负债。企业作为债务人的义务是到期偿还本金和利息。企业对短期借款的核算主要包括：取得、支付或预提利息、偿还本金等几种情况。类似短期借款这样的流动负债还有很多，比如应付账款、应付票据、预收账款、应付职工薪酬、应交税费等。除流动负债以外企业还会有一定数量的非流动负债，比如长期借款、应付债券和长期应付款等。
>
> 本章主要介绍负债的核算。负债是企业资产的重要来源之一。
>
> 负债是指过去的交易、事项形成的现时义务，履行该项义务预期会导致经济利益流出企业。它包含以下几层含义：负债是一项可以用货币计量的经济责任或经济义务，需要企业以货币资金、实物、无形资产或提供劳务偿付的债务；清偿债务会导致企业未来经济利益的流出；负债是企业过去的交易、事项的一种后果。
>
> 负债按偿还期限的长短分为流动负债和非流动负债。

7.1 流动负债

流动负债是指预计在一个正常营业周期中清偿，或者主要为交易目的而持有，或者自资产负债表日起一年内（含一年）到期应予以清偿，或者企业无权自主地将清偿推迟至资产负债表日后一年以上的负债。流动负债主要包括短期借款、应付票据、应付账款、预收账款、其他应付款、应付职工薪酬、应交税费、应付利息、应付股利、预提费用等。

7.1.1 短期借款

短期借款是指企业因经营周转需要向银行或其他金融机构借入的期限在一年（含一年）以内的各种借款。企业由于季节性生产或资金临时性周转困难而出现资金暂时短缺时可向银行或其他金融机构申请贷款，以保证生产经营的正常运转。

施工企业为了核算短期借款的取得、偿还，应设置"短期借款"账户，该账户属负债类账户，贷方登记借入的短期借款本金，借方登记归还的短期借款本金，期末贷方余额，表示尚未归还的短期借款本金。该账户应按债权人设置明细账，并按借款种类进行明细核算。

企业借入短期借款时，借记"银行存款"账户，贷记"短期借款"账户；归还借款时，借记"短期借款"账户，贷记"银行存款"账户。

短期借款一般按单利计息，即只对本金计算利息，其所生利息不再加入本金计算利息。短期借款的利息计入"财务费用"账户，具体处理方法如下。

（1）如果短期借款的利息按期支付（如按季），或到期还本付息，且利息数额较大，可以采用预提法，即按月预提利息计入财务费用。预提时，借记"财务费用"账户，贷记"应付利息"账户，按期或到期支付利息时，按已提取的利息金额，借记"应付利息"账户，按尚未提取的利息，借记"财务费用"账户，按两者之和，贷记"银行存款"账户。

（2）如果短期借款的利息按月支付，或到期还本付息，且利息数额不大，可以在实际支付利息时，直接计入当期损益。支付利息时，借记"财务费用"账户，贷记"银行存款"账户。

应用案例 7-1

2019年1月1日，兴发建筑安装工程公司向银行借入期限为9个月，年利率为6.6%，到期一次还本付息的借款100 000元，利息按月预提。

（1）2019年1月1日取得借款时，做如下会计分录。

借：银行存款　　　　　　　　　　　　　　　　　　　　　100 000
　　贷：短期借款　　　　　　　　　　　　　　　　　　　　100 000

（2）2019年1～8月，每月月底预提利息时，做如下会计分录。

借款月利息＝100 000元×6.6%÷12＝550元

借：财务费用　　　　　　　　　　　　　　　　　　　　　　550
　　贷：应付利息　　　　　　　　　　　　　　　　　　　　550

（3）2019年9月30日，到期还本付息时，做如下会计分录。

借：短期借款　　　　　　　　　　　　　　　　　　　　　100 000
　　应付利息　　　　　　　　　　　　　　　　　　　　　4 400
　　财务费用　　　　　　　　　　　　　　　　　　　　　　550
　　贷：银行存款　　　　　　　　　　　　　　　　　　　　104 950

应用案例 7-2

承应用案例7-1，如果不采用按月预提利息的方法，而是每月支付利息，到期偿还本金，则企业应做如下会计处理。

（1）2019年1月1日取得借款时，做如下会计分录。

借：银行存款　　　　　　　　　　　　　　　　　　　　　100 000
　　贷：短期借款　　　　　　　　　　　　　　　　　　　　100 000

（2）2019年1月至8月，每月月底支付利息时，做如下会计分录。

借：财务费用　　　　　　　　　　　　　　　　　　　　　　550
　　贷：银行存款　　　　　　　　　　　　　　　　　　　　550

（3）2019年9月30日，支付第9个月的利息和偿还本金时，做如下会计分录。

借：短期借款　　　　　　　　　　　　　　　　　　　　　100 000
　　财务费用　　　　　　　　　　　　　　　　　　　　　　550
　　贷：银行存款　　　　　　　　　　　　　　　　　　　　100 550

7.1.2 应付账款

应付账款是指施工企业因购买材料物资、接受劳务供应等经营活动应支付的款项，以及因分包工程应付给分包单位的工程价款。

应付账款入账时间应以所购物资的所有权转移或接受劳务已发生为标志。应付账款一般按到期应付金额入账。如果购入资产时带有商业折扣，应付账款应按扣除商业折扣后的金额入账；如果购入资产时带有现金折扣，应付账款的入账价值的确定方法有两种：总价法和净价法。总价法是指应付账款按发票账单记载的全部金额入账。企业如能按期付款，享有现金折扣，可冲减"财务费用"。净价法是指应付账款按发票账单记载的全部金额扣除折扣后的净值入账。如果企业在折扣期内未支付货款而丧失了折扣，丧失的折扣记入"财务费用"账户。我国企业会计准则采用的是总价法。

应付分包单位的工程价款，应在办理完已完工程价款结算时，根据分包单位编制的"工程价款结算单"所列金额入账。

企业应设置"应付账款"账户对应付账款的发生和归还进行核算。该账户为负债类账户，贷方登记企业应付给供应单位和分包单位的款项，借方登记实际支付的应付账款，期末贷方余额表示尚未支付的各项应付账款。本账户设置"应付购货款"和"应付工程款"两个二级账户，并按供应单位和分包单位设置明细账进行明细核算。根据现行会计准则，由于债权人原因，确定无法支付的应付账款，应记入"营业外收入"账户。

应用案例 7-3

2019 年 6 月 25 日，兴发建筑安装工程公司向包钢购入钢材一批，价款 100 000 元，增值税 13 000 元，材料已验收入库，发票账单已到，款项尚未支付。8 月 6 日，公司通过银行转账支付货款。

(1) 2019 年 6 月 25 日，材料验收入库，根据发票账单，做如下会计分录。

借：原材料　　　　　　　　　　　　　　　　　　　　　　　100 000
　　应交税费——应交增值税（进项税额）　　　　　　　　　　13 000
　　　贷：应付账款——包钢　　　　　　　　　　　　　　　　　　　113 000

(2) 2019 年 8 月 6 日，支付货款时，做如下会计分录。

借：应付账款——包钢　　　　　　　　　　　　　　　　　　113 000
　　　贷：银行存款　　　　　　　　　　　　　　　　　　　　　　　113 000

应用案例 7-4

2019 年 6 月 27 日，兴发建筑安装工程公司从新华水泥厂购入水泥一批，价款和运杂费合计 117 000 元，增值税 13 455 元，水泥已验收入库，款项尚未支付，新华水泥厂开出付款条件为 (2/10, n/30) 的现金折扣。

(1) 6 月 27 日，水泥验收入库，根据发票账单，做如下会计分录。

借：原材料　　　　　　　　　　　　　　　　　　　　　　117 000
　　应交税费——应交增值税（进项税额）　　　　　　　　13 455
　　贷：应付账款——新华水泥厂　　　　　　　　　　　　　　　130 455

（2）若公司在第 10 天付款时，做如下会计分录。

现金折扣＝130 455 元×2%＝2 609 元

借：应付账款——新华水泥厂　　　　　　　　　　　　　130 455
　　贷：财务费用　　　　　　　　　　　　　　　　　　　　　　2 609
　　　　银行存款　　　　　　　　　　　　　　　　　　　　　127 846

（3）若公司在第 30 天付款时，做如下会计分录。

借：应付账款——新华水泥厂　　　　　　　　　　　　　130 455
　　贷：银行存款　　　　　　　　　　　　　　　　　　　　　130 455

7.1.3　应付票据

应付票据是指施工企业因购买材料物资、接受劳务供应等而开出、承兑的商业汇票以及因分包工程给分包单位开出、承兑的商业汇票。

特别提示

我国目前的应付票据仅指应付的商业汇票，即在商品购销活动中，由于采用商业汇票结算方式而发生的，由收款人（或付款人）签发，经承兑人承兑的票据。应付票据属于一种期票，是延期付款的证明，有承诺付款的票据作为凭据，它是应付账款的票据化，信用程度较应付账款更高一些。

应付票据无论是否带息均按面值作为入账价值记账，发生的手续费和利息记入"财务费用"账户。

为了正确反映应付票据的发生、偿付及结存情况，施工企业应设置"应付票据"账户对商业汇票进行核算。该账户属于负债类账户，贷方登记开出、承兑汇票的面值及带息票据的预提利息，借方登记支付票据的金额，期末贷方余额表示尚未到期付款的应付票据金额。

企业因购买材料、商品和接受劳务供应等而开出、承兑的商业汇票，应当按其票面金额作为应付票据的入账金额，借记"原材料""周转材料"等账户，贷记"应付票据"账户。企业支付的银行承兑汇票手续费应当计入当期财务费用，借记"财务费用"账户，贷记"银行存款"账户。应付票据到期支付票据款时，借记"应付票据"账户，贷记"银行存款"账户。应付票据到期无法支付票据款时，若为商业承兑汇票，借记"应付票据"账户，贷记"应付账款"账户；若为银行承兑汇票，借记"应付票据"账户，贷记"短期借款"账户。商业汇票到期，不能及时支付时，应从"应付票据"转为"应付账款"。

应用案例 7-5

2019 年 6 月 1 日，兴发建筑安装工程公司向包钢购入钢材一批，价款 100 000 元，增值税 13 000 元，企业开出不带息商业承兑汇票一张，面值为 117 000 元，期限 3 个月。票据到期时，兴发建筑安装工程公司以银行存款支付全部票款。

（1）6月1日，购入钢材，签发商业汇票时，做如下会计分录。

　　借：原材料　　　　　　　　　　　　　　　　　　　　100 000
　　　　应交税费——应交增值税（进项税额）　　　　　　　13 000
　　　　贷：应付票据　　　　　　　　　　　　　　　　　　　　113 000

（2）9月1日，票据到期，支付全部票款时，做如下会计分录。

　　借：应付票据　　　　　　　　　　　　　　　　　　　113 000
　　　　贷：银行存款　　　　　　　　　　　　　　　　　　　　113 000

7.1.4　预收账款

预收账款是指施工企业按照工程合同规定，预收发包单位的工程款、备料款以及向购货单位、接受劳务单位预收的款项，包括预收工程款、备料款和销货款。

施工企业应设置"预收账款"账户，核算预收账款的取得和偿付等情况。该账户属负债类账户，贷方登记预收的工程款、备料款和销货款，借方登记与发包单位结算已完工程价款或与供货单位结算销货款时，扣还的预收款项。期末贷方余额表示企业预收的尚未扣还的各种预收款项。本账户下设"预收工程款"和"预收销货款"两个二级账户，并按发包单位和购货单位设置明细账户进行明细核算。

企业按规定预收工程款和备料款以及收到发包单位拨入抵作备料款的材料时，借记"银行存款""原材料"等账户，贷记"预收账款"账户；企业与发包单位结算已完工程价款，从应收工程款中扣还预收的工程款和备料款时，借记"预收账款"账户，贷记"应收账款"账户；企业按合同规定预收销货款时，借记"银行存款"账户，贷记"预收账款"账户；结算销货款时，借记"预收账款"账户，贷记"应收账款"账户。

由于建筑安装工程建设周期长、造价高，施工企业往往难以垫支施工期间所需的流动资金。因此，施工企业在签订承包工程合同时，可与发包单位商定预收一定数额的工程款和备料款，在结算工程价款时予以扣除。

在一般情况下，采用按月结算工程价款的企业，可在月中预收上半月的工程款。采用分段结算工程价款或竣工后一次结算工程价款的企业，可按月预收当月工程款。施工企业在预收工程款时，应根据实际工程进度，填制"工程价款预收账单"，分送发包单位和经办银行办理预收款手续。"工程价款预收账单"的格式见表 7-1。

表 7-1　工程价款预收账单

发包单位名称：　　　　　　　　　　　2019 年 7 月　　　　　　　　　　　单位：元

单位工程项目名称	合同造价	上半月完成数	预收上半月工程款	预收当月工程款	应扣预收款项	实收款项	备注
				（按月预收时填列）			

施工企业：　　　　　　　　　　　　　　　　　　　　　　　　　财务负责人：

工程主要建筑材料由施工单位采购储备的，可在签订工程承包合同时，与发包单位商定预收一定数额的备料款。预收备料款的额度，建筑工程一般不超过当年建筑工程（包括水、电、暖气费）总值的30％；安装工程一般不得超过安装工程总值的10％，材料占比重较多的安装工程按年计划产值的15％左右拨付。预收备料款的额度，也可以按下列公式计算。

$$\text{预收备料款额度} = \text{材料费占工程造价的比例} \times \frac{\text{材料储备天数}}{360\text{天}}$$

$$\text{预收备料款} = \text{年度承包工程总值} \times \text{预收备料款额度}$$

预收备料款应当在未完工程所需的主要材料、结构件相当于预收备料款时开始归还，计算公式如下。

$$\text{开始归还预收备料款时的工程价值} = \text{年度承包工程总值} - \frac{\text{预收备料款}}{\text{材料费比例}}$$

$$\text{第一次应归还预收备料款} = \left(\text{累计已完工程价值} - \text{开始归还预收备料款时的工程价值}\right) \times \text{材料费比例}$$

$$\text{以后各次应归还预收备料款} = \text{每次结算的已完工程价值} \times \text{材料费比例}$$

承包工程如果要跨年度施工，预收备料款可以不还或少还，并于次年按应收预收备料款调整，多还少补。

在实际工作中，也可以将预收备料款的额度定为全年承包工程总值的25％，在累计已收工程价款占当年承包工程总值50％的月份起，按当月超过当年承包工程总值50％的已完工程价值的50％抵作预收备料款归还。这样，到工程完工，即可归还相当于当年承包工程总值25％的全部预收备料款。

特别提示

随着生产资料市场的开放，当施工企业可以从当地市场随时采购所需建筑材料时，也就没有必要再向发包单位预收备料款了。

应用案例 7-6

兴发建筑安装工程公司为增值税一般纳税人，增值税税率9％，2019年承包一项工程。工程总造价3 000万元，其中材料费1 860万元，主要材料及结构件的平均储备天数为200天，施工期限2年，2019年完成了50％。该工程2019年度的工程进度见表7-2。

表7-2　2019年度工程进度表

单位：万元

月　份	1	2	3	4	5	6	7	8	9	10	11	12
完成工程价值	50	80	100	150	150	150	150	150	150	150	120	100
累计已完工程价值	50	130	230	380	530	680	830	980	1 130	1 280	1 400	1 500

$$预收备料款额度 = \frac{1\,860\,万元}{3\,000\,万元} \times \frac{200\,天}{360\,天} \times 100\% = 34\%$$

$$预收备料款 = 1500\,万元 \times 34\% = 510\,万元$$

2019年1月1日，兴发建筑安装工程公司预收备料款时，做如下会计分录。

借：银行存款　　　　　　　　　　　　　　　　　　　　　　　　5 100 000
　　贷：预收账款——预收备料款　　　　　　　　　　　　　　　　5 100 000

$$开始归还预收备料款时的工程价值 = 1\,500\,万元 - \frac{510\,万元}{62\%} = 677\,万元$$

即累计已完工程价值≤677万元时，不需要归还预收备料款，2019年6月累计已完工程价款首次超过677万元，也就是说从2019年6月开始归还预收备料款。

$$第一次归还预收备料款 = (680\,万元 - 677\,万元) \times 62\% = 1.86\,万元$$

2019年6月30日，兴发建筑安装工程公司与建设单位结算工程款时，做如下会计分录。

借：应收账款　　　　　　　　　　　　　　　　　　　　　　　　1 454 373
　　预收账款——预收备料款　　　　　　　　　　　　　　　　　　18 600
　　贷：合同结算——价款结算　　　　　　　　　　　　　　　　　1 351 351
　　　　应交税费——应交增值税（销项税额）　　　　　　　　　　121 622

2019年7月31日，兴发建筑安装工程公司与建设单位结算工程款时，做如下会计分录。

$$7月应归还的预收备料款 = 150\,万元 \times 62\% = 93\,万元$$

借：应收账款　　　　　　　　　　　　　　　　　　　　　　　　542 973
　　预收账款——预收备料款　　　　　　　　　　　　　　　　　　930 000
　　贷：合同结算——价款结算　　　　　　　　　　　　　　　　　1 351 351
　　　　应交税费——应交增值税（销项税额）　　　　　　　　　　121 622

【案例点评】

2019年8月至2019年12月，每月均需按照当月完成工程价值的62%偿还预收备料款，直到还完为止，会计处理与2019年7月份相同。

7.1.5　其他应付款

其他应付款是指企业除应付票据、应付账款、预收账款、应付职工薪酬、应付利润、应付股利、应交税费等以外的其他各种应付、暂收单位或个人的款项，包括应付租入固定资产和包装物租金、存入保证金、应付的各种赔款、罚款、职工逾期未领工资等。

【合同结算账户、合同负债账户】

为了核算和监督其他应付款的增减变动情况，企业应设置"其他应付款"账户。该账户属于负债类账户，贷方登记发生的各种应付、暂收款项，借方登记偿还或转销的各种应付、暂收款项，期末贷方余额表示企业尚未支付的其他应付款项。本账户按应付及暂收款项的类别和债权人设置明细账户进行明细核算。

企业发生其他各种应付、暂收款项时，借记"管理费用"等账户，贷记"其他应付款"账户；支付或退回其他各种应付、暂收款项时，借记"其他应付款"账户，贷记"银行存款"等账户。

应用案例 7-7

2019 年 6 月，兴发建筑安装工程公司因管理不善，将自来水流到施工现场外边，因此收到城管部门开出的罚款单一张，上面标明罚款 3 000 元，企业按照规定日期缴纳罚款。

（1）收到罚款账单时，做如下会计分录。

借：营业外支出　　　　　　　　　　　　　　　　　　　　　　　　　3 000
　　贷：其他应付款　　　　　　　　　　　　　　　　　　　　　　　　3 000

（2）缴纳罚款时，做如下会计分录。

借：其他应付款　　　　　　　　　　　　　　　　　　　　　　　　　　3 000
　　贷：银行存款　　　　　　　　　　　　　　　　　　　　　　　　　3 000

7.1.6　应付职工薪酬

【企业会计准则第9号——职工薪酬】

【职工教育经费税前扣除标准大变】

【防暑降温费的记入科目】

职工薪酬是指企业为了获得职工提供的服务而给予职工的各种形式的报酬以及其他相关的支出，包括职工在职期间和离职后提供给职工的全部货币性薪酬和非货币性福利。既包括提供给职工本人的薪酬，也包括提供给职工配偶、子女或其他被赡养人的福利等。职工薪酬的具体内容如下所述。

（1）职工工资、奖金、津贴和补贴。

（2）职工福利费。

（3）医疗保险费、养老保险费、失业保险费、工伤保险费和生育保险费等社会保险费。

（4）住房公积金。

（5）工会经费和职工教育经费。

（6）非货币性福利。

（7）辞退福利，指因解除与职工的劳动关系给予的补偿。

（8）股份支付，指企业为获取职工和他方提供服务而授予权益工具或承担以权益工具为基础确定的负债的交易。

为了反映企业根据有关规定应付给职工的各种薪酬，企业应设置"应付职工薪酬"账户。该账户属于负债类账户，贷方登记已分配计入有关成本费用项目的职工薪酬的数额，借方登记实际发放职工薪酬的数额，该账户期末有贷方余额，表示企业应付未付的职工薪酬。该账户应按职工薪酬的具体内容"工资""职工福利""社会保险费""住房公积金""工会经费""职工教育经费""非货币性福利""辞退福利""股份支付"等设置二级明细账户进行明细核算。

1. 确认应付职工薪酬

施工企业在每个月的月末将企业发放的职工薪酬按照用途进行确认，计入有关的成本费用。通常，职工薪酬的分配先由各部门根据工资结算凭证等编制工资费用分配表，财务会计部门再根据各部门的工资费用分配表进行汇总，编制"工资费用分配汇总表"，见表 7-3，据以进行职工薪酬确认的核算。

表 7-3 工资费用分配汇总表

单位：元

应借科目	项目部	机械作业部门	行政管理部门	合　计
合同履约成本	300 000			300 000
机械作业		80 000		80 000
管理费用			100 000	100 000
合　计	300 000	80 000	100 000	480 000

企业应付职工的薪酬，不论当月是否支付，都应在月终按人员类别和薪酬的用途，借记相关成本费用，贷记"应付职工薪酬——工资"账户。具体分以下情况进行处理：项目部施工人员的职工薪酬，计入"工程施工"账户；项目部管理人员的职工薪酬，计入"工程施工——间接费用"账户；行政管理部门人员的职工薪酬，计入"管理费用"账户；采购供应部门人员的职工薪酬，计入"采购保管费"账户；机械作业部门人员的职工薪酬，计入"机械作业"账户，辅助生产部门人员的职工薪酬计入"生产成本"账户。

 应用案例 7-8

2019 年 10 月 25 日，兴发建筑安装工程公司工资费用分配汇总表，见表 7-3。
根据工资费用分配汇总表，做如下会计分录。

借：合同履约成本　　　　　　　　　　　　　　　　　　　　　300 000
　　机械作业　　　　　　　　　　　　　　　　　　　　　　　　80 000
　　管理费用　　　　　　　　　　　　　　　　　　　　　　　 100 000
　　贷：应付职工薪酬——工资　　　　　　　　　　　　　　　　480 000

企业在计量除"职工工资、奖金、津贴和补贴"以外的其他应付职工薪酬时，应当注意国家是否有相关的明确计提标准。有明确计提标准的应当按照国家规定的标准计提，包括企业应向社会保险经办机构（或企业年金基金账户管理人）缴纳的医疗保险费、养老保险费、失业保险费、工伤保险费、生育保险费等社会保险费，企业应向住房公积金管理中心缴存的住房公积金，企业应向工会部门缴纳的工会经费等。没有明确计提标准的，如职工福利费等，则应当根据历史经验数据和实际情况，合理预计当期应付职工薪酬；当期实际发生金额小于预计金额的，应当冲回多提的应付职工薪酬。

福利费是职工薪酬的重要组成部分，是企业对职工提供的福利。按来源，福利费可分为从成本中列支和从税后利润中提取两类。从成本中列支的福利费，按属于施工生产工人、现场管理和技术人员、行政管理人员的福利，分别借记"工程施工""工程施工——间接费用""管理费用"等账户，贷记"应付职工薪酬——职工福利"账户。从税后利润中提取的福利，将在"利润分配"部分讲到。

应用案例 7-9

2019年10月，兴发建筑安装工程公司根据在岗职工数量及岗位分布情况、相关历史经验数据等计算需要补贴职工食堂的金额，确定企业本月因职工食堂而需要承担的福利费金额。本月在岗职工共计100人，其中管理部门20人，机械作业人员10人，项目部施工及管理人员70人，并按每个职工每月120元计算。

2019年10月末，计提职工福利费时，做如下会计分录。

本月应当提取的福利费＝100人×120元/人＝12 000元

其中：管理部门福利费2 400元，机械作业部门福利费1 200元，项目部福利费8 400元。

借：管理费用　　　　　　　　　　　　　　　　　　　　　2 400
　　机械作业　　　　　　　　　　　　　　　　　　　　　1 200
　　合同履约成本　　　　　　　　　　　　　　　　　　　8 400
　　贷：应付职工薪酬——职工福利　　　　　　　　　　　12 000

企业计提工会经费和职工教育经费时，借记"管理费用"账户，贷记"应付职工薪酬——工会经费（或职工教育经费）"账户；支付工会经费和职工教育经费时，借记"应付职工薪酬——工会经费（或职工教育经费）"账户，贷记"银行存款"等账户。

应用案例 7-10

2019年10月31日，兴发建筑安装工程公司计提工会经费和职工教育经费，该公司2019年10月份工资总额为480 000元，按照2%提取工会经费，按照2.5%提取职工教育经费。

2019年10月31日，计提工会经费和职工教育经费时，做如下会计分录。

应提取工会经费＝480 000元×2%＝9 600元

应提取职工教育经费＝480 000元×2.5%＝12 000元

借：管理费用——工会经费　　　　　　　　　　　　　　9 600
　　　　　　——职工教育经费　　　　　　　　　　　　12 000
　　贷：应付职工薪酬——工会经费　　　　　　　　　　9 600
　　　　　　　　　　——职工教育经费　　　　　　　　12 000

特别提示

工会经费是按照国家规定由企业负担的用于工会活动方面的经费。职工教育经费是按照国家规定由企业负担的用于职工教育方面的经费。根据现行制度规定，工会经费和职工教育经费可按工资总额的2%和2.5%的比例提取。社会保险费是按国家规定由企业和职工共同负担的费用，包括医疗保险费、养老保险费、失业保险费、工伤保险费和生育保险费5项。住房公积金是按照国家规定由企业和职工共同负担用于解决职工住房问题的费用。

企业按照规定提取的应由企业负担的社会保险费和住房公积金,应根据职工工资的一定比例计算,并分别按受益职工情况,根据其用途进行分配,分别借记"工程施工""机械作业""管理费用"等账户,贷记"应付职工薪酬——社会保险费(或住房公积金)"账户。

缴纳社会保险费和住房公积金时,借记"应付职工薪酬——社会保险费(或住房公积金)""其他应付款"等账户,贷记"银行存款"账户。

 应用案例 7-11

承应用案例 7-8,2019 年 10 月 31 日,兴发建筑安装工程公司根据企业所在地区的有关规定,在职职工按照职工工资总额的 13% 计提养老保险,其中职工本人负担 5%,由公司代扣代缴,公司负担 8%;按照职工工资总额的 13% 计提职工住房公积金,公司和个人各负担 6.5%。

2019 年 10 月 31 日,兴发建筑安装工程公司计提应由公司负担的养老保险费和住房公积金时,做如下会计分录。

施工生产工人应提取养老保险费:300 000 元 × 8% = 24 000 元

机械作业人员提取养老保险费:80 000 元 × 8% = 6 400 元

行政管理人员提取养老保险费:100 000 元 × 8% = 8 000 元

应提取养老保险费合计:38 400 元

施工生产工人应提取住房公积金:300 000 元 × 6.5% = 19 500 元

机械作业人员提取住房公积金:80 000 元 × 6.5% = 5 200 元

行政管理人员提取住房公积金:100 000 元 × 6.5% = 6 500 元

应提取住房公积金合计:31 200 元

借:合同履约成本 63 000
　　机械作业 16 800
　　管理费用 21 000
　　贷:应付职工薪酬——养老保险费 38 400
　　　　　　　　　　——住房公积金 6 2400

2019 年 10 月 31 日,代扣应由职工个人负担的养老保险费时,做如下分录。

职工个人应负担的养老保险费 = 480 000 元 × 5% = 24 000 元

职工个人应负担的住房公积金 = 31 200 元

借:应付职工薪酬——工资 55 200
　　贷:其他应付款——养老保险费 24 000
　　　　　　　　　——住房公积金 31 200

2. 发放职工薪酬

施工企业在每个月的月末应当按照职工的考勤记录、工时记录、产量记录、薪酬等级标准、代扣各项款项等,编制"工资结算单",计算应付给职工的薪酬。为了总括反映整个企业职工薪酬的结算情况，便于进行总分类核算，企业财务会计部门应将"工资结算单"进行汇总，编制"工资结算汇总表"，见表7-4。

表7-4 工资结算汇总表

单位：元

项目	应付职工薪酬		代扣款项			实发金额
	（略）	合计	养老保险费	个人所得税	合计	
施工生产工人		300 000	15 000	8 900	23 900	276 100
机械作业		80 000	4 000	1 200	5 200	74 800
行政管理人员		100 000	5 000	4 600	9 600	90 400
合计		480 000	24 000	14 700	38 700	441 300

企业按照"工资结算汇总表"发放工资时，借记"应付职工薪酬——工资"账户，贷记"银行存款""库存现金"等账户；从应付工资中结转代扣款项时，借记"应付职工薪酬——工资"账户，贷记"应交税费""其他应付款""其他应收款"等账户。

应用案例7-12

承应用案例7-11，2019年11月5日，兴发建筑安装工程公司的工资结算汇总表见表7-4。

(1) 通过银行转账方式，发放职工工资时，做如下会计分录。

借：应付职工薪酬——工资　　　　　　　　　　　　　441 300
　　贷：银行存款　　　　　　　　　　　　　　　　　　441 300

(2) 结转代扣款时，做如下会计分录。

借：应付职工薪酬——工资　　　　　　　　　　　　　 38 700
　　贷：应交税费——应交个人所得税　　　　　　　　　 14 700
　　　　其他应付款——养老保险费　　　　　　　　　　 24 000

(3) 缴纳养老保险费和个人所得税时，做如下会计分录。

借：其他应付款——养老保险费　　　　　　　　　　　 24 000
　　应付职工薪酬——养老保险费　　　　　　　　　　 38 400
　　应交税费——应缴个人所得税　　　　　　　　　　 14 700
　　贷：银行存款　　　　　　　　　　　　　　　　　　 77 100

(4) 缴纳住房公积金时，做如下会计分录。

借：应付职工薪酬——住房公积金　　　　　　　　　　 31 200
　　其他应付款　　　　　　　　　　　　　　　　　　 31 200
　　贷：银行存款　　　　　　　　　　　　　　　　　　 62 400

按支付方式，福利费可分为货币性福利和非货币性福利。非货币性福利可以是实物福利、服务性福利、优惠性福利及有偿休假性福利等。企业以自产产品发放给职工作为职工薪酬的，借记"管理费用""合同履约成本""合同履约成本——间接费用"等账户，贷记"应付职工薪酬——非货币性福利"账户；租赁住房或以自有住房无偿提供给职工使用，应当根据受益职工对象，将支付租赁住房的租金和自有住房的折旧费用分别借记"管理费用""工程施工""工程施工——间接费用"等账户，贷记"应付职工薪酬——非货币性福利"账户。

应用案例 7-13

2019 年 10 月 15 日，兴发建筑安装工程公司以银行存款支付职工培训费用 30 000 元，做如下会计分录。

借：应付职工薪酬——职工教育经费　　　　　　　　　　　　　　30 000
　　贷：银行存款　　　　　　　　　　　　　　　　　　　　　　　　　30 000

应用案例 7-14

2019 年 10 月 30 日，兴发建筑安装工程公司与两名职工提前解除劳动关系，按照规定支付给这两名员工的辞退福利共计 100 000 元，款项已通过银行转账结算，做如下会计分录。

借：管理费用　　　　　　　　　　　　　　　　　　　　　　　　100 000
　　贷：应付职工薪酬——辞退福利　　　　　　　　　　　　　　　　100 000
借：应付职工薪酬——辞退福利　　　　　　　　　　　　　　　　100 000
　　贷：银行存款　　　　　　　　　　　　　　　　　　　　　　　　100 000

应用案例 7-15

2019 年 10 月 30 日，兴发建筑安装工程公司将自有住房提供给管理人员，该房产本月应计提折旧 20 000 元。

2019 年 10 月 30 日，兴发建筑安装工程公司计提固定资产折旧时，做如下会计分录。

借：管理费用　　　　　　　　　　　　　　　　　　　　　　　　 20 000
　　贷：应付职工薪酬——非货币性福利　　　　　　　　　　　　　　 20 000
借：应付职工薪酬——非货币性福利　　　　　　　　　　　　　　 20 000
　　贷：累计折旧　　　　　　　　　　　　　　　　　　　　　　　　 20 000

7.1.7　应交税费

【营改增宣传片】

应交税费是指企业在生产经营过程中产生的应向国家交纳的各种税费，包括增值税、消费税、所得税、资源税、土地增值税、城市维护建设税、房产税、土地使用税、车船使用税、教育费附加、矿产资源补偿费等。

为了反映企业按照税法等规定计算应缴纳的各种税费，包括企业代扣代缴的个人所得税等，企业应设置"应交税费"账户，并按应交的税费项目进行明细核算。该账户属于负债类账户，贷方登记应缴纳的各种税费等，借方登记实际缴纳的税费，期末贷方余额，反映企业尚未缴纳的税费；期末若为借方余额，反映企业有多交或尚未抵扣的税费。

1. 应交增值税

增值税是以商品（含应税劳务）在流转过程中产生的增值额作为计税依据而征收的一种流转税。从计税原理上说，增值税是对商品生产、流通、劳务服务中多个环节的新增价值或商品的附加值征收的一种流转税。实行价外税，也就是由消费者负担，有增值才征税没增值不征税。但在实际当中，商品新增价值或附加值在生产和流通过程中是很难准确计算的。因此，中国也采用国际上普遍采用的税款抵扣的办法。即根据销售商品或劳务的销售额，按规定的税率计算出销售税额，然后扣除取得该商品或劳务时所支付的增值税款，也就是进项税额，其差额就是增值部分应交的税额，这种计算方法体现了按增值因素计税的原则。

2016年5月1日建筑业纳入"营改增"试点范围，增值税税率9%，本书以建筑企业为增值税一般纳税人采用一般计税方法对增值税进行处理。

当期应交增值税＝当期销项税额－当期可抵扣进项税额

$$当期销项税额 = \frac{收取的全部价款 + 价外费用}{1+9\%} \times 9\%$$

施工企业与建设单位计算工程款时，根据增值税专用发票，借记"应收账款"账户，贷记"工程结算"账户，贷记"应交税费——应交增值税（销项税额）"账户。

应用案例 7-16

2019年10月25日，兴发建筑安装工程公司与建设单位结算本月工程价款1 000 000元，并开具增值税专用发票。

$$销项税额 = \frac{1\,000\,000 元}{1+9\%} \times 9\% = 82\,569 元$$

借：应收账款　　　　　　　　　　　　　　　　　　　　1 000 000
　　贷：工程结算　　　　　　　　　　　　　　　　　　　　917 431
　　　　应交税费——应交增值税（销项税额）　　　　　　　82 569

2. 应交城市维护建设税和教育费附加

城市维护建设税是以企业实际缴纳的增值税、消费税为计税依据而征收的一种税。城市维护建设税按市区、县城和其他地区分别设置税率为7%、5%和1%。教育费附加是为了发展教育事业而向企业征收的附加税费，企业按应缴流转税的3%计算缴纳。应纳税额的计算公式为

应纳税额＝（应交增值税＋应交消费税）×税率

企业计算应缴纳的城市维护建设税和教育费附加时，借记"税金及附加"账户，贷记"应交税费"账户；实际缴纳时，借记"应交税费"账户，贷记"银行存款"账户。

应用案例 7-17

2019年10月，兴发建筑安装工程公司实际应缴纳增值税30 000元，应缴纳消费税1 400元按照税法规定，该公司城市维护建设税税率为7%，教育费附加费率为3%。

（1）计算应缴城市维护建设税和教育费附加时，做如下会计分录。

城市维护建设税＝（30 000元＋1 400元）×7‰＝2 198元

教育费附加＝（30 000元＋1 400元）×3‰＝942元

借：税金及附加   3 140
  贷：应交税费——应交城市维护建设税   2 198
      应交教育费附加   942

（2）缴纳增值税、城市维护建设税和教育费附加时，做如下会计分录。

借：应交税费——应交增值税   30 000
     ——应交消费税   1 400
     ——应交城市维护建设税   2 198
     ——应交教育费附加   942
  贷：银行存款   34 540

7.2 非流动负债

非流动负债是指流动负债以外的负债，主要包括长期借款、应付债券、长期应付款等。

7.2.1 长期借款

长期借款主要是指企业按规定向银行及其他金融机构借入的偿还期限在一年以上的各种借款，也包括向其他单位和个人借入的款项。

【企业会计准则第17号——借款费用】

施工企业的长期借款主要用于生产经营、购建固定资产和大修理等。

施工企业应设置"长期借款"账户，核算长期借款的借入和归还等情况。该账户属于负债类账户，贷方登记企业借入的长期借款本金和应计的借款利息；借方登记归还的长期借款本金和利息；期末贷方余额反映企业尚未归还的长期借款本金和利息。本账户按借款单位设置明细账，按借款种类进行明细核算。

1. 取得长期借款

企业借入各种长期借款时，应按借款本金，借记"银行存款"账户，贷记"长期借款"账户。

应用案例 7-18

2019年10月30日，兴发建筑安装工程公司从银行借入资金4 000 000元，借款期限为3年，年利率8.4%，单利计息，到期一次还本付息。所借款项已存入银行。公司用该借款于当日购买不需要安装的机械一台，价款3 400 000元，增值税578 000元，设备已于当日投入使用。

(1) 取得借款时，做如下会计分录。

借：银行存款　　　　　　　　　　　　　　　　　　　　　　4 000 000
　　贷：长期借款　　　　　　　　　　　　　　　　　　　　　　4 000 000

(2) 支付设备价款及税金时，做如下会计分录。

借：固定资产　　　　　　　　　　　　　　　　　　　　　　3 400 000
　　应交税费——应交增值税（进项税额）　　　　　　　　　　　578 000
　　贷：银行存款　　　　　　　　　　　　　　　　　　　　　　3 978 000

2. 长期借款的利息

长期借款计算确定的利息应按以下原则计入有关成本、费用：属于筹建期间的，计入管理费用；属于生产经营期间的，计入财务费用。如果长期借款用于购建固定资产，在固定资产达到预订可使用状态前，所发生的应当资本化的利息支出，应计入在建工程成本；固定资产达到预订可使用状态后发生的利息支出以及按规定不予资本化的利息支出，计入财务费用。

长期借款按合同利率计算确定的应付未付利息，借记"财务费用""在建工程"等账户，贷记"应付利息"账户。

应用案例 7-19

承应用案例 7-18，2019 年 11 月 30 日，兴发建筑安装工程公司计提长期借款利息时，做如下会计分录。

本月长期借款利息 = 4 000 000 元 × 8.4% ÷ 12 = 28 000 元

借：财务费用　　　　　　　　　　　　　　　　　　　　　　28 000
　　贷：应付利息　　　　　　　　　　　　　　　　　　　　　　28 000

3. 归还长期借款

企业归还长期借款的本金时，应按归还的金额，借记"长期借款"账户，贷记"银行存款"账户；按归还的利息，借记"应付利息"账户，贷记"银行存款"账户。

应用案例 7-20

承应用案例 7-18，2021 年 10 月 30 日，兴发建筑安装工程公司偿还该笔借款的本金和利息。做如下会计分录。

借：财务费用　　　　　　　　　　　　　　　　　　　　　　28 000
　　长期借款　　　　　　　　　　　　　　　　　　　　　　4 000 000
　　应付利息　　　　　　　　　　　　　　　　　　　　　　　980 000
　　贷：银行存款　　　　　　　　　　　　　　　　　　　　　5 008 000

7.2.2　应付债券

应付债券是指企业(包括公司)按照法定程序对外发行，约定在一定期限内还本付息的有价证券。它是施工企业筹集长期资金的一种重要来源。

《中华人民共和国公司法》规定，只有股份有限公司、国有独资公司和两个以上的国有投资主体投资设立的有限责任公司，为筹集生产经营用资金，经国务院证券管理部门批准，方可依法发行公司债券。发行债券取得的资金可以购建固定资产，也可用于弥补流动资金。

根据发行时债券利率与市场利率的关系不同，债券可以折价发行、面值发行和溢价发行。当债券利率低于市场利率时，债券发行价格低于债券面值，称为折价发行，发行价格低于债券面值的部分，称为债券折价；当债券利率等于市场利率时，债券发行价格等于债券面值，称为面值发行；当债券利率高于市场利率时，债券发行价格高于债券面值，称为溢价发行，发行价格高于债券面值的部分，称为债券溢价。

债券溢价发行和债券折价发行是由于债券票面利率与市场利率的差异造成的，溢价和折价并不是债券发行的收益和损失，而是对利息费用的调整。债券溢价是债券发行企业以后各期向投资者多付利息的预先收回，这部分多收的款项，通过债券溢价的摊销冲减以后各期多付的利息；债券折价是债券发行企业以后各期向投资者少付利息的预先补偿，这部分少收的款项，通过债券折价的摊销增加以后各期少付的利息。随着溢价和折价的逐期摊销，一方面使各期的利息费用经过调整而接近于按债券发行时的市场利率计算的利息额；另一方面使债券的发行价值逐渐接近债券面值。债券到期时，溢价和折价均摊销完毕，应付债券的账面价值与债券面值相等。

债券溢价和折价的摊销方法有直线法和实际利率法两种，企业一般采用直线法，即将债券的溢价或折价金额在债券存续期内平均摊销的一种方法。为了核算和监督施工企业为筹集长期资金而发行的债券的面值、溢价、折价及应付的利息，应设置"应付债券"账户，本账户下设置"面值""利息调整""应计利息"3个明细账户进行明细核算。

①"面值"账户，贷方登记债券面值，借方登记到期归还的债券面值，期末贷方余额表示尚未归还的债券面值。

②"利息调整"账户，贷方登记债券溢价和债券折价的摊销额，借方登记债券折价和债券溢价的摊销额，期末贷方余额表示尚未摊销的溢价，期末借方余额表示尚未摊销的折价。债券到期，溢、折价全部摊销完毕，该明细账户无余额。

③"应计利息"账户，贷方登记各计息期计提的利息，借方登记归还的利息，期末贷方余额表示尚未归还的利息。

本书只介绍按照面值发行的应付债券的核算。

1. 发行债券

企业按面值发行债券时，应按实际收到的金额，借记"银行存款"等账户，按债券票面金额，贷记"应付债券——面值"账户。

应用案例 7-21

因购建固定资产需要,兴发建筑安装工程公司于 2019 年 1 月 1 日发行面值为 1 000 元的三年期债券 1 000 张,债券票面年利率 10%,债券按面值发行,企业按年计提债券利息,单利计息,到期还本付息。在发行过程中,以银行存款支付手续费、印刷费等共计 5 000 元。该项固定资产第一年支付工程款 60 万元,第二年支付工程款 40 万元,第二年年末完工并办理完竣工决算手续。

(1) 发行债券时,做如下会计分录。

借：银行存款	1 000 000
贷：应付债券——面值	1 000 000

(2) 支付手续费、印刷费时,做如下会计分录。

借：在建工程	5 000
贷：银行存款	5 000

2. 债券的利息

发行长期债券的企业,应按期计提利息。对于按面值发行的债券,在每期采用票面利率计提利息时,应当按照与长期借款一致的原则计入相关成本费用,借记"在建工程""财务费用"等账户。其中对于分期付息到期还本的债券,其利息计入"应付利息"账户,对于到期一次还本付息的债券,其利息计入"应付债券——应计利息"账户。结算工程款时,若取得增值税专用发票,并符合进项税额抵扣条件,则应将增值税单独记入"应交税费——应交增值税"(进项税额)账户的借方。

应用案例 7-22

承应用案例 7-21,兴发建筑安装工程公司计提债券利息时,做如下会计分录。

(1) 2019 年 12 月 31 日,支付工程款时,做如下会计分录。

借：在建工程	600 000
贷：银行存款	600 000

(2) 2019 年 12 月 31 日,计算债券利息时,做如下会计分录。

应计提利息 = 1 000 000 元 × 10% = 100 000 元

借：在建工程	100 000
贷：应付债券——应计利息	100 000

(3) 2020 年 12 月 31 日,支付工程款时,做如下会计分录。

借：在建工程	400 000
贷：银行存款	400 000

(4) 2020 年 12 月 31 日,计算债券利息时,做如下会计分录。

借：在建工程	100 000
贷：应付债券——应计利息	100 000

(5) 2020年12月31日,固定资产完工并交付使用时,做如下会计分录。
固定资产成本＝5 000元＋600 000元＋100 000元＋400 000元＋100 000元＝1 205 000元
借:固定资产 1 205 000
　　贷:在建工程 1 205 000
(6) 2021年12月31日,计算债券利息时,做如下会计分录。
借:财务费用 100 000
　　贷:应付债券——应计利息 100 000
(7) 2021年12月31日,到期归还本息时,做如下会计分录。
借:应付债券——面值 1 000 000
　　　　　　——应计利息 300 000
　　贷:银行存款 1 300 000

7.2.3　长期应付款

长期应付款是指除长期借款、应付债券以外的非流动负债,包括应付融资租入固定资产的租赁费、应付引进设备款等。

为了反映和核算长期应付款的增减变动情况,企业应设置"长期应付款"账户。该账户属于负债类账户,贷方登记发生的各种长期应付款及利息和外币折算差额,借方登记长期应付款的归还数,期末贷方余额表示尚未归还的长期应付款。该账户应按长期应付款的种类设置明细账户,进行明细核算。

采用融资租赁方式租入固定资产的,企业每期支付租金时,应按每期支付的租金金额,借记"长期应付款——应付融资租赁款"账户,贷记"银行存款"账户,如果支付的租金中包含有履约成本,如技术咨询和服务费、人员培训费、维修费、保险费等,还应同时借记"工程施工——间接费用""管理费用"等账户。企业在分摊未确认的融资费用时,应当按照当期应分摊的未确认融资费用金额,借记"财务费用"账户,贷记"未确认融资费用"账户。确认资产成本时,若取得增值税发票,并符合进项税抵扣条件的,增值税应记入"应交税费——应交增值税(进项税额)"账户借方。

应用案例 7-23

2019年1月1日,兴发建筑安装工程公司采用融资租赁方式租入施工机械一台,合同规定该施工机械价款100 000元,以银行存款支付运杂费、各种手续费2 800元,租赁期4年,租赁费于每年年底支付,支付租赁费的同时,每年按年利率10%支付长期应付款的利息,单利计息。租赁期满,设备归企业所有。租入设备后支付安装调试费500元,设备安装完毕交付使用并办理竣工决算。

(1) 融资租入固定资产时,做如下会计分录。
借:在建工程 100 000
　　贷:长期应付款——融资租入固定资产租赁费 100 000

(2) 支付运杂费、手续费等费用时，做如下会计分录。

借：在建工程　　　　　　　　　　　　　　　　　　　　　　　　2 800
　　贷：银行存款　　　　　　　　　　　　　　　　　　　　　　　　2 800

(3) 支付安装费时，做如下会计分录。

借：在建工程　　　　　　　　　　　　　　　　　　　　　　　　500
　　贷：银行存款　　　　　　　　　　　　　　　　　　　　　　　　500

(4) 固定资产完工并交付使用时，做如下会计分录。

借：固定资产——融资租入固定资产　　　　　　　　　　　　　103 300
　　贷：在建工程　　　　　　　　　　　　　　　　　　　　　　　　103 300

(5) 第一年年底支付租赁费、利息时，做如下会计分录。

第一年年底支付租赁费＝100 000元÷4＝25 000元
第一年年底支付利息＝100 000元×10％＝10 000元

借：长期应付款——融资租入固定资产租赁费　　　　　　　　　25 000
　　财务费用　　　　　　　　　　　　　　　　　　　　　　　　　10 000
　　贷：银行存款　　　　　　　　　　　　　　　　　　　　　　　　35 000

(6) 第二年年底支付租赁费、利息时，做如下会计分录。

第二年年底支付租赁费＝100 000元÷4＝25 000元
第二年年底支付利息＝(100 000元－25 000元)×10％＝7 500元

借：长期应付款——融资租入固定资产租赁费　　　　　　　　　25 000
　　财务费用　　　　　　　　　　　　　　　　　　　　　　　　　7 500
　　贷：银行存款　　　　　　　　　　　　　　　　　　　　　　　　32 500

第三年年底应付利息＝(100 000元－25 000元×2)×10％＝5 000元
第四年年底应付利息＝(100 000元－25 000元×3)×10％＝2 500元
第三、第四年年底支付租赁费均为25 000元，编制会计分录同上。

(7) 租赁期满，设备归企业所有时，做如下会计分录。

借：固定资产——生产用固定资产　　　　　　　　　　　　　　103 300
　　贷：固定资产——融资租入固定资产　　　　　　　　　　　　　103 300

本章小结

负债按其偿还期限分类可以分为流动负债和长期负债两类。

流动负债是指预计在一个正常营业周期中清偿，或者主要为交易目的而持有，或者自资产负债表日起一年内(含一年)到期应予以清偿，或者企业无权自主地将清偿推迟至资产负债表日后一年以上的负债。流动负债主要包括短期借款、应付票据、应付账款、预收账款、其他应付款、应付职工薪酬、应交税费、应付利息、应付股利、预提费用等。

非流动负债是指流动负债以外的负债，主要包括长期借款、应付债券、长期应付款等。

第7章 负债

习 题

1. 单项选择题

（1）某施工企业发行分期付息、到期一次还本的债券，按其票面利率计算确定的应付未付利息，应该记入（　　）账户。

　　A. 应付债券——应计利息　　　　　　B. 应付利息
　　C. 应付债券——利息调整　　　　　　D. 应付债券——面值

（2）某施工企业发生长期借款利息的情况下，借方不可能涉及的账户是（　　）。

　　A. 管理费用　　　B. 应付利息　　　C. 财务费用　　　D. 在建工程

（3）下列各项中，应通过"其他应付款"账户核算的是（　　）。

　　A. 应付现金股利　　　　　　　　　　B. 应交教育费附加
　　C. 应付租入包装物租金　　　　　　　D. 应付管理人员工资

（4）某施工企业本期实际应上交增值税 200 000 元，消费税 100 000 元，土地增值税 100 000 元。该施工企业适用的城市维护建设税税率为 7%，则该施工企业应交的城市维护建设税为（　　）元。

　　A. 21 000　　　B. 35 000　　　C. 42 000　　　D. 28 000

（5）某施工企业采用计划成本对材料进行日常核算，本期购入原材料一批，取得增值税专用发票上注明原材料价款为 200 000 元，增值税额为 34 000 元，材料尚未到达，运费 1 200 元，增值税额 132 元，款项尚未支付，应计入"应付账款"账户的金额为（　　）元。

　　A. 201 200　　　B. 235 200　　　C. 218 116　　　D. 217 000

（6）某施工企业购入原材料取得的增值税专用发票上注明货款 20 000 元，增值税 3 400 元，附有现金折扣条件（2/10，1/30，n/90）。则该施工企业应付账款的入账价值为（　　）元。

　　A. 22 932　　　B. 23 166　　　C. 23 400　　　D. 20 000

（7）A 施工企业建造办公楼领用外购原材料 10 000 元，原材料购入时支付的增值税为 1 300 元；因火灾毁损原材料一批，其实际成本 20 000 元，经确认损失材料的增值税 2 600 元。则 A 公司计入"应交税费——应交增值税（进项税额转出）"科目的金额为（　　）元。

　　A. 2 600　　　B. 1 020　　　C. 1 300　　　D. 3 900

（8）职工工资中代扣的职工房租，应借记的会计科目是（　　）。

　　A. 应付职工薪酬　　B. 银行存款　　C. 其他应收款　　D. 其他应付款

（9）下列有关应付票据处理的表述中，不正确的是（　　）。

　　A. 施工企业开出并承兑商业汇票时，应按票据的到期值贷记"应付票据"
　　B. 施工企业支付的银行承兑手续费，计入当期"财务费用"
　　C. 应付票据到期支付时，按账面余额结转
　　D. 施工企业到期无力支付的商业承兑汇票，应按票面金额转入"应付账款"

（10）某施工企业以一张期限为 6 个月的商业承兑汇票支付货款，面值为 100 万元，票面年利率为 4%。该票据到期时，施工企业应支付的金额为（　　）万元。

　　A. 100　　　B. 102　　　C. 104　　　D. 140

（11）施工企业发生的下列各项利息支出，不应该计入财务费用的是（　　）。

165

A. 固定资产完工投入使用后的应付债券的利息
B. 短期借款的利息
C. 带息应付票据的利息
D. 筹建期间的长期借款利息

（12）施工企业因债权人撤销而无法支付应付账款时，应将所转销的应付账款计入（   ）。
A. 资本公积　　　　B. 其他应付款　　　　C. 营业外收入　　　　D. 其他业务收入

（13）施工企业计提短期借款的利息时贷方计入的会计科目是（   ）。
A. 财务费用　　　　B. 短期借款　　　　C. 应收利息　　　　D. 应付利息

2. 多项选择题

（1）施工企业在筹建期间按面值发行债券，按期计提利息时，可能涉及的会计科目有（   ）。
A. 财务费用　　　　B. 在建工程　　　　C. 应付债券　　　　D. 管理费用

（2）下列对长期借款利息费用的会计处理，正确的有（   ）。
A. 筹建期间不符合资本化条件的借款利息计入管理费用
B. 筹建期间不符合资本化条件的借款利息计入长期待摊费用
C. 日常生产经营活动不符合资本化条件的借款利息计入财务费用
D. 符合资本化条件的借款利息计入相关资产成本

（3）下列各项中，属于施工企业应付职工薪酬核算的有（   ）。
A. 工会经费　　　　　　　　　　　　B. 施工企业医务人员的工资
C. 住房公积金　　　　　　　　　　　D. 辞退福利

（4）"预收账款"账户贷方登记（   ）。
A. 预收建设单位工程款的数额
B. 施工企业向建设方结算后冲销的预收货款的数额
C. 预收建设单位备料款的数额
D. 退回购货方多付货款的数额

（5）下列关于应付账款的处理中，正确的有（   ）。
A. 货物与发票账单同时到达，待货物验收入库后，按发票账单登记入账
B. 货物已到，但至月末时发票账单还未到达，应在月份终了时暂估入账
C. 应付账款一般按到期时应付金额的现值入账
D. 施工企业采购业务中形成的应付账款，在确认其入账价值时不需要考虑将要发生的现金折扣

（6）负债的特征包括（   ）。
A. 负债的清偿预期会导致经济利益流出施工企业
B. 负债是施工企业承担的现时义务
C. 未来流出的经济利益的金额能够可靠地计量
D. 负债是由过去的交易或事项形成的

3. 判断题

（1）应付债券按实际利率（实际利率与票面利率差异较小时也可按票面利率）计算确定的利息费用，应按照与长期借款相一致的原则计入有关成本、费用。（   ）

（2）施工企业应付各种赔款、应付租金、应付存入保证金等应在"其他应付款"账户核算。   （ ）

（3）施工企业按规定计算出应交的教育费附加，一般都是借记"税金及附加"账户，贷记"应交税费——应交教育费附加"账户。实际上交时，借记"应交税费——应交教育费附加"账户，贷记"银行存款"账户。   （ ）

（4）施工企业应交的各种税金，都通过"应交税费"账户核算。   （ ）

（5）施工企业的工资总额都应计入产品成本。   （ ）

（6）施工企业向职工食堂、职工医院、生活困难职工等支付职工福利费，应借记"应付职工薪酬——职工福利"账户。   （ ）

（7）预收账款与应付账款虽然均属于负债项目，但与应付账款不同，它通常不需要以货币偿付。   （ ）

（8）施工企业到期无力偿付的商业承兑汇票，应按其账面余额转入"资本公积"账户。   （ ）

（9）施工企业在计算长期借款利息时，应该按照实际利率确认应该支付的利息。
                                                        （ ）

4. 计算及账务处理题

（1）2018年5月2日，兴发建筑安装工程公司向银行借入1 000 000元，期限为3个月，年利率6%，每月支付利息，到期偿还本金。编制以下会计分录：①借入时；②2018年5月末和6月末，支付利息时；③2018年7月末支付利息和偿还本金时。

（2）2018年8月1日，兴发建筑安装工程公司向银行借入2 000 000元，期限为3个月，年利率6%，到期一次还本付息。编制以下会计分录：①借入时；②2018年8月末和9月末，计提利息时；③2018年10月末计提利息和偿还本利和时。

（3）2018年11月5日，兴发建筑安装工程公司购入钢材100吨，单价5200元/吨，增值税税率17%，运费20 000元，增值税税率11%，钢材已验收入库，材料按实际成本核算。公司开出并承兑一张不带息的银行承兑汇票，期限3个月。

（4）2019年2月5日，兴发建筑安装工程公司以银行存款偿还上述商业承兑汇票。

（5）2018年11月5日，兴发建筑安装工程公司购入施工机械一台，买价1 800 000元，增值税税率13%，运费50 000元，增值税税率9%，公司开出期限为4个月的商业承兑汇票一张，该施工机械经验收投入使用。

（6）2019年3月5日，上述商业承兑汇票到期，公司银行账号暂无资金。

（7）2019年4月5日，兴发建筑安装工程公司以银行存款偿还上述银行承兑汇票。

（8）2018年11月24日，兴发建筑安装工程公司购入水泥100吨，单价450元/吨，增值税税率13%，运费10 000元，增值税税率9%，款项尚未支付，水泥已验收入库，按实际成本核算。按照购货协议的约定该笔货款附有现金折扣条件(1/10, n/30)。

（9）2018年12月3日，兴发建筑安装工程公司以银行存款支付上述水泥款。

（10）2019年2月10日，兴发建筑安装工程公司按规定向建设单位预收备料款2 000 000元，存入银行。

（11）2019年4月30日，兴发建筑安装工程公司向建设单位结算工程价款600 000

元，按规定抵扣备料款 100 000 元。

(12) 2019 年 4 月末，经统计兴发建筑安装工程公司本月应支付职工工资总额为 500 000 元。其中：管理部门人员工资 100 000 元，项目部管理人员工资 100 000 元，施工工人工资 200 000 元，机械作业部门人员工资 50 000 元，辅助生产部门人员工资 50 000 元。

(13) 2019 年 4 月末，分别按工资总额的 14%、2%、2.5%计提职工福利费、工会经费和职工教育经费。

(14) 计提企业应负担的医疗保险 5 000 元（按工资总额 10%），代扣个人应负担的医疗保险 5 000 元。

(15) 2019 年 4 月末，根据个人所得税法规定，代扣个人所得税 800 元。

(16) 2019 年 5 月 5 日，根据工资总额以及代扣代缴项目，转账支付职工工资。

(17) 2019 年 5 月 5 日，转账支付代扣代缴的个人所得税。

(18) 2019 年 5 月 5 日，转账支付计提的和代扣代缴的医疗保险。

(19) 2019 年 5 月 8 日，报销项目部技术人员的培训费 2 400 元。

(20) 2019 年 5 月 12 日，以现金支付困难职工生活补助 10 000 元。

(21) 2019 年 5 月 19 日，工会组织职工排球比赛，以现金支付奖金 5 000 元。

(22) 2019 年 4 月，兴发建筑安装工程公司应交增值税共计 1 000 000 元，城市维护建设税税率 7%，教育费附加率 3%，计提本月税金及附加。

(23) 2019 年 5 月 8 日，收到交管部门罚款通知单，因车辆违章被罚款 500 元。

(24) 2019 年 5 月 10 日，以现金支付上项罚款。

(25) 2018 年 5 月 1 日，兴发建筑安装工程公司从银行借入资金 10 000 000 元，期限两年，用于建造办公楼，年利率 8%，到期一次还本付息，2019 年 5 月 1 日办公楼建成并投入使用。编制以下会计分录：①2018 年 5 月 1 日借入时；2019 年 4 月 30 日计提利息时；2020 年 4 月 30 日计提利息及偿还本利和时。

(26) 2018 年 5 月 4 日，兴发建筑安装工程公司经批准发行债券一批，用于日常生产经营，该批债券面值 2 000 000 元，期限 3 年，票面利率 10%，分期付息到期还本。编制发行、每期支付利息和到期偿还本金的会计分录。

能力评价体系

知识要点	能力要求	所占分值(100 分)	自评分数
流动负债	掌握常用的流动负债的核算	60	
非流动负债	掌握常用的非流动负债的核算	40	
总 分		100	

第8章 所有者权益

教学目标

通过本章的学习，应掌握所有者权益的定义，明确所有者权益与债权人权益的区别，掌握所有者权益内容及各项增减变化的账务处理方法。为与上述学习目标相适应，本章的4节内容，分别介绍了所有者权益概述、实收资本、资本公积及留存收益的核算。

教学要求

能力要求	知识要点	相关知识
了解所有者权益的基本概念	所有者权益的内容	所有者权益的定义，所有者权益与债权人权益的区别，实收资本，资本公积，留存收益
掌握实收资本的核算	接受投资的核算	接受投资的核算，实收资本增减变动的核算
掌握资本公积的核算	资本溢价	资本溢价的核算
掌握留存收益的核算	盈余公积和未分配利润	盈余公积、分配利润、期末结转、弥补亏损的核算

推荐阅读资料

1. 钟小灵，2015. 财务会计简易入门 [M]. 北京：机械工业出版社.
2. 刘海涛，2016. 会计原来这么有趣：中级实务篇 [M]. 北京：机械工业出版社.

【学习重点】

实收资本的核算、资本溢价的核算、盈余公积的提取及未分配利润的核算

【最新标准】

《企业会计准则》（财政部令第33号）

> **引例**

2011年3月10日甲、乙、丙三位投资者各出资50万组建海虹公司，经过两年的经营，2013年又有新的投资者丁加入，经协商，四位投资者在公司所占股份均为25%，丁的出资额为80万元。

这是一项吸收投资者投资的经济业务，对这项经济业务的处理首先要解决的问题是企业收到的实收资本是多少？按出资各方在公司所占股份，本次企业的实收资本应为50万元，多余的30万元应作为资本溢价，计入资本公积。

本章主要介绍所有者权益的四个构成部分：实收资本、资本公积、其他综合权益和留存收益。所有者权益是企业资产除负债以外的另一个来源，负债和所有者权益构成企业的全部资产。

8.1 所有者权益概述

8.1.1 所有者权益的概念

所有者权益是指企业资产扣除负债后由所有者享有的剩余权益。公司的所有者权益又称为股东权益。所有者权益的来源包括所有者投入的资产、直接计入所有者权益的利得和损失、留存收益等。所有者权益可分为实收资本、资本公积、其他综合权益、盈余公积和未分配利润等部分，其中盈余公积和未分配利润统称为留存收益。

所有者权益同会计报表的其他五大要素均有着密切的联系。首先，所有者拥有的对企业净资产的要求权，是建立在投资者投入企业资本多少的基础之上，恰恰是所有者投入的资本形成了企业赖以生产经营的最基本的启动资产；其次，企业为扩大经营规模或为了支付相关费用或其他原因而向银行、其他企业或个人举债，这种负债经营的情况，也要根据所有者权益的状况及企业生产经营的需要研究决定。另外，企业收入的取得、费用的开支、利润的赚取及分配，无不同所有者权益的情况相联系。

所有者权益和负债共同构成企业全部资产的来源。因此，企业权益包括所有者权益和债权人权益，所有者和债权人都是企业资产的提供者。两者对企业的资产都有相应的要求权。但是，所有者权益与债权人权益之间又存在明显区别。

(1) 偿还的期限不同。对于所有者而言，在企业持续经营的情况下，除按法律程序减资外，一般不能提前撤回投资；而企业的负债有约定的偿还日期，必须到期偿还。

(2) 享有的权利不同。所有者作为企业的投资人有权参与企业的经营决策并享受利润分配；而债权人则只有要求企业还本付息的权利，无权分配企业的盈利。

(3) 权益的性质不同。所有者权益是对企业剩余资产的要求权，债权人权益则是债权人对企业全部资产的要求权,因此,债权人对企业资产的要求权优先于所有者对企业资产的要求权。即企业一旦破产清算,企业必须首先清偿所有债务,然后才能把剩余资产按出资比例在所有者之间进行分配。

(4) 承担的风险不同。所有者能获得多少收益,要视企业的盈利水平和利润分配政策而定,风险较大;而债权人的本息到期可以收回,而且一般是预先就确定利率,企业无论盈利与否,均应按期还本付息,风险较小。

8.1.2 所有者权益的内容

所有者权益按其构成包括实收资本、资本公积、其他综合权益和留存收益。本章主要介绍实收资本、资本公积和留存收益。

(1) 实收资本是企业的投资者按照企业章程或合同、协议的约定,实际投入企业的资本。实收资本按照投入资产形式的不同,可以分为货币投资、实物投资和无形资产投资等。实收资本按照投资者性质的不同,可以分为国家投入资本、法人投入资本、外商投入资本和个人投入资本等。

(2) 资本公积是企业收到的投资超出其在企业注册资本中所占份额的投资,以及直接计入所有者权益的利得和损失。直接计入所有者权益的利得和损失是指不应计入当期损益,会导致所有者权益发生增减变动的,与所有者投入资本或者向所有者分配利润无关的利得或损失。资本公积主要包括资本溢价、采取权益法核算的长期股权投资、以权益结算的股份支付、存货或自用房地产转换为投资性房地产、可供出售金融资产公允价值的变动、金融资产重分类等。

(3) 留存收益是指企业通过其生产经营活动而创造积累的,尚未分配给投资者的净利润,包括盈余公积和未分配利润。

8.2 实收资本

8.2.1 实收资本的概念

根据我国有关法律规定,投资者设立企业首先必须投入资本。实收资本是投资者按照公司章程或合同、协议的约定实际投入企业的资本。投资者向企业投入的资本,在一般情况下无需偿还,可以长期周转使用。实收资本的构成比例,即投资者的出资比例,通常是确定投资者在企业所有者权益中所占的份额和参与企业财务经营决策的基础,也是企业进行利润分配的依据,同时还是企业清算时确定投资者对净资产的要求权的依据。

目前,我国实行注册资本制度。企业实收资本应当与其注册资本相一致。企业收到投资者投入企业的资本时，必须聘请注册会计师验资，出具验资报告，并由企业签发出资证明，以保护债权人和各方投资者的合法权益。投资者投入资金后，不允许抽回资金。在经营过程中，实收资本的变动受到法律法规的约束。如果出现实收资本比原注册资金数额增减超过20%的情况，应持资金使用证明或验资证明，向原登记主管机关申请变更登记。投资者投入资本未经办理一定的减资手续，不得以任何形式减少或抽回。

> **特别提示**
>
> 《中华人民共和国民法通则》规定，设立企业法人必须要有必要的财产；《中华人民共和国企业法人登记管理条例》规定，企业申请开业，必须具备符合国家规定并与其生产经营和服务规模相适应的资金数额；《中华人民共和国公司法》规定，在有限责任公司中，以生产经营或商品批发为主的，其注册资本不得少于50万元，以商业零售为主的，其注册资本不得少于30万元，科技开发、咨询、服务性公司，其注册资本不得少于10万元，而股份有限公司注册资本的最低限额为1 000万元。
>
> 这里出现了三个概念：一是注册资本，二是实收资本，三是投入资本。这三者之间有什么关系呢？注册资本是企业在工商登记机关登记的投资者缴纳的出资额。我国设立企业采用注册资本制，投资者出资额达到法定注册资本要求是企业设立的先决条件，而且根据注册资本制的要求，企业会计核算中的实收资本即为法定资本，应当与注册资本相一致，企业不得擅自改变注册资本数额或抽逃资金。投入资本是投资者作为资本实际投入到企业的资金数额，一般情况下，投资者投入资本，即构成企业的实收资本，也正好等于其在登记机关的注册资本。但是，在一些特殊情况下，投资者也会因种种原因超额投入（如溢价发行股票等），从而使得其投入资本超过企业注册资本。在这种情况下，企业进行会计核算时，应单独核算，计入资本公积。在国外，不少国家将其称之为"额外投入资本"或者"超面额缴入资本"等。

8.2.2 实收资本的核算方法

施工企业应设置"实收资本"账户来核算和监督投资者投入资本的增减变化情况，该账户属于所有者权益类账户，其贷方登记企业实际收到的投资者投入的各种资本数额以及由资本公积和盈余公积转增的资本数额；借方登记企业按法定程序经批准减资或冲销的资本数额；期末贷方余额反映企业的资本数额。本账户应按投资人设置明细账进行明细分类核算。投资人向企业投入资本的出资方式有货币资金、实物资产和无形资产等，出资方式不同，会计处理方法也不尽相同。

1. 接受投资

（1）投资者以货币资金投资。

企业收到货币资金投资时，应按实际收到或存入开户银行的金额和日期，作为记账依据，借记"银行存款"账户，贷记"实收资本"账户。

第8章 所有者权益

 应用案例 8-1

兴发建筑安装工程公司为增值税一般纳税人，于2018年2月4日由国家、甲公司、乙公司和丙公司四方出资设立。2018年2月4日，兴发建筑安装工程公司收到国家拨入资本1 500 000元和甲公司投入资金500 000元，已存入银行。

2018年2月4日，收到投资时，做如下会计分录。

借：银行存款　　　　　　　　　　　　　　　　　　　　　　　　2 000 000
　　贷：实收资本——国家资本金　　　　　　　　　　　　　　　　1 500 000
　　　　　　　　——法人资本金（甲公司）　　　　　　　　　　　　500 000

（2）投资者以实物资产投资。

以实物资产投资时，应根据评估确认或合同、协议约定的价值作为投入的资本额。企业接受实物资产投资，应在办理实物资产移交手续时，借记"固定资产""原材料"等账户，贷记"实收资本"账户。

 应用案例 8-2

2018年2月4日，兴发建筑安装工程公司收到乙公司投入的一台设备，经协商确认价值300 000元，该设备经验收投入使用。

2018年2月4日，收到投资时，做如下会计分录。

借：固定资产　　　　　　　　　　　　　　　　　　　　　　　　　300 000
　　贷：实收资本——法人资本金（乙公司）　　　　　　　　　　　　300 000

（3）投资者以无形资产投资。

企业接受无形资产投资时，应按照合同、协议或公司章程规定，在移交有关凭证时，借记"无形资产"账户，贷记"实收资本"账户。

 应用案例 8-3

2018年2月4日，兴发建筑安装工程公司收到丙公司投资的专利权一项，经双方协商确认价值为200 000元。

2018年2月4日，收到投资时，做如下会计分录。

借：无形资产　　　　　　　　　　　　　　　　　　　　　　　　　200 000
　　贷：实收资本——法人资本金（丙公司）　　　　　　　　　　　　200 000

2. 实收资本变动的核算

我国有关法律规定，实收资本除了下列情况外，不得随意变动：一是符合增资条件，并经有关部门批准增资；二是企业按法定程序报经批准减少注册资本。

（1）企业增资的核算。

在企业按规定接受投资者额外投入实现增资时，企业应当按实际收到的款项或其他资

173

产,借记"银行存款""固定资产"等账户,按增加的实收资本金额,贷记"实收资本"账户,按照两者之间的差额,贷记"资本公积——资本溢价"账户。在企业采用资本公积转增资本时,企业应按照转增的资本金额,借记"资本公积"账户,贷记"实收资本"账户。在企业采用盈余公积转增资本时,企业应按照转增的资本金额,借记"盈余公积"账户,贷记"实收资本"账户。

企业增加资本的途径:将资本公积转为实收资本,将盈余公积转为实收资本,所有者(包括原企业所有者和新投资者)投入。

 应用案例 8-4

2018年2月4日,兴发建筑安装工程公司为扩大经营规模,经批准按原出资比例将资本公积 500 000 元转增资本。该公司由国家、甲、乙、丙四方出资共同投资建立,原注册资本为 2 500 000 元,出资额分别为 1 500 000 元、500 000 元、300 000 元、200 000 元。

2018年2月4日,转增资本时,做如下会计分录。

借:资本公积　　　　　　　　　　　　　　　　　　　　500 000
　　贷:实收资本——国家资本　　　　　　　　　　　　　　300 000
　　　　　　　——法人资本(甲公司)　　　　　　　　　　100 000
　　　　　　　——法人资本(乙公司)　　　　　　　　　　 60 000
　　　　　　　——法人资本(丙公司)　　　　　　　　　　 40 000

 应用案例 8-5

2018年2月4日,兴发建筑安装工程公司为扩大经营规模,经批准按原出资比例将盈余公积 250 000 元转增资本。

2018年2月4日,转增资本时,做如下会计分录。

借:盈余公积　　　　　　　　　　　　　　　　　　　　250 000
　　贷:实收资本——国家资本　　　　　　　　　　　　　　150 000
　　　　　　　——法人资本(甲公司)　　　　　　　　　　 50 000
　　　　　　　——法人资本(乙公司)　　　　　　　　　　 30 000
　　　　　　　——法人资本(丙公司)　　　　　　　　　　 20 000

(2) 企业减资的核算。

实收资本减少的原因主要有两个:一是资本过剩;二是企业发生重大亏损而需要减少实收资本。企业因资本过剩而减资,一般要发还投资款。有限责任公司和一般企业按照法定程序报经批准减少注册资本发还投资的,应在实际发还投资时按照减资金额,借记"实收资本"账户,贷记"银行存款"等账户。

8.3 资本公积

8.3.1 资本公积的概念

资本公积是企业收到投资者的超出其在企业注册资本中所占份额的投资以及直接计入所有者权益的利得和损失等。资本公积包括资本溢价、直接计入所有者权益的利得和损失等。资本溢价是企业收到投资者的超出其在企业注册资本中所占份额的投资。形成资本溢价的原因有投资者超额缴入资本、溢价发行股票等。直接计入所有者权益的利得和损失是指不应计入当期损益的,会导致所有者权益发生增减变动的,与所有者投入资本或者向所有者分配利润无关的利得或损失。

资本公积与盈余公积有本质区别,盈余公积是从净利润中提取的,是净利润的转化形式,而资本公积是有特定来源的,与企业的净利润无关。

● 特 别 提 示

资本溢价指有限责任公司投资者交付的出资额大于按合同、协议所规定的出资比例计算的部分,是资本公积金的组成部分。有限责任公司在创立时,投资者认缴的出资额,都作为资本金计入"实收资本"账户。但在以后有新的投资者加入时,为了维护原有投资者的权益,新加入的投资者的出资额,并不一定全部作为资本金计入"实收资本"账户。这是因为企业初创时,要经过筹建、开拓市场等过程,从投入资金到取得投资回报,需要较长时间。在这个过程中,资本利润率较低,具有一定投资风险。经过正常生产经营以后,资本利润率要高于初创时期,同时企业也提留了一定的盈余公积金,使原有投资在质量和数量上都发生了变化。所以新加入的投资者要付出大于原有投资者的出资额,才能取得与原有投资者相同的投资比例。投资者的出资额等于按其投资比例计算的部分,作为资本金计入"实收资本"账户;大于按其投资比例计算的部分,作为资本公积金计入"资本公积"账户。

直接计入所有者权益的利得和损失主要是由于企业在下列经济行为中产生,并通过"资本公积——其他资本公积"账户核算的权益部分:①采用权益法核算的长期股权投资;②以权益结算的股份支付;③存货或自用房地产转换为的投资性房地产;④可供出售金融资产公允价值的变动;⑤金融资产的重分类。

【直接计入所有者权益的利得和损失】

8.3.2 资本公积的核算方法

为了总括地核算和监督资本公积的增减变动和结存情况,施工企业应设置"资本公积"账户,该账户属于所有者权益类账户,贷方登记企业通过各种来源增加的资本公积;借方登记按照法律程序转增资本或弥补亏损而减少的资本公积金;期末贷方余额反映企业实有的资本公积金。资本公积一般应设置"资本溢价""其他资本公积"等明细账户进行核算。

1. 资本溢价的核算

投资者投入的资本中按其投资比例计算的出资额部分,应计入"实收资本"账户,差额部分应计入"资本公积"账户。

应用案例 8-6

兴发建筑安装工程公司由国家、甲、乙、丙四方出资共同投资设立,2013年2月4日,增资后注册资本为3 250 000元,出资额分别为1 950 000元、650 000元、390 000元、260 000元,留存收益为750 000元。2018年3月4日接受丁投资者投资800 000元,占该公司股份的15%,已接到银行通知收到丁投资者的投资,并办理有关增资手续。

2018年3月4日,收到丁投资者的投资时,做如下会计分录。

丁投资者投入的资本=(3 250 000元+750 000元)×15%=600 000元

```
借:银行存款                                    800 000
    贷:实收资本——法人资本(丁公司)                600 000
        资本公积——资本溢价                       200 000
```

2. 其他资本公积的核算

其他资本公积是指除资本溢价项目以外所形成的资本公积,其中主要是直接计入所有者权益的利得和损失。本书对其他资本公积不做进一步介绍。

3. 资本公积转增资本的核算

用资本公积转增资本时,应冲减资本公积,同时按照转增前的实收资本的结构或比例,将转增的金额计入"实收资本"账户下各投资者的明细分类账。有关会计处理,参见本章应用案例8-4的有关内容。

8.4 留存收益

留存收益是指企业通过其生产经营活动而创造积累的,尚未分配给投资者的净利润。留存收益是所有者权益的一个组成部分,包括盈余公积和未分配利润两部分。

8.4.1 盈余公积的核算

1. 盈余公积的内容

盈余公积是企业按照规定从净利润中提取并形成的。一般盈余公积分为两种：一种是法定盈余公积，公司的法定盈余公积按照税后利润的 10% 提取，法定盈余公积累计额已达注册资本的 50% 时可以不再提取；另一种是任意盈余公积，主要是公司按照董事会或股东大会的决议提取。法定盈余公积和任意盈余公积的区别就在于其各自计提的依据不同。前者以国家的法律或行政规章为依据提取；后者则由公司自行决定提取。

> **特别提示**
>
> 盈余公积通常是和企业盈利能力联系在一起的，对股东和企业具有重要的意义。它直接反映股东投入资本增值的能力和企业经营活动的质量，反映了管理者对企业和股东的贡献。

2. 盈余公积的用途

企业提取的盈余公积的用途主要有弥补亏损、转增资本和发放现金股利或利润。

【盈余公积的用途】

（1）弥补亏损。

根据有关规定，企业发生亏损，可以用发生亏损后 5 年内实现的税前利润来弥补，当发生的亏损在 5 年内仍弥补不足的，应使用随后所实现的税后利润弥补。通常，在企业发生的亏损用税后利润仍弥补不足的情况下，可以用提取的盈余公积来加以弥补，但是，用盈余公积弥补亏损应当由董事会提议，并由股东大会或类似机构批准。当企业用税前利润弥补亏损时，不必做专门的账务处理。

（2）转增资本。

当企业提取的盈余公积积累比较多时，可以将盈余公积转增资本，但是必须经股东大会或类似机构批准，按股东原有持股比例结转。用公积金转增资本后，留存的公积金不得少于转增前公司注册资金的 25%。

> **特别提示**
>
> 企业提取的盈余公积，无论是用于弥补亏损，还是用于转增资本，都不过是在企业所有者权益的内部做结构上的调整，比如企业以盈余公积弥补亏损时，实际是减少盈余公积留存的数额，以此抵补未弥补亏损的数额，并不引起企业所有者权益总额的变动；企业以盈余公积转增资本时，也只是减少盈余公积结存的数额。同时，增加企业实收资本的数额，也并不引起所有者权益总额的变动。

3. 盈余公积的核算

为了核算和监督盈余公积的提取和使用情况，施工企业应设置"盈余公积"账户，该账户属于所有者权益类账户，其贷方登记企业按规定从净利润中提取的盈余公积；借方登记企业因弥补亏损、转增资本而使用的盈余公积;期末贷方余额反映企业结余的盈余公积。企业应在"盈余公积"账户下设置"法定盈余公积金""任意盈余公积金"等明细账户进行明细核算。

企业按规定提取各项盈余公积时,应当按照提取的各项盈余公积金额,借记"利润分配——提取法定盈余公积金、提取任意盈余公积金"账户,贷记"盈余公积——法定盈余公积金、法定公益金"账户。

应用案例 8-7

2018年12月31日,兴发建筑安装工程公司按规定从2018年税后利润中提法定取盈余公积金200 000元。

2018年12月31日,提取法定盈余公积金时,做如下会计分录。

借:利润分配——提取法定盈余公积金　　　　　　　　　　　200 000
　　贷:盈余公积——法定盈余公积金　　　　　　　　　　　　　　200 000

企业经决议,用盈余公积弥补亏损时,应当借记"盈余公积——法定盈余公积金"账户,贷记"利润分配——盈余公积补亏"账户。

企业经批准用盈余公积转增资本时,应按实际用于转增资本的盈余公积金额,借记"盈余公积——法定盈余公积金"账户,贷记"实收资本"账户。

应用案例 8-8

2018年12月31日,兴发建筑安装工程公司经批准用法定盈余公积弥补亏损80 000元。用本期的盈余公积100 000元转增资本。

2018年12月31日,用盈余公积弥补亏损和转增资本时,做如下会计分录。

借:盈余公积——法定盈余公积金　　　　　　　　　　　　　180 000
　　贷:利润分配——盈余公积补亏　　　　　　　　　　　　　　　80 000
　　　　实收资本——国家资本　　　　　　　　　　　　　　　　　51 000
　　　　　　　　——法人资本(甲公司)　　　　　　　　　　　　17 000
　　　　　　　　——法人资本(乙公司)　　　　　　　　　　　　10 000
　　　　　　　　——法人资本(丙公司)　　　　　　　　　　　　 7 000
　　　　　　　　——法人资本(丁公司)　　　　　　　　　　　　15 000

特别提示

应用案例8-8中,该公司接受丁投资人的投资后,共有5个投资方:国家、甲公司、乙公司、丙公司和丁公司,持股比例分别为51%、17%、10%、7%、15%。

【盈余公积发放股利案例】

8.4.2 未分配利润的核算

未分配利润是企业实现的净利润经过弥补亏损、提取盈余公积和向投资者分配利润后留存在企业的历年结存的利润。它有两层含义：一是留待以后年度进行处理的利润；二是未指定特定用途的利润。从数量上看，未分配利润是期初未分配利润，加上本期实现的净利润，减去提取的各种公积金和分配利润后的余额。

企业应通过"利润分配"账户，核算企业利润的分配（或亏损的弥补）和历年分配（或弥补）后的未分配利润（或未弥补亏损）。该账户应当设置"提取法定盈余公积金""提取法定公益金""应付利润""盈余公积补亏"和"未分配利润"等明细账户进行明细核算。

1. 分配利润的会计处理

经决议批准，分配给投资者的利润，应借记"利润分配——应付利润"账户，贷记"应付利润"账户。

2. 期末结转的会计处理

企业生产经营过程中取得的收入和发生的成本费用，最终通过"本年利润"账户进行归集，计算出利润，转入"利润分配——未分配利润"账户进行分配。如果为盈利，结转至"利润分配——未分配利润"账户的贷方；如为亏损，则结转至"利润分配——未分配利润"账户的借方。同时，将"利润分配"账户的其他明细账户的余额转入"利润分配——未分配利润"明细账户，结转后，未分配利润的贷方余额，就是累计未分配利润的数额。如出现借方余额，则表示累计未弥补的亏损。"利润分配"账户所属的其他明细账户应无余额。

3. 弥补亏损的会计处理

企业在生产的过程中既有可能发生盈利，也有可能出现亏损，企业当年发生亏损的情况，与实现盈利的情况相同，应当将本年发生的亏损自"本年利润"账户，转入"利润分配——未分配利润"账户，借记"利润分配——未分配利润"账户，贷记"本年利润"账户，结转后"利润分配"账户的借方余额，即为未弥补亏损的数额。然后通过"利润分配"账户核算有关亏损的情况。

由于未弥补亏损形成的时间长短不同等原因，以前年度未弥补亏损，有的可以以当年实现的税前盈利弥补，有的则需用税后利润弥补。以当年实现的利润弥补以前年度结转的未弥补亏损时，不需要进行专门的账务处理。企业应当将当年实现的利润自"本年利润"账户，转入"利润分配——未分配利润"账户的贷方，其贷方发生额与"利润分配——未分配利润"的借方余额自然抵补。无论是以税前利润还是以税后利润弥补亏损，其会计处理方法均相同。但是，两者在计算交纳所得税时的处理是不同的。在以税前利润弥补亏损的情况下，其弥补的数额可以抵减当期企业应纳税所得额，而以税后利润弥补的数额，则不能抵减。

应用案例 8-9

2018年度兴发建筑安装工程公司实现利润 2 000 000 元。提取法定盈余公积金200 000元，提取任意盈余公积金 100 000 元，分派投资人利润 800 000 元。

(1) 2018年12月31日，结转本年利润时，做如下会计分录。

借：本年利润　　　　　　　　　　　　　　　　　　　　　　　　　2 000 000
　　贷：利润分配——未分配利润　　　　　　　　　　　　　　　　　2 000 000

(2) 2018年12月31日，提取法定盈余公积金和任意盈余公积金时，做如下会计分录。

借：利润分配——提取法定盈余公积金　　　　　　　　　　　　　　　200 000
　　　　　　——提取任意盈余公积金　　　　　　　　　　　　　　　100 000
　　贷：盈余公积——法定盈余公积金　　　　　　　　　　　　　　　200 000
　　　　　　　　——任意盈余公积金　　　　　　　　　　　　　　　100 000

(3) 2018年12月31日，分派投资人利润时，做如下会计分录。

借：利润分配——应付利润　　　　　　　　　　　　　　　　　　　　800 000
　　贷：应付利润　　　　　　　　　　　　　　　　　　　　　　　　800 000

(4) 2018年12月31日，结转"利润分配"各明细账户时，做如下会计分录。

借：利润分配——未分配利润　　　　　　　　　　　　　　　　　　1 100 000
　　贷：利润分配——提取法定盈余公积金　　　　　　　　　　　　　200 000
　　　　　　　　——提取任意盈余公积金　　　　　　　　　　　　　100 000
　　　　　　　　——应付利润　　　　　　　　　　　　　　　　　　800 000

本章小结

所有者权益是企业资产扣除负债后由所有者享有的剩余权益，包括实收资本、资本公积和留存收益。实收资本是企业接受投资者投入企业的资本。目前，我国实行注册资本制度。资本公积是企业收到的超出注册资本所占份额的投资以及直接计入所有者权益的利得和损失。留存收益包括盈余公积和未分配利润两部分。盈余公积是企业按规定从净利润中提取并形成的公积金，包括法定盈余公积、法定公益金、任意盈余公积等。未分配利润是留存在企业的历年结存的利润。

习　题

1. 单项选择题

(1) 某施工企业增资扩股时，投资者实际缴纳的出资额大于其按约定比例计算的其在注册资本中所占的份额部分，应作为(　　)。

A. 资本溢价　　　　B. 实收资本　　　　C. 盈余公积　　　　D. 营业外收入

(2) 下列各项中，不属于所有者权益的是(　　)。

A. 递延收益　　　　B. 盈余公积　　　　C. 未分配利润　　　　D. 资本公积

(3) 下列项目中，不属于资本公积核算内容的是(　　)。

A. 某施工企业收到投资者出资额超出其在注册资本或股本中所占份额的部分
B. 直接计入所有者权益的利得
C. 直接计入所有者权益的损失
D. 某施工企业收到投资者的出资额

(4) 某施工企业 2018 年年初未分配利润为借方余额 12 000 元(该亏损为超过 5 年的未弥补亏损),当年净利润为 210 000 元,按 10% 的比例提取盈余公积。不考虑其他事项,该施工企业 2018 年年末未分配利润为( )元。
A. 178 200　　　　B. 198 000　　　　C. 209 100　　　　D. 201 000

(5) 某施工企业"盈余公积"账户的年初余额为 900 万元,本期提取盈余公积 1 112.5 万元,用盈余公积转增资本 500 万元。该企业"盈余公积"账户的年末余额为( )万元。
A. 712.5　　　　B. 1 512.5　　　　C. 1 312.5　　　　D. 1 762.5

(6) 某施工企业 2018 年年初未分配利润的贷方余额为 300 万元,本年度实现的净利润为 100 万元,分别按 10% 和 5% 提取法定盈余公积金和任意盈余公积金。假定不考虑其他因素,该施工企业 2018 年度可供分配利润为( )万元。
A. 285　　　　B. 290　　　　C. 300　　　　D. 400

(7) 2018 年 1 月 1 日某施工企业所有者权益情况如下:实收资本 200 万元,资本公积 26 万元,盈余公积 28 万元,未分配利润 59 万元。则该施工企业 2018 年 1 月 1 日留存收益为( )万元。
A. 32　　　　B. 38　　　　C. 70　　　　D. 87

(8) 下列各项中,能够导致施工企业留存收益减少的是( )。
A. 股东大会宣告派发现金股利　　　　B. 以资本公积转增资本
C. 提取盈余公积　　　　D. 以盈余公积金弥补亏损

(9) 下列各项中,影响所有者权益总额的是( )。
A. 用盈余公积弥补亏损　　　　B. 用盈余公积转增资本
C. 股东大会宣告分配现金股利　　　　D. 实际分配股票股利

(10) 某施工企业 2018 年增加实收资本 60 万元,其中:盈余公积转增资本 45 万元;2018 年 12 月 1 日接受固定资产投资 6 万元(使用年限 5 年,采用年限平均法计提折旧,不考虑残值,自接受之日起投入使用);货币投资 9 万元,不考虑其他事项,该某施工企业在年末所有者权益增加金额为( )万元。
A. 15　　　　B. 40　　　　C. 9　　　　D. 6

(11) 某施工企业年初所有者权益 160 万元,本年度实现净利润 300 万元,以资本公积转增资本 50 万元,提取盈余公积 30 万元,向投资者分配现金股利 20 万元。假设不考虑其他因素,该施工企业年末所有者权益为( )万元。
A. 360　　　　B. 410　　　　C. 440　　　　D. 460

2. 多项选择题

(1) 下列各项,不增加施工企业资本公积的有( )。
A. 结转无法支付的应付账款　　　　B. 接受捐赠的固定资产

C. 股本溢价　　　　　　　　　　　D. 盘盈的固定资产

（2）股份有限公司委托其他单位发行股票支付的手续费或佣金等相关费用的金额，如果发行股票的溢价中不够冲减的，或者无溢价的，其差额不应计入的科目有（　　）。

A. 长期待摊费用　　B. 资本公积　　C. 管理费用　　D. 财务费用

（3）施工企业吸收投资者出资时，下列会计科目的余额不会发生变化的有（　　）。

A. 营业外收入　　B. 实收资本　　C. 递延收益　　D. 资本公积

（4）下列各项中，能够引起施工企业留存收益总额发生变动的有（　　）。

A. 本年度实现的净利润　　　　　　B. 提取法定盈余公积金
C. 向投资者宣告分配现金股利　　　D. 用盈余公积转增资本

（5）下列各项中，不会引起留存收益变动的有（　　）。

A. 盈余公积补亏　　　　　　　　　B. 计提法定盈余公积金
C. 盈余公积转增资本　　　　　　　D. 计提任意盈余公积金

（6）施工企业发生亏损时，下列各项（　　）是弥补亏损的渠道。

A. 以盈余公积弥补亏损　　　　　　B. 以资本公积弥补亏损
C. 用5年后的税前利润弥补　　　　D. 用5年后的税后利润弥补

（7）下列各项，不会引起所有者权益总额发生增减变动的有（　　）。

A. 宣告发放股票股利　　　　　　　B. 资本公积转增资本
C. 盈余公积转增资本　　　　　　　D. 接受投资者追加投资

（8）关于施工企业所有者权益，下列说法中正确的有（　　）。

A. 资本公积可以弥补亏损　　　　　B. 盈余公积可以按照规定转增资本
C. 未分配利润可以弥补亏损　　　　D. 资本公积可以按照规定转增资本

3. 判断题

（1）施工企业不能用盈余公积分配现金股利。（　　）

（2）年度终了，除"未分配利润"明细账户外，"利润分配"账户下的其他明细科目应当无余额。（　　）

（3）支付已宣告的现金股利时所有者权益减少。（　　）

（4）施工企业计提法定盈余公积金的基数是当年实现的净利润和年初未分配利润之和。（　　）

（5）施工企业增资扩股时，投资者实际缴纳的出资额大于其按约定比例计算的其在注册资本中所占的份额部分，也应该计入"实收资本"账户。（　　）

（6）施工企业接受投资者以非现金资产投资时，应按该资产的账面价值入账。（　　）

（7）施工企业用当年实现的利润弥补亏损时，应单独做出相应的会计处理。（　　）

（8）施工企业以盈余公积向投资者分配现金股利，不会引起留存收益总额的变动。（　　）

4. 计算及账务处理题

（1）明朗建筑工程公司由两个投资人共同出资设立，注册资本5 000 000元。甲出资3 000 000元，占投资总额的60%，乙出资2 000 000元，占投资总额的40%。编制以下会计分录。

① 2018 年度实现税后利润 2 000 000 元，按 10％提取法定盈余公积金，按 5％提取法定公益金，并决定向投资人分派利润 800 000 元。

② 2019 年 1 月 10 日丙以施工机械作为资本向明朗建筑工程公司投资，双方协商确认施工机械的价值为 1 400 000 元，丙的出资额为 1 000 000 元。

③ 2019 年 2 月 5 日，为扩大生产经营规模，经批准将资本公积 200 000 元、盈余公积 100 000 元转增资本。

（2）光大建筑公司由 A、B 两个投资人共同出资设立，注册资本 10 000 000 元，A 出资 7 000 000 元，占投资总额的 70％，B 出资 3 000 000 元，占投资总额的 30％。编制以下会计分录。

① 2018 年度发生净亏损 500 000 元。

② 2019 年 1 月 5 日，经批准，以资本公积 200 000 元、盈余公积 300 000 元弥补亏损。

能力评价体系

知识要点	能力要求	所占分值(100 分)	自评分数
所有者权益的内容	了解所有者权益定义、内容	10	
接受投资	掌握接受投资和实收资本增减变动的核算	20	
资本溢价	掌握资本溢价的核算	20	
盈余公积和未分配利润	掌握提取盈余公积、分配投资人利润、期末结转和弥补亏损的核算	50	
总　　分		100	

第9章 工程成本和期间费用

【教学目标】

通过学习，了解工程成本、期间费用的概念，熟悉工程成本和费用分类的方法；熟练掌握工程成本的计算，重点掌握工程成本、期间费用的账务处理方法。

【教学要求】

能力要求	知识要点	相关知识
熟悉成本费用概念	费用分类	成本、费用的概念，费用的分类
了解工程成本核算程序	工程成本核算程序	工程成本核算对象，工程成本核算要求，工程成本核算程序
掌握工程成本核算	工程成本的归集和分配	材料费，人工费，机械使用费，其他直接费，间接费用
熟悉期间费用	管理费用、财务费用	管理费用和财务费用的核算内容

推荐阅读资料

1. 智董网专家委员会，2007. 新会计准则下企业会计核算操作实务 [M]. 北京：电子工业出版社.
2. 俞文青，2007. 施工企业会计 [M]. 5版. 上海：立信会计出版社.
3. 尹佳杰，2016. 房地产·建筑企业会计从入门到精通 [M]. 北京：化学工业出版社.

【学习重点】

工程成本的归集和分配

【最新标准】

《企业会计准则》（财政部令第33号）

第9章 工程成本和期间费用

> **引例**
>
> 光大建筑有限责任公司于2019年年初开工建设甲、乙两项承包工程,甲、乙两项工程于当年年末达到预定可使用状态。甲工程发生直接费用700万元,乙工程发生直接费用300万元。甲、乙两项工程共发生间接费用30万元,按直接费用的比例分配。
>
> 对于工程成本的核算,当材料、人工、机械以及其他费用发生时,可以明确判断是哪项工程耗用的,则直接计入该项工程的成本;而当费用发生时,不能明确判断是哪项工程耗用的,则可以先归集到"工程施工——间接费用"账户,然后再按照一定的标准进行分配。因此成本核算主要包括两个环节:归集和分配。对于单纯的施工企业来说期间费用只包括管理费用和财务费用两种。
>
> 本章主要介绍工程成本和期间费用的核算。

9.1 费用和成本概述

施工企业进行生产经营活动,离不开生产用的原材料、施工人员的劳动及固定资产的使用。这些物化劳动和活劳动的耗费,表现为一定的费用和成本。

9.1.1 费用和成本的概念

施工企业在生产经营过程中发生的各种耗费,简称费用。成本实质上是为满足会计核算和经济管理的需要,将费用按其支出的用途并以一定种类或数量的产品或劳务为对象进行归集汇总,从而构成各项产品或劳务的成本。施工企业的工程成本由直接材料费、直接人工费、机械使用费、其他直接费和间接费用5个成本项目组成。财务费用、管理费用以及销售费用作为期间费用,直接计入当期损益。

> **特别提示**
>
> 费用与成本有着密切的联系。首先,广义上讲,成本与费用本质上是一致的;其次,成本由费用要素构成,是对象化了的费用;最后,成本与期间费用之和等于费用。成本与费用又有着显著区别。首先,费用总量大于成本分量;其次,费用与期间有关,成本与对象有关。

9.1.2 费用的分类

施工企业的费用,可以按照不同的标准分类,主要分类方法有4种。

1. 费用按经济性质分类

费用按经济性质分类，构成费用要素，其费用称为要素费用。

（1）职工薪酬，是指企业为获得职工提供的服务而给予职工各种形式的报酬以及其他相关支出。

（2）外购材料，是指企业为进行施工生产而耗用的从外部购入的主要材料、结构件、机械配件、其他材料以及周转材料的摊销额。

（3）外购燃料，是指企业为进行生产而耗用的从企业外部购进的各种燃料，包括固体燃料、液体燃料、气体燃料。

（4）外购动力，是指企业为进行生产而耗用的由企业外部购进的动力，如电力等。

（5）折旧费，是指企业按照一定的方法计提的固定资产折旧费。

（6）其他支出，是指不属于以上各项费用要素的支出，如差旅费、租赁费、设计图纸费、试验检验费、税金、利息支出以及计入本期生产成本的其他费用等。

2. 费用按经济用途分类

费用按经济用途分类，可划分为工程成本和期间费用。

（1）工程成本。

① 直接材料费，是指在施工过程中耗用的构成工程实体的原材料、辅助材料、机械配件、零件、半成品的费用和周转材料的摊销费。

② 直接人工费，是指在施工过程中直接从事建筑安装工程施工人员的薪酬等。

③ 机械使用费，是指在施工过程中使用自有施工机械所发生的机械使用费和租用外单位施工机械的租金以及施工机械安装、拆卸和进场费等。

④ 其他直接费，是指在施工过程中发生的材料二次搬运费、临时设施摊销费、生产工具用具使用费、检验试验费、工程定位复测费、工程点交费、场地清理费等。

⑤ 间接费用，是指企业各个施工单位为组织和管理工程施工所发生的全部支出，包括施工单位管理人员薪酬、管理用固定资产折旧费、修理费、物料消耗、周转材料的摊销、取暖费、水电费、办公费、差旅费、财产保险费、工程保修费、劳动保护费、排污费及其他费用等。

（2）期间费用。

① 管理费用，是指施工企业行政管理部门为组织和管理生产经营活动所发生的费用。

② 财务费用，是指施工企业为筹集生产经营所需资金等而发生的各项费用，包括利息支出（减利息收入）、汇兑损失（减汇兑收益）及金融机构手续费等。

③ 销售费用，是指企业在销售产品或提供劳务等过程中发生的各项费用及专设销售机构的各项费用。

> **特别提示**
>
> 施工企业主要从事建筑安装工程施工活动，一般是先有买主，后有产品，因签订建造合同而发生的费用可以计入销售费用。施工企业一般不单独设置销售机构，发生的销售费用数额一般较少，因此，可以不设置"销售费用"账户，实际发生的销售费用可以通过"管理费用"账户核算。

3. 费用按其与工程量的关系分类

费用按其与工程量的关系，可以分为变动费用和固定费用。变动费用是指随着工程数量的增减而相应增减的费用，它与工程量变动成正比例关系，如工程成本中的直接材料费、直接人工费、机械使用费、其他直接费等。这些费用的支出都将随着工程量的变动而变动。固定费用是指与工程量的增减没有直接联系，在一定的工程量的范围内相对固定不变的费用。从单位成本来看，这类费用与工程量成反比，即工程量越大，单位成本分摊的固定费用越小。

4. 费用按其计入工程成本的方法分类

费用按其计入工程成本的方法，可以分为直接费用和间接费用。直接费用是指直接为某一工程施工而发生的费用，因而在费用发生的当时就可以直接计入该项工程的实际成本。间接费用是指为几项工程施工共同发生的费用，因此，在费用发生的当时，无法确定该项费用在各个工程上支出了多少。这就需要设置一定的账户，先将这些共同发生的费用进行归集，然后再按照一定的分配标准，分摊这些费用，分别计入各个工程的实际成本。

9.2 工程成本核算程序

9.2.1 工程成本的核算对象

工程成本的核算首先应确定工程成本核算的对象。工程成本核算对象就是指在成本核算时，所选择的施工费用的归集目标。合理地划分工程成本核算对象，是正确组织工程成本核算的前提条件。施工企业应根据《企业会计准则第14号——收入》中有关"合同分离"的条款，结合工程实际情况合理确定成本核算对象，一般来说，施工企业应以订立的单项合同中的单项履约义务为工程成本核算对象。具体确定方法如下。

（1）以单项合同成本核算对象。

（2）识别单项履约合同中的单项履约义务，若单项合同中包含多个单项履约义务，应以单项履约义务为成本核算对象。

（3）企业与同一客户同时订立或在相近时间内先后订立的两份或多份合同在以下几种情况下应当合并成为一份合同。

该两份或多份合同基于同一商业目的而订立并构成一揽子交易；或该两份或多份合同中的一份合同的对价金额取决于其他合同的定价或履行情况；或该两份或多份合同中所承诺的商品（或每份合同中所承诺的部分商品）构成一个单项履约义务。

9.2.2 工程成本的核算要求

工程成本核算是施工企业经济管理的重要手段。通过工程成本核算，可以客观地反映和监督施工过程中各成本对象的耗费情况和费用定额的执行情况，正确地计算已完工程的实际成本,据以合理收取工程价款。为了充分发挥工程成本核算的作用,要求工程成本核算必须做到如下 3 个方面。

(1) 建立、健全工程成本管理制度,做好工程成本核算的基础工作。具体包括建立、健全成本定额管理制度;建立、健全原始记录制度;建立、健全企业内部计价制度;建立、健全企业内部成本管理责任制度。

(2) 遵守成本开支范围,划清各项费用开支界限。成本开支范围是指国家对企业在生产经营活动中发生的各项费用允许在成本中列支的范围。为了加强成本管理工作,企业在成本核算中应正确划清下列各项费用开支的界限。

① 划清计入与不计入成本的费用界限,也就是要划清工程成本和期间费用的界限。

② 划清各个成本对象的费用界限。不同的工程成本应由不同的成本对象承担。对于施工生产过程中发生的一些间接费用,可以先归集汇总,再采用一定的方法在不同的成本对象之间分配。

③ 划清本期成本与下期成本的界限。根据权责发生制原则,凡是应由本期负担的生产费用均计入本期,凡是不应由本期负担的生产费用均不得计入本期,以确定各个会计期间的生产成本费用。

(3) 正确、合理地确定工程成本计算期。建筑安装工程一般应按月计算当期工程的实际成本。实行内部独立核算的工业企业、机械施工、运输单位和物料供应部门,按月计算产品、作业和材料成本。改、扩建零星工程以及工期较短(一年以内)的单位工程或按工程对象进行结算的工程,可相应采取竣工后一次计算工程成本。对于施工周期长、气候条件影响大、施工活动难以在各个月份均衡的项目,为了合理负担工程成本,对某些间接费用应按年度工程数量分配计算成本。

9.2.3 工程成本的核算程序

工程成本的核算程序一般包括总分类核算程序和明细分类核算程序两种。本教材仅就工程成本的总分类核算程序加以说明。

1. 设置总分类科目

(1) "合同履约成本"账户。本账户属于成本类账户,用来核算企业为履行当前合同或者预期取得合同所发生的应当确认为一项资产的成本,具体包括与合同直接相关的成本和仅因该合同而发生的其他成本。与合同直接相关的成本包括直接人工、直接材料、制造费用或类似费用,如因组织和管理生产、施工、服务等活动而发生的费用,包括职工薪酬、劳动保护费、固定资产折旧费及修理费、物料消耗、取暖费、水电费、办公费、差旅费、财产保险费、工程保修费、排污费、临时设施摊销费等。仅因该合同而发生的其他成本包括支付给分包商的成本、机械使用费、设计和技术援助费用、施工现场二次搬运费、生产工具和用具使用费、检验试验费、工程定位复测费、工程点交费用、场地清理费等。本账户可以根据合同分别设置"服务成本"和"工程施工"进行明细核算,但是企业因履行合同而产生的毛利不在本账户中核算。

企业履行合同过程中,发生与合同直接相关的成本和仅因该合同而发生的其他成本时,借记"合同履约成本——工程施工"账户,贷记"应付职工薪酬""原材料""银行存款"等账户;对合同履约成本进行摊销时,借记"主营业务成本""其他业务成本"等账户,贷记"合同履约成本——工程施工"账户。涉及增值税的,还应进行相应的处理。本账户期末借方余额,反映企业尚未结转的合同履约成本。

(2)"机械作业"账户。本账户属于成本类账户,用来核算企业及其内部独立核算的施工单位、机械站和运输队使用自有施工机械和运输设备进行机械作业(包括机械化施工)和运输作业等所发生的各项费用。本账户可按施工机械或运输设备的种类等进行明细核算。施工企业因机械作业所发生的各项费用,可按成本核算对象和成本项目进行归集。成本项目一般分为人工费、燃料及动力费、折旧及修理费、其他直接费用、间接费用(为组织和管理机械作业生产所发生的费用)。企业发生的机械作业支出,借记"机械作业"账户,贷记"原材料""应付职工薪酬""累计折旧"等账户。期末,企业及其内部独立核算的施工单位、机械站和运输队为本单位承包的工程进行机械化施工和运输作业的成本,应转入承包工程的成本,借记"工程施工"账户,贷记"机械作业"账户。对外单位、专项工程等提供机械作业(包括运输作业)的成本,借记"其他业务成本""在建工程"等账户,贷记"机械作业"账户。本账户期末应无余额。

特别提示

企业及其内部独立核算的施工单位,从外单位或本企业其他内部独立核算的机械站租入施工机械发生的机械租赁费,在"合同履约成本——工程施工"账户中核算。

(3)"生产成本——辅助生产成本"账户。本账户属于成本类账户,用来核算企业所属的非独立核算的辅助生产部门为工程施工生产材料和提供劳务所发生的费用。其借方登记实际发生的费用,贷方登记生产完工验收入库的产品成本或者按受益对象分配结转的费用,期末,借方余额表示在产品的成本。本账户应按各辅助生产部门设置明细账进行明细核算。

(4)"合同结算"账户。本账户核算同一合同下属于在某一时段内履行履约义务涉及与客户结算对价的合同资产或合同负债,在此账户下设置"合同结算——价款结算"账户反映定期与客户进行结算的金额,设置"合同结算——收入结转"账户反映按履约进度结转的收入金额。企业向业主办理合同价款结算时,应按结算金额,借记"应收账款"等账户,贷记"合同结算——价款结算"账户和"应交税费——应交增值税(销项税额)"账户。确认收入时,借记"合同结算——收入结转"账户,贷记"主营业务收入""其他业务收入"等账户。资产负债表日,"合同结算"账户的期末余额在借方的,根据其流动性,在资产负债表中分别列示为"合同资产"或"其他非流动资产"项目;期末余额在贷方的,根据其流动性,在资产负债表中分别列示为"合同负债"或"其他非流动负债"项目。

2. 工程成本核算的基本程序

工程施工费用在有关总分类账户之间的归集和结转,可按下列步骤进行。

(1)为建造合同发生的直接施工费用,直接计入该成本核算对象中,即计入"合同履约成本——工程施工"账户的借方。

(2)为建造合同服务所发生的间接费用,按其发生的地点和用途进行归集汇总,即计入"生产成本——辅助生产成本""机械作业""合同履约成本——工程施工(间接费用)"等账户的借方。

（3）月末，将归集在"生产成本——辅助生产成本"账户中的费用，按其用途分配计入各受益对象。月末，将由本月承担的摊提费用，转入其有关成本费用账户的借方。

（4）月末，根据归集在"机械作业"账户中的各项费用，计算机械作业成本，按其用途分配计入各受益对象。

（5）月末，将"合同履约成本——工程施工（间接费用）"账户所归集的间接费用，按一定分配标准，分配计入有关工程成本，即计入"工程施工——合同成本"账户的借方。

（6）计算和结转工程成本。期末，计算本期已完工程或竣工工程的实际成本。

9.3 工程成本的核算

【施工项目成本核算八种方法】

施工过程中发生的各项费用，首先按照确定的成本核算对象和前述确定的5个成本核算项目进行归集。能确定成本项目的，直接计入；不能确定成本项目的，采用一定的分配方法分配计入，然后汇总计算出各项工程的实际成本。

9.3.1 材料费

工程成本中的材料费是指在工程施工过程中耗用的主要材料、结构件、配件、零件、半成品、其他材料费用和周转材料的摊销及租赁费用，不包括需要安装设备的价值。

● 特 别 提 示

企业在进行材料费核算时，必须严格划分施工生产性耗用与非施工生产性耗用的界限，只有直接用于工程的材料才能计入工程成本的"材料费"项目中。

施工企业工程耗用的材料品种繁多，数量较大，领用的次数也比较频繁，因此，企业必须建立、健全材料物资的收、发、领、退等管理制度，制定统一的定额领料单、领料单、大堆材料耗用计算单、集中配料耗用计算单、周转材料摊销分配表、退料单、已领未用材料清单、废料交库单等自制原始凭证，并按照不同的情况进行归集和分配。

上述各种材料，采用不同的方法进行分配后，应根据各有关分配计算凭证及材料部门提供的资料，汇总编制"材料发出汇总表"，确定计算各成本核算对象应分摊的"材料费"成本，借记"合同履约成本——工程施工（材料费）"账户，贷记"原材料"等账户。

应用案例 9-1

2019年7月，光大建筑公司第一项目部根据审核无误的各种领料凭证、大堆材料耗用分配表等汇总编制的"材料费分配表"见表9-1。

表9-1 材料费分配表

材料科目：主要材料　　　　　　　　2019年7月　　　　　　　　　　　　单位：元

成本核算对象	本月领用材料计划成本	加：月初现场存料计划成本	减：月末现场存料计划成本	本月耗用材料计划成本	材料成本差异率(2%)	本月耗用材料实际成本
甲工程	46 000		2 000	44 000	880	44 880
乙工程	40 000			40 000	800	40 800
合　计	86 000		2 000	84 000	1680	85 680

2019年7月，第一项目部根据"材料费分配表"，做如下会计分录。

（1）结转本月耗用材料的计划成本。

借：合同履约成本——工程施工——甲工程（材料费）　　　　　44 000
　　　　　　　　——工程施工——乙工程（材料费）　　　　　40 000
　　贷：原材料——主要材料　　　　　　　　　　　　　　　　84 000

（2）摊销本月耗用材料应负担的成本差异。

借：合同履约成本——工程施工——甲工程（材料费）　　　　　880
　　　　　　　　——工程施工——乙工程（材料费）　　　　　800
　　贷：材料成本差异　　　　　　　　　　　　　　　　　　　1 680

9.3.2　人工费

工程成本中的人工费是指在施工过程中直接从事工程施工的建筑安装工人以及在施工现场直接为工程制作结构件和运料、配料等工人的劳动报酬。

● 特 别 提 示

此处的人工费不包含机械作业人员的薪酬，机械作业人员的薪酬应在"机械使用费"中核算。

人工费计入成本的方法，一般应根据企业实行的具体工资制度而定。对于计件工人的工资，可直接根据"工程任务单"中工资额汇总计入各项工程成本，其他津贴和职工福利费等，可按照计件工资总额的百分比计算，计入各项工程成本。对于计时工人的工资，可根据"工时汇总表"中各项工程耗用的作业工时总数和各施工单位的平均工资率计算。施工单位平均工资率就是以月份内各施工单位建筑安装工人(包括辅助工人)的工资总额和职工福利费，除建筑安装工人(包括辅助工人)作业工时总和所得的商。它的计算公式是

$$\text{某施工单位平均工资率} = \frac{\text{月份内该施工单位建安工人工资总额} + \text{月份内该施工单位建安工人福利费总额}}{\text{月份内该施工单位建筑安装工人作业工时总数}}$$

用施工单位平均工资率乘各项工程耗用的工时，就可算出该工程在某月份内应分配的人工费，即

$$\text{某项工程应分配的人工费} = \text{施工单位平均工资率} \times \text{该工程耗用工时}$$

应用案例 9-2

光大建筑公司第一项目部 2019 年 7 月份建筑安装工人的工资总额为 402 400 元,职工福利费为 53 200 元,建筑安装工人作业工时总和为 22 780 工时,则

$$第一项目部平均工资率 = \frac{400\,240\,元 + 53\,200\,元}{22\,780\,时} = 20.00\,元/时$$

根据求得的平均工资率和建筑安装工人"工时汇总表"中各项工程耗用的作业工时数,即可计算各项工程的人工费,据以计入各项工程成本的"人工费"项目。"人工费分配表"见表 9-2。

表 9-2 人工费分配表

平均工资率:20.00 元/时　　　　　　　2019 年 7 月

成本核算对象	工时数	人工费(元)
甲工程	11 950	239 000
乙工程	10 830	216 600
合　计	22 780	455 600

2019 年 7 月该项目部根据"人工费分配表"计算人工费时,做如下会计分录。

　　借:合同履约成本——工程施工——甲工程(人工费)　　239 000
　　　　　　　　　　——工程施工——乙工程(人工费)　　216 600
　　　贷:应付职工薪酬　　　　　　　　　　　　　　　　455 600

9.3.3　机械使用费

工程成本中的"机械使用费"是指施工企业在机械化施工中使用施工机械而发生的各项费用。随着工程机械化施工程度的不断提高,机械使用费在工程成本中的比重也日益增长。因此,施工机械的管理和核算,对于提高施工机械的利用率,加速施工进度,节约劳动力和降低工程成本都有着重要的意义。

机械使用费的内容包括:人工费,指机械操作人员的薪酬;燃料、动力费,指施工机械耗用的燃料动力费;材料费,指施工机械耗用的润滑材料和擦拭材料等;折旧修理费,指对施工机械计提的折旧费、大修理费用摊销和发生的日常修理费用以及租赁施工机械的租赁费;替换工具、部件费,指施工机械使用的传动皮带、轮胎、胶皮管、钢丝绳、变压器、开关、电线、电缆等替换工具和部件的摊销和修理费;运输装卸费,指施工机械运到施工现场、运离施工现场和在施工现场范围内转移的运输、安装、拆卸及试车等费用;辅助设施费,指为使用施工机械而建造、铺设的基础、底座、工作台、行走轨道等费用;养路费、牌照税,指为施工运输机械交纳的养路费和牌照税;间接费用,指机械施工单位组织机械施工、保管机械发生的费用和停机棚的折旧、维修费等。

第9章 工程成本和期间费用

> **特别提示**
>
> 机械使用费是直接费,但包括一定的间接费,也就是说机械使用费是包括间接费用的直接费。可见将费用分为直接费和间接费是相对而言的。

由于企业施工中使用的施工机械,一般分为自有机械和租用施工机械。因此,机械使用费的核算也分为两种情况。

从外单位或本企业内部独立核算的机械站租入施工机械支付的租赁费,一般可以根据"机械租赁费结算单"所列金额,直接计入"工程施工——机械使用费"成本项目中。如果租入的施工机械是为两个或两个以上的工程服务,应以租入机械所服务的各个工程受益对象提供的作业台班数量为基数进行分配。其计算公式是

某成本核算对象应负担租赁费＝该成本核算对象实际耗用台班×平均台班租赁费

$$平均台班租赁费 = \frac{支付的租赁费总额}{租入机械作业总台班数}$$

施工单位使用自有机械时,可根据情况选择以下3种分配方法之一,将费用分配给各个工程受益对象。

(1) 台班分配法,即根据成本核算对象使用施工机械的台班数进行分配。其计算公式是

$$\begin{matrix}某成本核算对象应\\分摊的某种机械使用费\end{matrix} = \begin{matrix}该种机械每台\\班实际成本\end{matrix} \times \begin{matrix}该成本核算对象\\实际使用台班数\end{matrix}$$

台班分配法适用于按单机或机组进行成本核算的施工机械。

(2) 预算分配法,即根据实际发生的机械作业费用占预算定额规定的机械使用费的比率进行分配的方法。其计算公式是

$$\begin{matrix}某成本核算对象应分\\摊的某种机械使用费\end{matrix} = \begin{matrix}该种成本核算对象\\预算机械使用费\end{matrix} \times \begin{matrix}实际机械作业费用占\\预算机械费用的比率\end{matrix}$$

$$\begin{matrix}某种成本核算对象\\预算机械使用费\end{matrix} = \begin{matrix}该成本核算对象\\实际完成工程量\end{matrix} \times \begin{matrix}单位工程量机械\\使用费预算定额\end{matrix}$$

$$实际机械作业费用占预算机械费用的比率 = \frac{实际发生的机械作业费用总额}{成本核算对象预算机械费总额}$$

预算分配法适用于不便计算机械使用台班或无机械台班的中小型机械使用费的分配,如几个成本核算对象共同使用的混凝土搅拌机的费用。

(3) 作业量分配法,即根据各种机械所完成的作业量进行分配的方法。其计算公式是

$$\begin{matrix}某成本核算对象应负\\担的某种机械使用费\end{matrix} = \begin{matrix}某种机械为该成本核\\算对象提供的作业量\end{matrix} \times \begin{matrix}某种机械单位\\作业量实际成本\end{matrix}$$

$$某种机械单位作业量实际成本 = \frac{某种机械实际发生费用总额}{某机械实际完成作业量}$$

作业量分配法适用于能计算完成作业量的单位或某类机械,如汽车运输作业,按该类汽车提供的吨公里计算作业量。

月末对按照上述方法计算的各成本核算对象应负担的机械使用费进行结转时,借记"工程施工——××工程(机械使用费)"账户,贷记"机械作业"账户。

应用案例 9-3

光大建筑公司设有机械作业部门,2019 年 7 月该部门的一台塔吊发生各项费用 6 000 元,本月工作 30 个台班,其中甲工程 16 个台班,乙工程 14 个台班;一台搅拌机,本月发生费用 6 000 元,完成搅拌混凝土 600 立方米,其中甲工程 350 立方米,乙工程 250 立方米。

根据上述资料编制"机械使用费分配表",见表 9-3。

表 9-3 机械使用费分配表

单位:第一项目部　　　　　　　　　　2019 年 7 月　　　　　　　　　　单位:元

成本核算对象	塔吊(每台班成本:200 元)		搅拌机(每立方米成本:10 元)		机械使用费合计
	台班	金额	工程量	金额	
甲工程	16	3 200	350	3 500	6 700
乙工程	14	2 800	250	2 500	5 300
合　计	30	6 000	600	6 000	12 000

2019 年 7 月,机械作业部门支付各项费用时,做如下会计分录。

借:机械作业——塔吊　　　　　　　　　　　　　　　　　　　　　6 000
　　　　　　——搅拌机　　　　　　　　　　　　　　　　　　　　6 000
　贷:银行存款　　　　　　　　　　　　　　　　　　　　　　　　　　　12 000

2019 年 7 月末第一项目部根据"机械使用费分配表",做如下会计分录。

借:合同履约成本——工程施工——甲工程(机械使用费)　　　　　6 700
　　　　　　　　——工程施工——乙工程(机械使用费)　　　　　5 300
　贷:机械作业——塔吊　　　　　　　　　　　　　　　　　　　　　6 000
　　　　　　——搅拌机　　　　　　　　　　　　　　　　　　　　6 000

9.3.4　其他直接费

工程成本中的其他直接费,是指为完成工程项目施工、发生于施工前和施工过程中但不计入材料费、人工费、机械使用费项目的其他生产费用。主要包括:环境保护费,指施工现场为达到环保部门要求所发生的各项费用;安全施工费,指施工现场达到安全施工所发生的各项费用;临时设施费,指为工程施工所必需搭建的生产生活用的临时宿舍、文化福利及公用设施、仓库、办公室、加工厂以及规定范围内道路、水、电、管、线等临时设施的搭建、维修、拆除费或摊销费;施工排水降水费,指为确保工程在正常条件下施工,采取各种排水、降水措施所发生的费用;施工过程中耗用的水、电、风、汽费;冬、雨季施工增加费,指为保证工程质量,采取保温、防预措施而增加的材料、人工和各项设施费用;夜间施工增加费,指组织夜间连续施工而发生的照明设施摊销费和夜餐补助费等;因场地狭小等原因而发生的材料二次搬运费;土方运输费;生产工具、仪器使用费,指施工生产所需的不属于固定资产的生产工具、仪器仪表等的购置、摊销和维修费;检验试验费,指对建筑材料、构件和建筑安装进行一般鉴定、检查所发生的费用。

对其他直接费进行归集与分配时,分别按如下 3 种情况进行处理。

(1) 费用发生时能分清成本受益对象的,发生时直接计入各成本核算对象的成本中,借记"工程施工——××工程(其他直接费)"账户,贷记有关账户。

(2) 费用发生时不能分清成本受益对象的,将其发生的费用先记入"工程施工——其他直接费"账户,于月末再按适当方法分配计入各成本核算对象。

(3) 费用发生时,难以同成本项目中的其他项目分开的,为了简化核算手续,便于成本分析和考核,可以将这些费用并入"材料费""人工费""机械使用费"成本项目核算。

应用案例 9-4

光大建筑公司第一项目部 2019 年 7 月份其他直接费用发生额为 10 000 元,根据分配计算结果,其中甲工程分摊 4 000 元,乙工程分摊 6 000 元。

2019 年 7 月第一项目部分配其他直接费时,做如下会计分录。

借:合同履约成本——工程施工——甲工程(其他直接费)   4 000
          ——工程施工——乙工程(其他直接费)   6 000
  贷:银行存款   10 000

9.3.5 间接费用

建筑安装工程成本中除了各项直接费用外,还包括企业所属各施工单位,如工程处、施工队、项目经理部为准备、组织和管理施工生产所发生的各项费用。这些费用属于共同性间接费用,不能确定其为某项工程所负担,因而无法将其直接计入各个成本对象。为了简化核算手续,企业应在"工程施工"总账户下设置"间接费用"明细账户,汇总本期发生的各项间接费用,期末按一定标准分配计入有关工程成本。一般情况下,间接费用应按有关规定分设如下明细项目。

(1) 管理人员薪酬,指施工单位管理人员的工资、奖金、工资性津贴以及职工福利费。

(2) 劳动保护费,指用于施工单位职工的劳动保护用品和技术安全设施的购置、摊销和修理费,供职工保健用的解毒剂、营养品、防暑饮料、洗涤肥皂等物品的购置费或补助费以及工地上职工洗澡、饮水的燃料费等。

(3) 办公费,指施工单位管理部门办公用的文具、纸张、账表、印刷、邮电、书报、会议、水电、烧水和集体取暖用煤等费用。

(4) 差旅交通费,指施工单位职工因公出差期间的旅费、住勤补助费、市内交通费和误餐补助费、职工探亲费、劳动力招募费、职工离退休、退职一次性路费、工伤人员就医路费、工地转移费以及现场管理使用的交通工具的油料、燃料、养路费及牌照费等。

(5) 折旧和修理费,指施工单位施工管理和试验部门等使用的属于固定资产的房屋、设备、仪器以及不实行内部独立核算的辅助生产单位的厂房等的折旧费、修理费。

（6）工具用具使用费，指施工单位施工管理和试验部门等使用不属于固定资产的工具器具、家具和检验、试验、测绘、消防用具等的购置、摊销和维修费。

（7）保险费，指施工管理用财产、车辆保险费以及海上、高空、井下作业等特殊工种安全保险费。

（8）工程保修费，指工程竣工交付使用后，在规定保修期以内的修理费用。

（9）其他费用，指上列各项费用以外的其他间接费用。

间接费用分配标准因工程类别不同而有所不同：土建工程一般应以工程成本的直接费用为分配标准；安装工程应以安装工程的人工费用为分配标准。在实际工作中，由于施工单位施工的工程有土建工程和安装工程，有的辅助生产单位生产的产品或劳务可能还会对外销售，所以施工单位的间接费用一般要进行两次分配，即先在不同的工程、产品、劳务和作业间进行分配，然后再在各类工程、产品、劳务、作业的不同成本对象之间进行分配。

间接费用的第一次分配是将发生的全部间接费用在不同类别的工程、产品间进行分配。实际工作中，一般是以各类工程、产品、劳务、作业中的人工费为基础进行分配。其计算公式是

$$间接费用分配率 = \frac{间接费用总额}{各类工程成本中人工费总额} \times 100\%$$

$$某类工程（或产品、劳务、作业等）应分配的间接费用 = 该类工程（产品、劳务、作业等）成本中人工费 \times 间接费用分配率$$

间接费用的第二次分配是将第一次分配到各类工程和产品的间接费再分配到本类各成本核算对象中去。第二次分配是按工程类别不同分别以直接费或人工费为基础进行分配的。

（1）建筑工程间接费分配为

$$间接费用分配率 = \frac{建筑工程分配的间接费用总额}{全部建筑工程直接费用总额} \times 100\%$$

某建筑工程分配的间接费用 = 该建筑工程直接费用 × 间接费用分配率

（2）安装工程间接费分配为

$$间接费用分配率 = \frac{安装工程分配的间接费用总额}{各安装工程人工费总额} \times 100\%$$

某安装工程分配的间接费用 = 该安装工程人工费 × 间接费用分配率

应用案例 9-5

承应用案例 9-1 至应用案例 9-4，光大建筑公司第一项目部 2019 年 7 月份只有建筑工程，没有安装工程和其他产品、劳务、作业等。根据"合同履约成本——工程施工（间接费用）"账户归集的本月发生的间接费用为 61 296 元，按各工程直接费比例分配。

$$间接费用分配率 = \frac{61\,296\,元}{84\,000\,元 + 1\,680\,元 + 45\,560\,元 + 12\,000\,元 + 10\,000\,元} \times 100\% = 40\%$$

根据工程成本明细账和成本计算卡的资料编制"间接费用分配表"，见表 9-4。

表 9-4　间接费用分配表

单位：第一项目部　　　　　　　　　　2019 年 7 月　　　　　　　　　　　单位：元

成本核算对象	直接费用	分配率(%)	分配金额
甲工程	79 480	40	31 792
乙工程	73 760	40	29 504
合　计	153 240	40	61 296

2019 年 7 月，根据表 9-4 中的数据，做如下会计分录。

借：合同履约成本——工程施工——甲工程（间接费用）　　31 792
　　　　　　　　　——工程施工——乙工程（间接费用）　　29 504
　贷：合同履约成本——工程施工——（间接费用）　　　　　61 296

9.4　期间费用

9.4.1　期间费用的概念及内容

期间费用是指属于一定会计期间，应于发生的当期与同期收入相匹配的支出。施工企业的期间费用主要包括管理费用和财务费用。

【会计三大期间费用的区别】

1. 管理费用的概念及内容

施工企业的管理费用是指企业行政管理部门即公司总部，为管理和组织施工生产经营活动所发生的各项费用。为了划清施工生产单位与企业行政管理部门的施工生产经营责任，管理费用不计入施工生产成本，而直接由企业当期利润补偿。施工企业的管理费用由如下内容组成。

（1）工程排污费，指施工现场按规定交纳的工程排污费。

（2）社会保险费，指企业按规定标准为职工交纳的基本养老保险费、失业保险费、基本医疗保险费、生育保险费以及工伤保险。

（3）住房公积金，指企业按规定标准为职工交纳的住房公积金。

（4）工程定额测定费，指按规定支付工程造价（定额）管理部门的定额测定费。

（5）行政管理人员薪酬，指企业行政管理部门即公司总部管理人员的全部货币性薪酬和非货币性福利。

（6）折旧和修理费，指企业行政管理部门使用属于固定资产的房屋、设备、仪器等的折旧费和修理费。

（7）周转材料的摊销，指企业行政管理部门使用不属于固定资产的设备、器具、家具等周转材料的摊销费。

（8）办公费，指企业行政管理部门办公用的文具、纸张、账表、印刷、邮电、书报、会议、水电、烧水和集体取暖用煤等费用。

（9）差旅交通费，指企业行政管理部门职工因公出差、调动工作的差旅费、住勤补助费、市内交通和误餐补助费、上下班交通补贴、职工探亲路费、劳动力招募费、职工离退休一次性路费以及行政管理部门使用的交通工具的油料、燃料、养路费、牌照费等。

（10）工会经费，指按照企业全体职工工资总额的2％计提拨交给工会使用的经费。

（11）职工教育经费，指企业为职工学习先进技术和提高文化水平，按照企业职工工资总额的一定比率（一般为1.5％）计提的教育经费。

（12）劳动保险费，指企业支付离退休职工的退休金、医疗费、职工退职金、6个月以上病假人员工资、职工死亡丧葬补助费和抚恤费，按照规定支付给离休人员的各项经费。

（13）待业保险费，指企业按照国家规定交纳的待业保险基金。

（14）董事会费，指股份制企业董事会、监事会及其成员为执行其职能而发生的各项费用，包括董事津贴、监事津贴、差旅费、会议费等。

（15）咨询费，指企业向有关咨询机构进行科学技术、经营管理咨询时发生的费用，包括聘请技术顾问、法律顾问等支付的费用。

（16）审计费，指企业聘请中国注册会计师进行查账验资以及进行资产评估等发生的费用。

（17）诉讼费，指企业因起诉或应诉而发生的各项费用。

（18）绿化费，指企业对本企业场地进行绿化而发生的零星绿化费用。

（19）税金，指企业按照规定支付的房产税、车船使用税、土地使用税、印花税等。

（20）土地使用费，指企业使用土地而支付的费用。

（21）技术转让费，指企业转让专利技术和非专利技术而支付的费用。

（22）技术开发费，指企业对没有立项而从事的一般研究开发新产品、新技术、新工艺所发生的新产品设计费、工艺规程制定费、设备测试费、原材料和半成品的试验费、技术图资料费、研究人员的工资、研究设备的折旧、与新产品试制和技术研究有关的其他费、委托其他单位进行的科研费用以及试制失败损失。

（23）无形资产的摊销费，指专利权、商标权、土地使用权等无形资产的摊销费。

（24）业务招待费，指施工企业因为经营的合理需要而支付的交际应酬费用。在下列限额内据实列入管理费用。全年销售净额（扣除折让、折扣后的净额）在1 500万元（不含1 500万元）以下的，不超过年销售净额的0.5％；全年销售净额超过1 500万元但不足5 000万元（不含5 000万元）的，不超过该部分销售净额的0.3％；全年销售净额超过5 000万元但不足1亿元（不含1亿元）的，不超过该部分的0.2％；全年销售净超过1亿元的，不超过该部分的0.1％。

（25）存货盘亏、毁损和报废（减盘盈）损失，指企业在清查财产过程中查明并按规定程序批准后转销的各种原材料、周转材料、产成品等流动资产的盘亏、毁损和报废减去盘盈和过失人赔偿后的净损失，但不包括应计入营业外支出的存货非常损失。

（26）其他管理费用，指上列各项管理费用以外的其他管理费用。

2. 财务费用的概念及内容

施工企业的财务费用是指企业为筹集施工生产经营所需资金而发生的各项费用，包括利息净支出(减利息收入后的支出)、汇兑净损失(减汇兑收益后的损失)、金融机构手续费、企业发生的现金折扣或收到的现金折扣以及筹集生产经营资金发生的其他费用。其具体包括如下项目。

（1）利息净支出，指企业短期借款利息、长期借款利息、应付票据利息、票据贴现利息、应付债券利息、长期应付引进国外设备款利息等利息支出减去银行存款等利息收入后的净额。

（2）汇兑净损失，也就是汇兑损失抵消汇兑收益后的实际损失，是指银行结售或购入外汇而产生的银行买入、卖出价与记账汇率之间的差额以及月度终了各种外汇账户的外汇期末余额，按照期末汇率折合的记账本位币金额与账面本位币金额之间的差额等。

（3）相关手续费，是指发行债券所需支付的手续费、开出汇票的银行手续费、调剂外汇手续费等。

（4）企业发生的现金折扣或收到的现金折扣。

（5）其他财务费用。

9.4.2 期间费用的核算

1. 管理费用的核算

为了核算施工企业发生的管理费用，企业应设置"管理费用"账户。根据管理需要，还应根据费用项目，进行明细核算。企业发生的各项管理费用借记"管理费用"账户，贷记"库存现金""银行存款""原材料""应付职工薪酬""长期待摊费用""累计折旧""累计摊销""研发支出""应交税费"等账户；期末，将本账户归集的管理费用从贷方转入"本年利润"账户的借方，计入当年损益。结转后，"管理费用"账户期末无余额。

【办公电脑的购买费用到底记入"管理费用"还是"固定资产"】

应用案例 9-6

2019 年 7 月光大建筑公司发生以下管理费用：以银行存款支付业务招待费 7 200 元；计提管理部门使用的固定资产折旧费 8 000 元；分配管理人员工资 12 000 元，提取职工福利费 1 680 元；计算应交土地使用税 3 500 元；计提无形资产摊销费 2 000 元。

（1）2019 年 7 月，支付业务招待费时，做如下会计分录。

借：管理费用——业务招待费　　　　　　　　　　　　　　　　　　7 200
　　贷：银行存款　　　　　　　　　　　　　　　　　　　　　　　　　7 200

（2）2019 年 7 月，计提折旧费时，做如下会计分录。

借：管理费用——折旧费　　　　　　　　　　　　　　　　　　　　8 000
　　贷：累计折旧　　　　　　　　　　　　　　　　　　　　　　　　　8 000

（3）2019 年 7 月，分配工资及计提福利费时，做如下会计分录。

借：管理费用——工资及福利费　　　　　　　　　　　　　　　　　13 680
　　贷：应付职工薪酬——工资　　　　　　　　　　　　　　　　　　12 000
　　　　　　　　　　——职工福利　　　　　　　　　　　　　　　　　1 680

(4) 2019 年 7 月，计算应交土地使用税时，做如下会计分录。

借：管理费用——土地使用税 3 500
　　贷：应交税费——应交土地使用税 3 500

(5) 2019 年 7 月，计提摊销费时，做如下会计分录。

借：管理费用——无形资产摊销 2 000
　　贷：累计摊销 2 000

(6) 2019 年 7 月末，结转管理费用时，做如下会计分录。

借：本年利润 34 380
　　贷：管理费用——业务招待费 7 200
　　　　　　　　　——折旧费 8 000
　　　　　　　　　——工资及福利费 13 680
　　　　　　　　　——土地使用税 3 500
　　　　　　　　　——无形资产摊销 2 000

2. 财务费用的核算

为了核算施工企业发生的财务费用，企业应设置"财务费用"账户。根据管理需要，还应根据费用项目，进行明细核算。企业发生财务费用时，借记"财务费用"账户，贷记"库存现金""银行存款""应付利息""长期借款"账户等；月末结转时，借记"本年利润"账户，贷记"财务费用"账户。结转后，"财务费用"账户期末无余额。

应用案例 9-7

光大建筑公司 2019 年 7 月向银行借入流动资金 1 000 000 元，每月支付利息，到期偿还本金，2019 年 7 月支付利息 10 000 元。

2019 年 7 月，支付利息时，做如下会计分录。

借：财务费用——利息支出 10 000
　　贷：银行存款 10 000

应用案例 9-8

光大建筑公司为筹集资金发行了一种到期一次还本付息的短期债券。2019 年 7 月应计提利息 5 000 元。

2019 年 7 月，计提利息时，做如下会计分录。

借：财务费用——利息支出 5 000
　　贷：应付债券——应计利息 5 000

应用案例 9-9

光大建筑公司 2019 年 7 月收到银行计息通知，银行存款利息收入为 500 元。

2019年7月，收到银行计息通知时，做如下会计分录。

借：银行存款　　　　　　　　　　　　　　　　　　　　　　　　500
　　贷：财务费用——利息支出　　　　　　　　　　　　　　　　　　500

应用案例9-10

光大建筑公司用长期借款建造厂房，该厂房已达到预定可使用状态。2019年7月发生长期借款利息25 000元。

2019年7月，计提利息时，做如下会计分录。

借：财务费用——利息支出　　　　　　　　　　　　　　　　　25 000
　　贷：应付利息　　　　　　　　　　　　　　　　　　　　　　　25 000

为构建固定资产而借入的长期借款，其利息的处置原则是：所购建固定资产达到预定可使用状态前发生的长期借款利息，应予以资本化，即应计入固定资产成本；所购建固定资产达到预定可使用状态后，若长期借款仍未到期，则所发生的利息应计入当期财务费用。

应用案例9-11

光大建筑公司2019年7月末，结转财务费用。

借：本年利润　　　　　　　　　　　　　　　　　　　　　　　39 500
　　贷：财务费用——利息支出　　　　　　　　　　　　　　　　　39 500

本章小结

　　工程成本和费用是两个既有联系又有区别的概念。费用是计算工程成本的基础，工程成本是由费用要素汇总而成的，是对象化了的费用。

　　工程成本的核算是将施工中发生的各项应计入工程成本的费用，按照一定的方法分配和归集到各成本对象。正确组织工程成本核算，首先应正确区分哪些费用应计入工程成本，哪些费用不应计入工程成本；其次，应正确划分工程成本核算对象，确定工程成本费用归集范围，并按照规定的成本项目，将应计入工程成本的费用在各成本核算对象中进行分配和归集，从而计算出各成本对象的实际成本。

　　施工企业的期间费用，包括管理费用和财务费用。管理费用是指企业行政管理部门为组织和管理生产经营活动而发生的各种费用；财务费用是指企业为筹集资金而发生的各种费用。正确区分期间费用的内容，掌握期间费用发生与结转的账务处理方法。

习 题

1. 单项选择题

(1) 施工企业的管理费用、财务费用和销售费用属于(　　)。
　A. 工程成本　　　B. 生产费用　　　C. 期间费用　　　D. 非常损失

(2) 期间费用与(　　)相关。
　A. 工程项目　　　B. 会计期间　　　C. 成本核算对象　　　D. 工程建造时间

(3) 费用要素是按照(　　)所做的分类。
　A. 经济性质　　　　　　　　　　　B. 经济用途
　C. 与工程量的关系　　　　　　　　D. 计入工程成本的关系

(4) 将费用分为工程成本和期间费用是按照(　　)所做的分类。
　A. 经济性质　　　　　　　　　　　B. 经济用途
　C. 与工程量的关系　　　　　　　　D. 计入工程成本的关系

(5) (　　)是指随着工程数量的增减而相应增减的费用。
　A. 直接费用　　　B. 间接费用　　　C. 变动费用　　　D. 固定费用

(6) 管理费用账户核算(　　)。
　A. 社会保险费　　　　　　　　　　B. 现金折扣
　C. 计入工程的人工费　　　　　　　D. 计入工程的材料费

(7) (　　)是指直接为某一工程施工而发生的费用,可以直接计入该项工程成本。
　A. 直接费用　　　B. 间接费用　　　C. 变动费用　　　D. 固定费用

(8) 工程成本中的材料费不包括(　　)。
　A. 材料、结构件　　　　　　　　　B. 配件、零件
　C. 半成品　　　　　　　　　　　　D. 管理部门耗用周转材料的摊销

(9) 期间费用科目本期发生额期末转入(　　)科目。
　A. 本年利润　　　B. 利润分配　　　C. 主营业务成本　　　D. 其他业务成本

(10) 银行存款利息收入计入(　　)的贷方。
　A. 投资收益　　　B. 其他业务收入　　　C. 财务费用　　　D. 应收利息

2. 多项选择题

(1) 费用按经济性质分类形成的费用要素包括(　　)。
　A. 职工薪酬　　　　　　　　　　　B. 外购材料与燃料
　C. 外购动力　　　　　　　　　　　D. 间接费用

(2) 费用按计入工程成本的方法分类有(　　)。
　A. 直接费用　　　B. 变动费用　　　C. 固定费用　　　D. 间接费用

(3) 期间费用包括(　　)。
　A. 管理费用　　　B. 生产费用　　　C. 销售费用　　　D. 财务费用

(4) "合同履约成本"账户应设置(　　)二级明细账户。
　A. 工程施工　　　B. 价款结算　　　C. 工程结算　　　D. 收入结转

(5) 成本核算中应划清如下几个界限(　　)。

A. 划清计入成本与不计入成本的费用界限
B. 划清各个成本对象的费用界限
C. 划清本期成本和下期成本的界限
D. 划清已完工程和未完工程成本的费用界限

（6）工程成本包括（   ）。
A. 直接材料费　　　B. 直接人工费　　　C. 机械使用费　　　D. 间接费用

（7）"管理费用"账户的核算内容有（   ）。
A. 住房公积金　　　B. 工会经费　　　C. 董事会会费　　　D. 诉讼费

（8）可与"管理费用"构成对应关系的科目有（   ）。
A. 本年利润　　　B. 累计折旧　　　C. 应付职工薪酬　　　D. 应交税费

（9）施工企业使用自有机械所发生的费用可采用（   ）分配给各受益单位或对象。
A. 台班分配法　　　　　　　　　　B. 直接费或人工费比例分配法
C. 作业量分配法　　　　　　　　　D. 预算分配法

（10）纳入施工企业管理费用核算的税金包括（   ）。
A. 房产税　　　B. 车船使用税　　　C. 土地使用税　　　D. 印花税

3. 判断题

（1）一定期间发生的费用也就是一定期间的工程成本。（   ）
（2）施工企业的期间费用主要包括管理费用和销售费用。（   ）
（3）将费用分为工程成本和期间费用是按费用的经济性质所做的分类。（   ）
（4）施工过程中发生的二次材料搬运费属于间接费用。（   ）
（5）"合同履约成本"账户期末借方余额反映的是已完工程的合同成本和合同毛利。
（   ）
（6）施工企业一般可不设"销售费用"账户，实际发生的销售费用可在"管理费用"账户核算。（   ）
（7）施工企业租入施工机械发生的机械租赁费在"机械作业"账户核算。（   ）
（8）工程成本核算必须遵循成本开支范围。（   ）
（9）当所购建固定资产达到预定可使用状态之后发生的相关基建借款利息支出计入当期损益。（   ）
（10）直接人工费包括施工企业所有人员的职工薪酬。（   ）

4. 计算及账务处理题

（1）光大建筑公司设有专门的机械作业部门，其中大型施工机械——120吨塔吊使用费按各项施工实际工作台时分配。2019年7月，发生了下列有关施工机械使用费的经济业务。

① 7日根据其他材料的领料凭证，120吨塔吊领用油料（按计划成本计价）800元，材料成本差异分配率为1%。

② 10日根据机械配件领料凭证，120吨塔吊领用经常修理用机械配件，实际成本为350元。

③ 25日120吨塔吊摊销各种施工机械辅助设施费为1 000元。

④ 7月份实际工作100台时，120吨塔吊按每台时50元计提折旧。

⑤ 7月份120吨塔吊操作人员的工资3 000元、福利费420元。

⑥ 7月份120吨塔吊为205工程和206工程提供的工作台时分别为60小时和40小时。

要求：

① 将有关施工机械使用费计入120吨塔吊的"机械作业明细账"。

② 计算各项工程应分配的机械使用费，并编制7月份"机械使用费分配表"。

③ 为各项经济业务作会计分录。

（2）光大建筑公司第一项目部2019年7月份，发生了下列有关间接费用的经济业务。

① 管理用房屋建筑物的原值为300 000元，月折旧率为0.2%；施工单位管理用其他固定资产的原值为100 000元，月折旧率为0.6%。

② 应摊销固定资产大修理费支出为600元。

③ 7月份管理人员工资总额及福利费为18 240元。

④ 用银行存款支付差旅交通费4 155元，办公用文具纸张费743元。

⑤ 领用其他材料（按计划价格计算）7 700元，其中7 000元为交通车辆油料，700元为办公用消耗材料。7月份材料成本差异分配率为1%。

⑥ 领用一次摊销的周转材料的实际成本为：工具用具725元，劳保用品800元。

⑦ 领用和报废分次摊销的周转材料的实际成本见表9-5。

表9-5 周转材料的实际成本

材　料	第一次	第二次	残　值
工具用具	2 000元	1 200元	100元
劳保用品	2 000元	1 600元	100元

⑧ 用银行存款购买防暑饮料费3 600元。

⑨ 7月份各项建筑安装工程的直接费和人工费见表9-6。

表9-6 直接费和人工费

成本核算对象	工程性质	费用性质	金额/元
201	建筑工程	直接费	250 000
202	建筑工程	直接费	210 000
203	建筑工程	直接费	250 000
301	安装工程	人工费	3 000

建筑工程间接费用定额为直接费的6%；

安装工程间接费用定额为人工费的10%。

要求：

① 将有关间接费用计入"间接费用明细账"。

② 计算各项工程应分配的间接费用，并编制7月份"间接费用分配表"。

③ 为各项经济业务作会计分录。

（3）光大建筑公司的第一项目部2019年度，只承揽了甲工程一个工程。该工程于2019年4月开始建设，并于2019年当年竣工，在建设过程中，发生如下经济业务。

第 9 章　工程成本和期间费用

① 领用原材料 300 000 元，领用一次摊销的周转材料 50 000 元。

② 计算应付职工工资 400 000 元，其中，项目部管理人员工资 120 000 元，施工现场工人工资 280 000 元。

③ 以银行存款支付施工机械租赁费用 200 000 元。

④ 计提项目部固定资产折旧 100 000 元。

⑤ 以银行存款支付项目部水、电、暖等各项费用共计 60 000 元。

⑥ 以银行存款支付工程建设其他费用共计 70 000 元。

⑦ 为项目部报销燃油费 8 000 元，以现金支付。

要求：为各项经济业务作会计分录。并登记"工程施工——甲工程（合同成本）"的 T 型账户。

（4）光大建筑公司第二项目部承担了 2019 年度 A、B 两项工程的建设任务，A、B 两项工程均在当年开工，并在当年完工，均采用竣工后一次结算。合同初始收入分别为 1 500 万元和 2 300 万元。在建设过程中，发生如下经济业务。

① A 工程领用原材料 300 万元，耗用一次摊销的低值易耗品 40 万元；B 工程领用原材料 500 万元，耗用一次摊销的低值易耗品 60 万元。

② 全年共发生人工费 1 200 万元，其中 A 工程工人工资 360 万元，B 工程工人工资 580 万元，项目部管理人员工资 260 万元。

③ 为 A 工程支付施工机械租赁费 190 万元，为 B 工程支付施工机械租赁费 320 万元。

④ 为 A 工程支付与工程建设相关的检验试验费、场地清理费等 105 万元，为 B 工程支付 172 万元。

⑤ 计提项目部固定资产折旧 16 万元。

⑥ 支付项目部办公、招待等其他费用 8 万元。

⑦ 按照 A、B 两项工程的直接人工费比例分配间接费用。

要求：为各项经济业务作会计分录。并分别登记"合同履约成本——工程施工（A 工程）""合同履约成本——工程施工（B 工程）"，以及"合同履约成本——工程施工（间接费用）"的 T 型账户。

能力评价体系

知识要点	能力要求	所占分值（100 分）	自评分数
费用分类	熟悉工程成本和费用概念，熟悉费用分类	15	
工程成本核算程序	了解工程成本核算对象、要求、程序	10	
工程成本的归集和分配	掌握工程成本归集和分配的核算	60	
管理费用、财务费用	熟悉期间费用核算内容	15	
总　　分		100	

第 10 章 收入

教学目标

了解新收入准则中收入确认的五步法；熟悉新收入准则中对工程结算收入进行核算时使用的会计账户；掌握投入法计算合同履约进度，确认当期收入；掌握施工企业主营业务收入的核算和其他业务收入的核算。

教学要求

能力要求	知识要点	相关知识
了解收入确认的五步法	五步法	收入、主营业务收入、其他业务收入、履约：在某一时点、在某一时段
熟悉会计账户	账户设置	合同负债、合同履约成本、合同结算、主营业务收入、主营业务成本、其他业务收入、其他业务成本
掌握投入法	合同履约进度	计算合同履约进度；确认当期合同收入
掌握收入的核算	主营业务收入的核算；其他业务收入的核算	典型核算环节

 推荐阅读资料

1. 尹佳杰, 2016. 房地产·建筑企业会计从入门到精通 [M]. 北京：化学工业出版社.
2. 代义国, 2016. 建筑施工企业会计与纳税技巧 [M]. 2 版. 北京：机械工业出版社.

【学习重点】

收入的确认和核算

【最新标准】

《企业会计准则》（财政部令第 33 号）

【企业会计准则第 14 号——收入】

第10章 收入

> **引例**
>
> 2019年11月底,光大建筑公司向建设单位开出"工程价款结算单",与建设单位结算工程价款120万元,光大建筑公司与建设单位签订施工合同符合"在某一时段内履行履约义务"的条件。截至目前该工程累计投入成本150万元,估计至完工尚需投入成本600万元,以前年度确认的收入可查询。
>
> 这是施工企业期末确认收入的一个步骤,对于施工企业来说工程结算收入是其主营业务收入,除此以外,施工企业的收入还包括其他业务收入。本章重点介绍施工企业主营业务收入的核算。

收入是指企业在日常活动中形成的、会导致所有者权益增加的、与所有者投入资本无关的经济利益的总流入。收入具有如下特征:①收入是企业日常活动形成的经济利益流入,日常活动是指企业为完成其经营目标所从事的经常性活动以及与之相关的活动,非日常活动所形成的经济利益总流入不构成收入,应当确认为营业外收入,如企业处置固定资产、无形资产等;②收入可能表现为资产的增加或负债的减少,或者二者兼而有之;③收入必然导致所有者权益的增加;④收入不包括所有者向企业投入资本导致的经济利益流入。施工企业的收入包括主营业务收入和其他业务收入,其中主营业务收入是指企业从事本行业生产经营活动所取得的营业收入。主营业务收入根据各行业企业所从事的不同活动而有所区别,如工业企业的主营业务收入是指"产品销售收入",建筑业企业的主营业务收入是指"工程结算收入"。其他业务收入是指各类企业主营业务以外的其他日常活动所取得的收入。

10.1 收入概述

10.1.1 收入确认的五步法

2017年7月财政部修订《企业会计准则第14号——收入》,明确规定了收入确认和计量的具体范围。2018年7月财政部会计司编写《〈企业会计准则第14号——收入〉应用指南》,提出根据收入准则,收入的确认和计量大致分为五步。

第一步,识别与客户订立的合同。

准则所称的合同,是指双方或多方之间订立有法律约束力的权利义务的协议。合同有书面形式、口头形式以及其他形式。企业与客户之间的合同应当同时满足下列条件:

(1) 合同各方已批准该合同并承诺将履行各自义务;

(2) 该合同明确了合同各方与所转让商品或提供劳务(以下简称"转让商品")相关的权利和义务;

（3）该合同有明确的与所转让商品相关的支付条款；

（4）该合同具有商业实质，即履行该合同将改变企业未来现金流量的风险、时间分布或金额；

（5）企业因向客户转让商品而有权取得的对价很可能收回。

第二步，识别合同中的单项履约义务。

合同开始日，企业应当对合同进行评估，识别该合同所包含的各单项履约义务，并确定各单项履约义务是在某一时段内履行，还是在某一时点履行。

履约义务，是指合同中企业向客户转让可明确区分商品的承诺。履约义务既包括合同中明确的承诺，也包括由于企业已公开宣布的政策、特定声明或以往的习惯做法等导致合同订立时客户合理预期企业将履行的承诺。企业向客户转让一系列实质相同且转让模式相同的、可明确区分商品的承诺，也应当作为单项履约义务。

满足下列条件之一的，属于在某一时段内履行履约义务；否则，属于在某一时点履行履约义务。

（1）客户在企业履约的同时即取得并消耗企业履约所带来的经济利益。

（2）客户能够控制企业履约过程中在建的商品。

（3）企业履约过程中所产出的商品具有不可替代用途，且该企业在整个合同期间内有权就累计至今已完成的履约部分收取款项。

第三步，确定交易价格。

企业应当根据合同条款，并结合其以往的习惯做法确定交易价格。交易价格，是指企业因向客户转让商品而预期有权收取的对价金额。企业代第三方收取的款项以及企业预期将退还给客户的款项，应当作为负债进行会计处理，不计入交易价格。

在确定交易价格时，企业应当考虑可变对价、合同中存在的重大融资成分、非现金对价、应付客户对价等因素的影响。

第四步，将交易价格分摊至各单项履约义务。

合同中包含两项或多项履约义务的，企业应当在合同开始日，按照各单项履约义务所承诺商品的单独售价的相对比例，将交易价格分摊至各单项履约义务。企业不得因合同开始日之后单独售价的变动而重新分摊交易价格。

对于合同折扣，企业应当在各单项履约义务之间按比例分摊。合同折扣，是指合同中各单项履约义务所承诺商品的单独售价之和高于合同交易价格的金额。

有确凿证据表明合同折扣仅与合同中一项或多项（而非全部）履约义务相关的，企业应当将该合同折扣分摊至相关一项或多项履约义务。

合同折扣仅与合同中一项或多项（而非全部）履约义务相关，且企业采用余值法估计单独售价的，应当首先按照前款规定在该一项或多项（而非全部）履约义务之间分摊合同折扣，然后采用余值法估计单独售价。余值法，是指企业根据合同交易价格减去合同中其他商品可观察的单独售价后的余值，确定某商品单独售价的方法。

第五步，确认收入。

企业应当在履行了合同中的履约义务，即在客户取得相关商品控制权时确认收入。企业应当按照分摊至各单项履约义务的交易价格计量收入。收入确认时点分为两种：一种是某一时段内的履约义务确认的收入，按比例确认收入；另一种是某一时点履行的履约义务,在客户取得商品控制权时确认收入。

在市场经济条件下,新收入准则基于合同确认收入,有助于强化企业合同意识、规范合同管理,将有力推动我国的市场经济进一步走向成熟。另外,新收入准则要求采用统一的收入确认模型确认收入,将有助于企业提供更加可靠、可比、透明的收入信息,从而更好地为财务报表使用者进行经济决策提供依据。

10.1.2 收入确认的方法

根据《企业会计准则第 14 号——收入》及其应用指南,对于"在某一时段内履行的履约义务",企业应当在该段时间内按照履约进度确认收入。在确定履约进度时,企业应当考虑根据合同标的的性质,采用产出法或投入法确定恰当的履约进度。其中,产出法是根据已转移给客户的商品对客户的价值确定履约进度;投入法是根据企业为履行履约义务的投入确定履约进度。对于"在某一时点履行的履约义务",企业应当在客户取得相关商品控制权时点确认收入。

10.2 主营业务收入

施工企业的主营业务收入就是"工程结算收入"。

10.2.1 工程价款结算方式

工程价款结算是指施工企业因承包建筑安装工程,按照承包合同的规定,向发包单位点交已完工程,收取工程价款的行为。建筑安装工程的结算一般采取以下几种方式。

(1) 按月结算,即每月终先根据当月实际完成的工程数量,对照中标标书或施工图预算所列预算单价和取费标准等有关资料,依次计算直接费用、其他直接费用、现场经费、间接费用、计划利润、税金等,确定已完工程的预算造价,编制"已完工程月报表";然后按照发包单位汇总编制的"已完工程月报表",反映各个发包单位的本月已经完工的单位工程造价汇总;再根据"已完工程月报表"编制"工程价款结算账单",与"已完工程月报表"一起送给发包单位,经发包单位审查签订后,通过开户银行办理结算。按月结算工程价款时,可以实行旬末或月中预支,月末结算。跨年度施工的工程,应在年终进行工程盘点,办理年度结算。"已完工程月报表"和"工程价款结算账单"的格式分别见表 10-1 和表 10-2。

表 10-1　已完工程月报表

发包单位名称：　　　　　　　　2018 年 7 月

单位工程项目名称	合同造价/元	建筑面积/m²	开工、竣工日期		实际完成数		备注
			开工日期	竣工日期	至上月止已完工累计/元	本月已完工程/元	

施工企业：　　　　　　　　　　　　　　　　　　　　编制日期：　　　年　月　日

表 10-2　工程价款结算账单

发包单位名称：　　　　　　　　2018 年 7 月　　　　　　　　　　　　单位：元

单位工程项目名称	合同造价	本期应收工程款	应抵扣款项			本期实收工程款	备料款余额	累计实收工程款	备注
			合计	预收工程款	预收备料款				

施工企业：　　　　　　　　　　　　　　　　　　　　　　　　财务负责人：

（2）分段结算，即按照工程形象进度，在合同规定的工程部位完工的月份，根据已完工程部位的工程数量计算已完工程预算造价，按发包单位编制"已完工程月报表"和"工程价款结算账单"，进行分段结算。当年开工、当年不能竣工的单项工程或单位工程，可按照工程形象进度划分不同阶段（部位）进行结算。分阶段结算可以按月预支工程款。

（3）竣工后一次结算，即在单项工程或建设项目全部竣工后结算工程价款。建设项目或单项工程全部建筑安装工程建设期在 12 个月以内，或者工程承包合同价值在 100 万元以下的，可以实行工程价款每月月终预支，竣工后按合同规定的工程造价或工程标价一次结算的办法。

（4）结算双方约定并经开户银行同意的其他结算方式。

工程价款结算无论采用哪种结算方式，也无论工期长短，其施工期间结算的工程价款总额一般不得超过工程合同价值的 95%，结算双方可以在 5% 的幅度内协商确定尾款比例，并在工程承包合同中声明，工程尾款在工程竣工后再进行结算，施工企业已向发包单位出具履约保函或其他保证的，可以不留尾款。

应用案例 10-1

光大建筑公司为增值税一般纳税人，增值税税率为 9%，2019 年承建一项工程，工期 3 年，工程资料见表 10-3。采用投入法，选择成本对合同履约进度进行确认。

表 10-3　工程资料　　　　　　　　　　　　　　　　　单位：元

项　　目	2019 年	2020 年	2021 年	合　　计
合同总价款				9 000 000
实际发生成本	2 000 000	3 832 000	2 268 000	8 100 000
估计完工前还需发生成本	6 000 000	2 268 000		
开出账单结算工程价款	1 800 000	4 800 000	2 400 000	9 000 000
实际收到款项	1 500 000	3 500 000	4 000 000	9 000 000

采用投入法的有关数据计算结果见表 10-4。

表 10-4　采用投入法的有关数据计算结果　　　　　　　单位：元

项　　目	2019 年	2020 年	2021 年
合同总价款	9 000 000	9 000 000	9 000 000
至本期止实际发生成本	2 000 000	5 832 000	8 100 000
估计完工前还需投入的成本	6 000 000	2 268 000	
估计合同总成本	8 000 000	8 100 000	8 100 000
合同履约进度/(%)	25	72	100
至本期止累计确认收入	2 250 000	6 480 000	9 000 000
本期应确认收入	2 250 000	4 230 000	2 520 000
当期可抵扣进项税额	10 000	35 000	21 000

$$第\,1\,年合同履约进度 = \frac{2\,000\,000\,元}{2\,000\,000\,元 + 6\,000\,000\,元} \times 100\% = 25\%$$

$$第\,2\,年合同履约进度 = \frac{2\,000\,000\,元 + 3\,832\,000\,元}{2\,000\,000\,元 + 3\,832\,000\,元 + 2\,268\,000\,元} \times 100\% = 72\%$$

$$第\,3\,年合同履约进度 = \frac{2\,000\,000\,元 + 3\,832\,000\,元 + 2\,268\,000\,元}{2\,000\,000\,元 + 3\,832\,000\,元 + 2\,268\,000\,元} \times 100\% = 100\%$$

● 特 别 提 示

根据以上的计算及其结果，合同履约进度是"累计"合同履约进度，即到目前为止共计履行合同的百分之多少。

根据合同履约进度确认各年收入。

　　第 1 年合同收入 = 9 000 000 元 × 25% = 2 250 000 元
　　第 2 年合同收入 = 9 000 000 元 × 72% - 2 250 000 元 = 4 230 000 元
　　第 3 年合同收入 = 9 000 000 元 - 2 250 000 元 - 4 230 000 元 = 2 520 000 元

【案例分析】

根据以上 3 年的收入的计算，对合同履约进度的理解是否正确将直接影响到当年合同收入的确认。

根据合同履约进度，光大建筑公司做如下账务处理。

2019 年

(1) 实际发生工程成本时，做如下会计分录。

借：合同履约成本——工程施工　　　　　　　　　　　　2 000 000
　　贷：原材料等　　　　　　　　　　　　　　　　　　　　　　2 000 000

(2) 开出账单进行工程价款结算时，做如下会计分录。

借：应收账款　　　　　　　　　　　　　　　　　　　　　1 800 000
　　贷：合同结算——价款结算　　　　　　　　　　　　　　　　1 651 376
　　　　应交税费——应交增值税（销项税额）　　　　　　　　　　148 624

(3) 收到工程结算款项时，做如下会计分录。

借：银行存款　　　　　　　　　　　　　　　　　　　　　1 500 000
　　贷：应收账款　　　　　　　　　　　　　　　　　　　　　　1 500 000

(4) 确认合同收入时，做如下会计分录。

借：合同结算——收入结转　　　　　　　　　　　　　　　2 250 000
　　贷：主营业务收入　　　　　　　　　　　　　　　　　　　　2 250 000

(5) 结转合同履约成本时，做如下会计分录。

借：主营业务成本　　　　　　　　　　　　　　　　　　　2 000 000
　　贷：合同履约成本——工程施工　　　　　　　　　　　　　　2 000 000

2020 年

(1) 实际发生工程成本时，做如下会计分录。

借：合同履约成本——工程施工　　　　　　　　　　　　3 832 000
　　贷：原材料等　　　　　　　　　　　　　　　　　　　　　　3 832 000

(2) 开出账单进行工程价款结算时，做如下会计分录。

借：应收账款　　　　　　　　　　　　　　　　　　　　　4 800 000
　　贷：合同结算——价款不结算　　　　　　　　　　　　　　　4 403 670
　　　　应交税费——应交增值税（销项税额）　　　　　　　　　　396 330

(3) 收到工程结算款项时，做如下会计分录。

借：银行存款　　　　　　　　　　　　　　　　　　　　　3 500 000
　　贷：应收账款　　　　　　　　　　　　　　　　　　　　　　3 500 000

(4) 确认合同收入时，做如下会计分录。

借：合同结算——收入结转　　　　　　　　　　　　　　　4 230 000
　　贷：主营业务收入　　　　　　　　　　　　　　　　　　　　4 230 000

(5) 结转合同履约成本时，做如下会计分录。

借：主营业务成本　　　　　　　　　　　　　　　　　　　3 832 000
　　贷：合同履约成本——工程施工　　　　　　　　　　　　　　3 832 000

2021 年

(1) 实际发生工程成本时，做如下会计分录。

借：合同履约成本——工程施工　　　　　　　　　　　　2 268 000
　　贷：原材料等　　　　　　　　　　　　　　　　　　　　　　2 268 000

(2) 开出账单进行工程价款结算时，做如下会计分录。

借：应收账款	2 400 000	
贷：合同结算——价款结算		2 201 835
应交税费——应交增值税（销项税额）		198 165

（3）收到的工程结算款项时，做如下会计分录。

借：银行存款	4 000 000	
贷：应收账款		4 000 000

（4）确认合同收入和费用时，做如下会计分录。

借：合同结算——收入结转	2 520 000	
贷：主营业务收入		2 520 000

（5）结转合同履约成本时，做如下会计分录。

借：主营业务成本	2 268 000	
贷：合同履约成本——工程施工		2 268 000

应用案例 10-2

光大建筑公司 2019 年与甲房地产开发企业签订施工合同，合同交易价格为 2 000 万元，工期 3 年，合同履约过程中的工程资料如表 10-5 所示。企业增值税税率为 9%，于结算工程价款时开具增值税专用发票，并偿还合同负债。

【新收入准则下建筑业会计核算案例】

表 10-5　工程资料　　　　　　　　　　　　单位：万元

项　　目	2019 年	2020 年	2021 年	合　　计
预收工程款	120	240	240	600
实际投入成本	450	600	550	1 600
完成合同尚需投入成本	1 100	600	—	—
结算工程价款	550	750	700	2 000
实收工程价款	500	700	700	1 900

仍以投入法为例，按照时间先后顺序，光大建筑公司应做如下账务处理。

2019 年

（1）预收工程款时，做如下会计分录。

借：银行存款	1 200 000	
贷：合同负债——甲公司		1 200 000

（2）履约过程投入成本时，做如下会计分录。

借：合同履约成本——工程施工	4 500 000	
贷：应付职工薪酬/原材料等		4 500 000

（3）与甲企业结算工程款时，做如下会计分录。

$$增值税 = 550 万元 \times 9\% = 49.5 万元$$

$$应收账款 = 550 万元 + 49.5 万元 - 120 万元 = 479.5 万元$$

借：应收账款——甲公司	4 795 000	

```
        合同负债——甲公司                                    1 200 000
    贷：主营业务收入                                         5 500 000
        应交税费——应交增值税（销项税额）                      495 000
```

(4) 结转合同履约成本时，做如下会计分录。

```
借：主营业务成本                                           4 500 000
    贷：合同履约成本——工程施工                              4 500 000
```

(5) 收到工程价款时，做如下会计分录。

```
借：银行存款                                               5 000 000
    贷：应收账款——甲公司                                    5 000 000
```

2020 年

(1) 预收工程款时，做如下会计分录。

```
借：银行存款                                               2 400 000
    贷：合同负债——甲公司                                    2 400 000
```

(2) 履约过程投入成本时，做如下会计分录。

```
借：合同履约成本——工程施工                                 6 000 000
    贷：应付职工薪酬/原材料等                                6 000 000
```

(3) 与甲企业结算工程款时，做如下会计分录。

$$增值税 = 750 \text{ 万元} \times 9\% = 67.5 \text{ 万元}$$

$$应收账款 = 750 \text{ 万元} + 67.5 \text{ 万元} - 240 \text{ 万元} = 577.5 \text{ 万元}$$

```
借：应收账款——甲公司                                        5 775 000
    合同负债——甲公司                                        2 400 000
    贷：主营业务收入                                         7 500 000
        应交税费——应交增值税（销项税额）                      675 000
```

(4) 结转合同履约成本时，做如下会计分录。

```
借：主营业务成本                                           6 000 000
    贷：合同履约成本——工程施工                              6 000 000
```

(5) 收到工程价款时，做如下会计分录。

```
借：银行存款                                               7 000 000
    贷：应收账款——甲公司                                    7 000 000
```

2021 年

(1) 预收工程款时，做如下会计分录。

```
借：银行存款                                               2 400 000
    贷：合同负债——甲公司                                    2 400 000
```

(2) 履约过程投入成本时，做如下会计分录。

```
借：合同履约成本——工程施工                                 5 500 000
    贷：应付职工薪酬/原材料等                                5 500 000
```

(3) 与甲企业结算工程款时，做如下会计分录。

$$增值税 = 700 \text{ 万元} \times 9\% = 63 \text{ 万元}$$

$$应收账款 = 700 \text{ 万元} + 63 \text{ 万元} - 240 \text{ 万元} = 523 \text{ 万元}$$

```
借：应收账款——甲公司                           5 230 000
    合同负债——甲公司                           2 400 000
    贷：主营业务收入                                       7 000 000
        应交税费——应交增值税（销项税额）                    630 000
```
(4) 结转合同履约成本时，做如下会计分录。
```
借：主营业务成本                               5 500 000
    贷：合同履约成本——工程施工                             5 500 000
```
(5) 收到工程价款时，做如下会计分录。
```
借：银行存款                                  7 000 000
    贷：应收账款——甲公司                                 7 000 000
```

【案例分析】

本例中，实收工程价款与结算工程价款不一致，是由于根据建筑工程相关法律的规定，建设单位保留工程尾款。工程尾款是建设单位为了促使施工企业重视工程的收尾工作，善始善终、保质保量按期完成全部建筑安装工程的施工任务，对于施工企业尚未办理竣工决算的已完工程，在进行工程价款的结算时，暂时保留的那部分工程价款。这部分工程尾款为建设项目或单项工程预算造价的5%。

10.2.2 核算工程结算收入应设置的会计账户

1. "合同负债"账户

"合同负债"账户核算企业已收或者应收客户对价而应该向客户转让商品的义务，应该按照合同进行明细核算。企业在向客户转让商品之前，客户支付了合同对价的，企业应该按收到的款项，借记"银行存款"账户，贷记"合同负债"账户。

特别提示

"合同负债"账户在一定程度上取代了"预收账款"账户，其中，企业因转让商品收取的预收款，适用新收入准则进行账务处理时，不再使用"预收账款"账户。

2. "合同履约成本"账户

"合同履约成本"账户核算企业为履行当前合同或者预期取得合同而发生的应当确认为一项资产的成本，具体包括与合同直接相关的成本和仅因该合同而发生的其他成本。与合同直接相关的成本指直接人工、直接材料、间接费用等，即组织和管理生产、施工、服务等活动发生的费用，包括职工薪酬、劳动保护费、固定资产折旧费及修理费、物料消耗、取暖费、水电费、办公费、差旅费、财产保险费、工程保修费、排污费、临时设施摊销费等。仅因该合同而发生的其他成本，包括支付给分包商的成本、机械使用费、设计和技术援助费、施工现场二次搬运费、生产工具和用具使用费、检验试验费、工程定位复测费、工程点交费、场地清理费等。

本账户可以根据合同分别设置"服务成本"和"工程施工"进行明细核算。

发生上述合同履约成本时，借记"合同履约成本"账户，贷记"银行存款""应付职工薪酬""累计折旧"等账户。对合同履约成本进行结转时，借记"主营业务成本"账户，贷记"合同履约成本"账户。

> **特 别 提 示**
>
> 企业因履行合同而产生的"毛利"不在本账户中核算，这是新收入准则与旧收入准则的不同点之一。

3. "合同结算"账户

"合同结算"账户核算企业与发包方结算的工程价款以及企业按照新收入准则确认的收入。本账户应分别设置"价款结算"和"收入结转"两个二级明细账户分别核算与发包方结算的工程价款和确认的收入。企业与发包方结算工程价款时，借记"应收账款"账户，贷记"合同结算——价款结算""应交税费——应交增值税（销项税额）""合同负债"等账户。期末，按照《企业会计准则》确认收入时，借记"合同结算——收入结转"账户，贷记"主营业务收入"账户。该账户在合同履约期间，不进行借贷相抵，待合同履约完成借方"收入结转"与贷方"借款结算"应额度相等，此时借贷相抵，余额为零。

4. "主营业务收入"账户

【与《企业会计准则第14号——收入》准则相关科目的核算】

"主营业务收入"账户核算企业当期确认的合同收入。确认收入时，借记"合同结算——收入结转"账户，贷记"主营业务收入"账户。期末结转时，借记"主营业务收入"账户，贷记"本年利润"账户。

5. "主营业务成本"账户

"主营业务成本"账户核算企业当期确认的合同成本。确认成本时，借记"主营业务成本"账户，贷记"合同履约成本"账户。期末结转时，借记"本年利润"账户，贷记"主营业务成本账户"账户。

10.2.3 工程结算收入的账务处理

在合同履约过程中，企业应按照新会计准则的要求对工程结算收入进行确认和核算。本书以施工合同"在某一时间段内履约"为假设前提，并采用投入法确认合同履约进度，对合同履约过程的典型环节进行账务处理。

施工企业选择投入法确认合同履约进度时，"投入"可选择"成本"。此时，合同履约进度的计算公式如下所示。

$$合同履约进度 = \frac{累计投入成本}{预计合同总成本} \times 100\%$$

$$= \frac{累计投入成本}{累计投入成本 + 完成合同尚需投入成本} \times 100\%$$

根据合同履约进度确认当期合同收入的计算公式如下所示。

$$当期合同收入 = 合同交易价格 \times 合同履约进度 - 以前期间已确认合同收入$$

10.3 其他业务收入

10.3.1 其他业务收入的概念及其计量

施工企业除了工程主营业务以外，还可能有其他经营业务，如产品销售、机械作业、材料销售、出租无形资产、出租固定资产等，所形成的收入应作为其他业务收入处理。

企业取得的其他业务收入，应于收入实现时及时入账。产品销售收入，应在发出产品，同时收讫货款或取得索取货款的凭证时，确认为收入实现。机械作业收入，应在提供机械、运输作业，同时收讫价款或取得索取价款的凭证时，确认为收入实现。材料销售收入，应在发出材料，同时收讫材料价款或取得索取料款的凭证时，确认为收入实现。出租无形资产、固定资产收入，应按企业与承租方签订的合同或协议规定的收款日期和金额，确定为租金收入实现。合同或协议规定的收款日期已到，承租方未付租金的，仍应视为租金收入实现。

10.3.2 其他业务收入的核算

施工企业的其他业务应通过"其他业务收入"和"其他业务成本"账户进行核算。为了分别反映产品销售、作业销售、材料销售和其他销售的销售收入、销售成本和销售税金，应在"其他业务收入"账户下设置"产品销售收入""作业销售收入""材料销售收入"等二级账户；在"其他业务成本"账户下设置"产品销售成本""作业销售成本""材料销售成本"等二级账户。

1. 产品销售的核算

施工企业附属企业销售各种产品实现的销售收入、发生的销售成本和应交税费，应分别在"其他业务收入——产品销售收入""其他业务成本——产品销售成本"和"税金及附加"等账户核算。月份终了，将"其他业务收入""其他业务成本"和"税金及附加"账户的记录分别转入"本年利润"账户的贷方和借方。

应用案例 10-3

2019 年 7 月 5 日，光大建筑公司所属门窗加工厂销售 600 平方米钢窗，每平方米不含税售价为 60 元，成本为 50 元，增值税税率为 13%。

（1）销售钢窗时，做如下会计分录。

借：银行存款　　　　　　　　　　　　　　　　　　　　　　　40 680
　　贷：其他业务收入——产品销售收入　　　　　　　　　　　　　36 000

　　　　应交税费——应交增值税（销项税额）　　　　　　　　　　　　　　　4 680
（2）结转钢窗成本时，做如下会计分录。
借：其他业务成本——产品销售成本　　　　　　　　　　　　　　　　　30 000
　　贷：库存商品　　　　　　　　　　　　　　　　　　　　　　　　　　30 000
（3）月末结转收入、成本时，做如下会计分录。
借：其他业务收入——产品销售收入　　　　　　　　　　　　　　　　　36 000
　　贷：本年利润　　　　　　　　　　　　　　　　　　　　　　　　　　36 000
借：本年利润　　　　　　　　　　　　　　　　　　　　　　　　　　　　30 000
　　贷：其他业务成本——产品销售成本　　　　　　　　　　　　　　　　30 000

2. 作业销售的核算

施工企业为其他企业提供机械、运输作业所发生的销售收入和应交税费，应分别在"其他业务收入——作业销售收入""其他业务成本——作业销售成本"账户中核算。

应用案例 10-4

光大建筑公司用一台机械支援其他施工企业施工，按规定台班收费标准应收价款 8 000 元（含税，增值税税率为 9%），该机械共发生各种费用 6 000 元。

（1）收到作业收入时，做如下会计分录。
借：银行存款　　　　　　　　　　　　　　　　　　　　　　　　　　　　8 000
　　贷：其他业务收入——作业销售收入　　　　　　　　　　　　　　　　7 339
　　　　应交税费——应交增值税（销项税额）　　　　　　　　　　　　　　661
（2）结转机械对外作业成本时，做如下会计分录。
借：其他业务成本——销售作业成本　　　　　　　　　　　　　　　　　　6 000
　　贷：机械作业　　　　　　　　　　　　　　　　　　　　　　　　　　6 000

3. 材料销售的核算

施工企业对外销售材料所发生的收入应计入"银行存款""应收账款"等账户的借方和"其他业务收入——材料销售收入"账户的贷方。结转销售材料的实际成本，应计入"其他业务成本——材料销售成本"账户的借方和"原材料""材料成本差异"等账户的贷方。

应用案例 10-5

2019 年 7 月 10 日，光大建筑公司销售给外单位一批木材，开出增值税专用发票，注明价款实际成本为 12 000 元。货款收到并存入开户银行。

（1）收到材料销售货款时，做如下会计分录。
借：银行存款　　　　　　　　　　　　　　　　　　　　　　　　　　　19 000
　　贷：其他业务收入——材料销售收入　　　　　　　　　　　　　　　　17 431
　　　　应交税费——应交增值税（销项税额）　　　　　　　　　　　　　1 569

第10章 收入

（2）结转实际销售成本时，做如下会计分录。
借：其他业务成本——材料销售成本　　　　　　　　　　　　　　12 000
　　贷：原材料　　　　　　　　　　　　　　　　　　　　　　　12 000

本章小结

收入是指企业在日常活动中形成的，会导致所有者权益增加的，与所有者投入资本无关的经济利益的总流入。

$$
收入\begin{cases}
主营业务收入：工程结算收入 \\
其他业务收入\begin{cases}销售产品、材料 \\ 提供劳务作业 \\ 出租无形资产、固定资产等\end{cases}
\end{cases}
$$

$$
收入确认的五步法\begin{cases}
识别与客户订立的合同 \\
识别合同中的单项履约义务 \\
确定交易价格 \\
将交易价格分摊至各单项履约义务 \\
确认收入\begin{cases}在某一时点履约的合同：完成时确认收入 \\ 在某一时段履约的合同\begin{cases}投入法 \\ 产出法\end{cases}\end{cases}
\end{cases}
$$

工程结算收入，即施工企业的主营业务收入在核算时使用的主要会计账户有以下几种。

$$
\begin{cases}
合同负债 \\
合同履约成本——工程施工 \\
合同结算——价款结算 \\
合同结算——收入结转 \\
主营业务收入 \\
主营业务成本 \\
应收账款
\end{cases}
$$

在核算其他业务收入时，使用的主要会计账户是"其他业务收入"账户和"其他业务成本"账户。

习　题

1. 单项选择题

（1）下列各项中，属于施工企业的主营业务收入的是（　　）。
　A. 工程结算收入　　　　　　　　　　B. 销售产品、材料收入
　C. 提供劳务作业收入　　　　　　　　D. 出租无形资产收入

(2)（　　）是企业在日常活动中形成的、会导致所有者权益增加的、与投资人投入资本无关的经济利益总流入。

  A. 资产   B. 收入   C. 费用   D. 利润

2. 多项选择题

(1) 收入按企业经营业务的主次不同分为（　　）。

  A. 主营业务收入   B. 其他业务收入   C. 营业外收入

  D. 投资收入   E. 公允变动损益

(2) 下列各项中，属于施工企业的其他业务收入的有（　　）。

  A. 工程结算收入   B. 销售产品、材料收入

  C. 提供劳务作业收入   D. 出租无形资产收入

  E. 出租固定资产收入

(3) 下列各项中，属于新收入准则的五步法的有（　　）。

  A. 识别合同

  B. 识别合同中的单项履约义务

  C. 识别合同交易价格

  D. 给单项履约义务分配合同交易价格

  E. 确认收入

(4) 当合同是在某一时段履约的合同时，应按投入法对收入进行确认，可用（　　）计算完工进度。

  A. 投入法   B. 个别计价法   C. 先进先出法

  D. 加权平均法   E. 产出法

(5) 按照新收入准则，合同在履约过程中形成的成本应通过（　　）账户进行归集。

  A. 合同结算   B. 合同履约成本   C. 主营业务收入

  D. 主营业务成本   E. 合同资产

(6) 按照新收入准则，"合同结算"账户应设置（　　）二级明细账户。

  A. 主营业务收入   B. 价款结算   C. 其他业务收入

  D. 收入结转   E. 营业外收入

3. 判断题

按照新收入准则的规定，所有收入均应按投入法进行确认。   （　　）

4. 计算及账务处理题

(1) 光大建筑公司与建设单位签订一项建造合同，合同负债额度为25%，其中2019年度施工产值为825万元，每月完成施工产值情况如下表所示。

月　份	4月	5月	6月	7月	8月	9月	10月	11月
月施工产值（万元）	100	100	125	100	100	100	100	100
累计施工产值（万元）	100	200	325	425	525	625	725	825

请为企业计算开始归还合同负债时的工程价值、第一次归还合同负债及以后各月归还的合同负债。

(2) 光大建筑公司与建设单位签订一份建造合同，合同交易价格为 2 400 万元，工期 3 年，合同中只包括一个单项履约义务，并属于在某一时段履约的合同。该合同采用投入法计算合同履约进度并据此确认合同收入。履行合同过程中投入的成本等信息如下表所示。

项　　目	第一年	第二年	第三年
当年投入成本/万元	600	700	620
完成合同尚需投入成本/万元	1 320	620	—
结算工程价款/万元	700	900	1 720
收到工程价款/万元	650	810	820

为企业计算各年的合同履约进度以及根据合同履约进度确认的合同收入，并按时间先后顺序为企业编制以下会计分录。

① 投入成本时；
② 确认收入时；
③ 结转成本时；
④ 与建设单位结算工程价款时；
⑤ 收到结算工程款时。

(3) 光大建筑公司 2018 年度对外提供机械作业服务共计 150 台班，台班价格为 270 元，开出增值税专用发票，增值税税率为 9%，款项尚未收到，为企业编制确认收入和结转成本的会计分录。

(4) 光大建筑公司 2018 年度将记入"固定资产"的一处办公用房出租给其他企业使用，年租金 210 000 元，企业开出增值税专用发票，增值税税率为 9%，款项尚未收到，为企业编制确认收入和结转成本的会计分录。

能力评价体系

知识要点	能力要求	所占分值(100分)	自评分数
确认收入	熟悉收入确认的五步法	20	
账户设置	熟悉收入核算应设置的账户	30	
收入核算	掌握收入核算的典型核算环节	50	
总　　分		100	

第11章 利润及利润分配

教学目标

熟悉利润形成和利润分配的会计处理程序,掌握程序中每个环节的会计核算。熟悉"营业外收入""营业外支出""本年利润""利润分配"和"所得税费用"账户的性质和核算内容;掌握营业利润、利润总额、净利润的计算过程;熟悉利润分配程序;了解暂时性差异、递延所得税资产和递延所得税负债。

教学要求

能力要求	知识要点	相关知识
熟悉利润的基本概念	利润计算公式	利润的定义,营业利润,利润总额,净利润
掌握利润形成的核算	结转当期损益	营业外收入、营业外支出和本年利润账户,期末损益结转
了解所得税	所得税费用的确认	所得税的核算方法、基本要求,暂时性差异,递延所得税资产、递延所得税负债,所得税费用
掌握利润分配	利润分配的核算	结转本年利润、提取法定盈余公积金和法定公益金,分配投资人利润,结转利润分配各明细科目,盈余公积补亏

推荐阅读资料

1. 默默,2013. 小会计成长记 [M]. 北京:中国纺织出版社.
2. 张维宾,2016. 中级财务会计学 [M]. 5版. 上海:立信会计出版社.

【学习重点】

利润组成、所得税核算、利润分配

【最新标准】

《企业会计准则》(财政部令第33号)

第11章 利润及利润分配

引例

2018年12月31日,光大建筑公司的主营业务收入账户有贷方余额2 000万元,主营业务成本账户有借方余额1 000万元,税金及附加账户有借方余额66万元,管理费用账户有借方余额100万元,财务费用账户有借方余额90万元。企业所得税税率为25%,法定盈余公积金按税后净利的10%提取,分配投资人利润100万元。

这是企业期末利润核算的基本数据。利润核算的基本程序:将本期收入和费用结转到"本年利润"科目,形成税前利润;根据税法规定对税前会计利润进行调整,计算应缴纳的所得税,并将其结转到本年利润,形成税后利润;按照国家规定提取法定盈余公积金和任意盈余公积金;分配投资人利润。

本章主要介绍利润形成的核算和利润分配的核算。

11.1 利润

11.1.1 利润概述

施工企业的利润是企业在一定期间的经营成果。企业的利润总额集中反映企业经济活动各个方面的效益,是衡量企业经营管理水平和评价企业经济效益的重要综合指标。

利润包括收入减去费用后的净额、直接计入当期利润的利得和损失等,通常用利润总额和净利润来表示。营业利润和营业外收支净额构成利润总额,其计算公式为

利润总额=营业利润+营业外收支净额
　　　　=营业利润+营业外收入-营业外支出
净利润=利润总额-所得税费用

1. 营业利润

营业利润是企业利润的主要来源,由主营业务利润和其他业务利润两部分组成。主营业务利润是施工企业从事施工生产活动所实现的利润;其他业务利润是施工企业从事施工生产以外的其他活动所产生的利润。营业利润的计算公式如下。

营业利润=营业收入-营业成本-税金及附加-销售费用-管理费用
　　　　-财务费用-资产减值损失±公允价值变动损益±投资净收益

其中

营业收入=主营业务收入+其他业务收入
营业成本=主营业务成本+其他业务成本

2. 营业外收支净额

营业外收支净额是与施工企业的生产经营活动无直接关系的各项收入减去各项支出后

的数额。营业外收支与企业的生产经营活动没有直接关系，但可以给企业带来收入或者形成支出，从而对利润总额产生影响。营业外收入包括非流动资产处置利得、非货币性资产交换利得、债务重组利得、盘盈利得、捐赠利得等。营业外支出包括非流动资产处置损失、非货币性资产交换损失、债务重组损失、公益性捐赠支出、盘亏损失、非常损失、罚款支出等。

上述利润形成中，有关营业收入、营业成本、期间费用、税金及附加等业务的核算，在之前的相关章节中已经讲解，以下主要介绍营业外收支和利润结转等业务的核算。

11.1.2 利润形成的核算

【利润形成的核算】

1. 营业外收入和营业外支出的核算

为了总括地核算和监督营业外收入和营业外支出的发生和结转情况，企业应设置"营业外收入"和"营业外支出"账户。

"营业外收入"账户属于损益类账户，贷方登记企业取得的各项营业外收入，借方登记期末转入"本年利润"账户的营业外收入总额，结转后本账户应无余额。本账户应按营业外收入项目进行明细分类核算。

企业确认营业外收入，借记"银行存款""固定资产清理""库存现金""应收账款"等账户，贷记"营业外收入"账户。期末，将"营业外收入"账户余额转入"本年利润"账户时，借记"营业外收入"账户，贷记"本年利润"账户。

"营业外支出"账户属于损益类账户，借方登记企业发生的各项营业外支出，贷方登记期末转入"本年利润"账户的营业外支出总额，结转后本账户应无余额。本账户应按营业外支出项目进行明细分类核算。

企业确认营业外支出，借记"营业外支出"账户，贷记"银行存款""固定资产清理""库存现金""待处理财产损溢"账户。期末，将"营业外支出"账户余额转入"本年利润"账户时，借记"本年利润"账户，贷记"营业外支出"账户。

应用案例 11-1

2018年9月2日，光大建筑公司结转固定资产清理净收益7 000元。
2018年9月2日，结转固定资产清理净损益时，做如下会计分录。
 借：固定资产清理   7 000
   贷：营业外收入   7 000

应用案例 11-2

2018年9月，光大建筑公司营业外支出总额为30 000元，营业外收入总额为7 000元，期末结转营业外收支。

(1) 2018年9月末，结转营业外支出时，做如下会计分录。

借：本年利润 30 000
　　贷：营业外支出 30 000

(2) 2018年9月末，结转营业外收入时，做如下会计分录。

借：营业外收入 7 000
　　贷：本年利润 7 000

2. 本年利润的核算

【期末结转】

为了反映和核算本年度实现的利润或发生的亏损，企业应设置"本年利润"账户。该账户属于所有者权益类账户，借方登记期末从"主营业务成本""税费及附加""其他业务成本""财务费用""销售费用""管理费用""营业外支出""所得税费用"等账户转入的抵减本年利润的数额；贷方登记期末从"主营业务收入""其他业务收入""营业外收入""投资收益"等账户转入的增加本年利润的数额，期末贷方余额反映累计实现的净利润，若为借方余额则表示发生了亏损。年度终了，将本账户的余额全部转入"利润分配——未分配利润"账户。年终结转后，本账户应无余额。

利润的计算和结转方法有表结法和账结法两种。

（1）表结法是月末在账簿中不对损益类账户的余额做转账处理，而是通过列表的方式用各损益类账户从年初至本月累计期末余额减去从年初至上月累计的期末余额，求出当月发生额，从而计算出本月利润或亏损，到年底再将损益类账户全部余额转入"本年利润"账户，将损益类账户结平的方法。年末，损益类账户没有余额，"本年利润"账户的贷方余额反映全年累计实现的净利润，借方余额反映全年累计发生的净亏损。年终结算时，应将"本年利润"账户的余额全部转入"利润分配——未分配利润"账户，结转后"本年利润"账户应无余额。

（2）账结法是在每月末将损益类账户的余额全部结转到"本年利润"账户，在该账户上结算出本期实现的利润或亏损以及本年累计损益的方法。

 应用案例 11-3

光大建筑公司采用账结法计算利润。2018年12月末各损益类账户结账前余额见表11-1。

表 11-1　2018年12月末各损益类账户结账前余额

损益类账户发生额表　　　　　　　　　　　　　　　　　　单位：元

会计账户	借方发生额	贷方发生额
主营业务收入		2 800 000
其他业务收入		60 000
公允价值变动损益		30 000
投资收益		22 000
营业外收入		8 000
主营业务成本	1 200 000	

续表

会计账户	借方发生额	贷方发生额
其他业务成本	42 000	
税金及附加	52 000	
管理费用	126 000	
财务费用	36 000	
资产减值损失	20 000	
营业外支出	16 000	
合　计	1 492 000	2 920 000

(1) 2018年12月末，结转各种收入时，做如下会计分录。

借：主营业务收入　　　　　　　　　　　　　　　　2 800 000
　　其他业务收入　　　　　　　　　　　　　　　　　　60 000
　　公允价值变动损益　　　　　　　　　　　　　　　　30 000
　　投资收益　　　　　　　　　　　　　　　　　　　　22 000
　　营业外收入　　　　　　　　　　　　　　　　　　　 8 000
　贷：本年利润　　　　　　　　　　　　　　　　　2 920 000

(2) 2018年12月末，结转各种成本、费用及损失时，做如下会计分录。

借：本年利润　　　　　　　　　　　　　　　　　　1 492 000
　贷：主营业务成本　　　　　　　　　　　　　　　1 200 000
　　　其他业务成本　　　　　　　　　　　　　　　　　42 000
　　　税费及附加　　　　　　　　　　　　　　　　　　52 000
　　　管理费用　　　　　　　　　　　　　　　　　　 126 000
　　　财务费用　　　　　　　　　　　　　　　　　　　36 000
　　　营业外支出　　　　　　　　　　　　　　　　　　16 000
　　　资产减值损失　　　　　　　　　　　　　　　　　20 000

期末结转后，"本年利润"账户反映出的2018年度利润总额为1 428 000元。

11.1.3　所得税的核算

【企业所得税税前扣除】

所得税的核算由两部分内容构成：一是按照税法规定计算的当期所得税费用，即当期应缴所得税；二是《按照企业会计准则》规定计算的递延所得税。

企业应采用资产负债表债务法进行所得税费用的核算。资产负债表债务法，就是从资产负债表上列示的资产、负债，按照《企业会计准则》规定的账面价值与按照税法规定确定的计税基础，对于两者之间的差额分别应纳税暂时性差异与可抵扣暂时性差异，确认相关的递延所得税负债与递延所得税资产的方法。

所得税核算的基本要求：正确计算应交所得税，以确定负债；正确计算所得税费用，以确定净利润。

1. 暂时性差异

【暂时性差异与递延所得税】

暂时性差异是指资产或负债的账面价值与其计税基础之间的差额。其中，账面价值是指按照企业会计准则要求确定的相关资产、负债，在企业的资产负债表中应列示的金额。但是由于资产、负债的账面价值与其计税基础不同，产生了在未来收回资产或清偿负债的期间内，应纳税所得额增加或减少并导致未来时期应交所得税增加或减少的情况。在这种暂时性差异发生当期，应确认相应的递延所得税资产或递延所得税负债。

根据对未来期间应税金额的影响，暂时性差异分为可抵扣暂时性差异、应纳税暂时性差异两种。

（1）可抵扣暂时性差异。

可抵扣暂时性差异是指在确定未来收回资产或清偿债务期间的应纳税所得额时，将导致产生可抵扣金额的作为暂时性差异。因为该差异在未来期间转回时会减少转回期间的应纳税所得额和应交所得税，所以产生当期应确认为递延所得税资产。可抵扣暂时性差异通常产生于以下两种情况。

① 资产的账面价值小于资产的计税基础。某项资产的账面价值小于资产的计税基础，表明资产在未来期间产生的经济利益少，按税法规定允许税前扣除的金额多，所以企业在未来期间可以减少应纳税所得额并减少应交所得税，形成可抵扣暂时性差异。例如，一项资产的账面价值为180万元，计税基础为240万元，则企业在未来期间就该项资产可以在其自身取得经济利益的基础上多扣除60万元。这样，未来期间应纳税所得额会减少，形成可抵扣暂时性差异。

② 负债的账面价值大于负债的计税基础。某项负债的账面价值大于负债的计税基础，意味着在未来期间清偿该项负债时流出的经济利益大于不允许税前扣除的金额。二者之间的差异可以在未来期间的应税经济利益中扣除，减少未来期间的应纳税所得额，产生可抵扣暂时性差异。

（2）应纳税暂时性差异。

应纳税暂时性差异是指在确定未来收回资产或清偿债务期间的应纳税所得额时，将导致产生应税金额的作为暂时性差异。因为该差异转回时会增加转回期间的应交所得税，所以产生当期作为递延所得税负债。应纳税暂时性差异通常产生于以下两种情况。

① 资产的账面价值大于资产的计税基础。一项资产的账面价值表示企业在持续使用和最后出售该项资产时取得的经济利益总额，而计税基础是该项资产在未来期间可予税前扣除的金额。资产的账面价值大于其计税基础，表明该项资产未来期间产生的经济利益不能全部税前扣除，两者之间的差额需要交税，产生应纳税暂时性差异。

② 负债的账面价值小于负债的计税基础。一项负债的账面价值表示企业预计在未来期间清偿该项负债时将要流出的经济利益，其计税基础则是未来期间不允许税前扣除的金额。负债的账面价值小于其计税基础，表明该项负债在未来期间支付时税前抵扣的金额为负数，即该差额应该纳税，增加未来期间的应纳税所得额和应交所得税，产生应纳税暂时性差异。

（3）特殊项目导致的暂时性差异。

① 某些交易或事项发生以后，因为不符合资产、负债的确认条件而未被列入资产负

债表，但按照税法规定能够确定其计税基础的，其账面价值与计税基础之间的差异也可以构成暂时性差异。

② 按税法规定可以结转以后年度的未弥补亏损及税款抵减，虽然不是因资产负债的账面价值与计税基础不同产生的，但在本质上可抵扣亏损和税款抵减与可抵扣暂时性差异具有相同的作用，均能减少未来期间的应纳税所得额，符合条件的情况下，可视为可抵扣暂时性差异处理。

③ 企业合并中取得相关资产、负债时产生的暂时性差异。

资产、负债的账面价值与其计税基础不同产生可抵扣暂时性差异的，在估计未来期间能够取得足够的应纳税所得额来抵扣该可抵扣暂时性差异时，应以很可能取得用来抵扣可抵扣暂时性差异的应纳税所得额为限，确认相应的递延所得税资产。

【所得税计算举例】

应纳税暂时性差异在转回期间将增加未来期间企业的应纳税所得额和应交所得税，致使企业经济利益的流出，在其发生当期，构成企业应支付税金的义务，因此应作为递延所得税负债确认。

2. 所得税费用的计算

所得税费用（或收益）＝当期所得税＋递延所得税费用（－递延所得税收益）

递延所得税费用＝递延所得税负债增加额＋递延所得税资产减少额

递延所得税收益＝递延所得税负债减少额＋递延所得税资产增加额

3. 当期所得税的计算

当期所得税是指企业按照税法规定计算确定的针对当期发生的交易和事项，应交纳给税务部门的所得税金额，即应交所得税，应当以适用的税收法规为基础计算确定。

当期所得税＝当期应交所得税

应交所得税＝应纳税所得额×所得税税率

应纳税所得额＝税前会计利润＋纳税调整增加额－纳税调整减少额

从理论上说，企业的利润总额就应当是企业的应纳税所得额，可是由于会计与税收是经济领域的两个不同分支，需分别遵循不同的原则、规范不同的对象，所以按财务会计方法计算的利润额与按照税收法规计算的应纳税所得额，在同一企业、同一期间会产生一定的差异。因此就需要进行纳税调整。

纳税调整增加额主要包括税法规定允许扣除项目、企业已计入当期费用但超过税法规定扣除标准的金额（如超过税法规定标准的业务招待费支出、工资支出等）以及企业已计入当期损失但税法规定不允许扣除的金额（如各项罚款、罚金、税收滞纳金等）。

纳税调整减少额主要包括按税法规定允许弥补的亏损和准予免税的项目，如前 5 年内没有弥补的亏损、国库券和国债利息收入等。

4. 所得税费用的会计处理

企业在年度终了需要根据《企业会计准则》的规定，对当期所得税加以调整计算，据以确认应从当期利润总额中扣除的所得税费用。

应用案例 11-4

光大建筑公司 2018 年 12 月调整前所得税费用为 7 767 200 元；递延所得税资产年初数为 250 000 元，年末数为 210 000 元；递延所得税负债年初数为 320 000 元，年末数为 430 000 元。

2018 年 12 月末，确认所得税费用时，做如下会计分录。

递延所得税费用＝(430 000 元－320 000 元)＋(250 000 元－210 000 元)＝150 000 元
所得税费用＝7 767 200 元＋150 000 元＝7 917 200 元

借：所得税费用　　　　　　　　　　　　　　　　　　　7 917 200
　　贷：应交所得税　　　　　　　　　　　　　　　　　　　7 762 700
　　　　递延所得税负债　　　　　　　　　　　　　　　　　　110 000
　　　　递延所得税资产　　　　　　　　　　　　　　　　　　 40 000

11.2　利润分配

【企业当年未弥补完额亏损可否在以后年度继续弥补】

11.2.1　利润分配的程序

施工企业实现的利润总额，按照国家规定进行相应调整后，需依法计算缴纳所得税。缴纳所得税后的净利润，应按国家有关规定和投资者的协议进行分配。

企业当期实现的净利润加上年初未分配利润(或减去年初未弥补亏损)后的余额，为可供分配的利润。首先可供分配的利润按照税后利润和扣除税后弥补亏损后余额的 10% 提取法定盈余公积金(达到注册资本的 50% 时可以不用再提取)，上市公司还可按照股东大会的决定提取任意盈余公积金。可供分配的利润减去提取的盈余公积后，作为可供投资者分配的利润，分配给投资人后，剩余的为未分配利润(或未弥补亏损)。未分配利润可在以后年度进行分配。如企业发生亏损，可以按规定由以后年度实现的利润弥补，也可以用以前年度提取的盈余公积进行弥补。企业以前年度亏损未弥补完的，不得提取盈余公积；在提取盈余公积以前，也不得向投资者分配利润。

11.2.2　利润分配的核算

为了总括地反映和监督利润的分配情况，施工企业应设置"利润分配"账户。"利润分配"账户属于所有者权益类账户，用以核算企业利润的分配(或亏损的弥补)及历年利润分配(或亏损弥补)后的结存余额。其贷方登记转入的本年利润数额和用盈余公积弥补的亏损数;借方登记分配的利润数额和转入的本年亏损额;年末贷方余额反映历年积存的未分配利润,年末借方余额反映历年积存的未弥补的亏损。本账户应设置"其他转入""提取法定盈余公积金""应付利润""未分配利润"等明细账户,进行明细分类核算。

 应用案例 11-5

光大建筑公司 2018 年 12 月实现净利润 375 200 元。2018 年 12 月初公司"本年利润"账户有贷方余额 4 024 800 元,年末按 10% 提取法定盈余公积金,并向投资者分配利润 1 500 000 元。

(1) 结转本年利润时,做如下会计分录。

借:本年利润　　　　　　　　　　　　　　　　　　　　　375 200
　　贷:利润分配——未分配利润　　　　　　　　　　　　　　375 200

(2) 计提法定盈余公积金时,做如下会计分录。

借:利润分配——提取法定盈余公积金　　　　　　　　　　440 000
　　贷:盈余公积——法定盈余公积金　　　　　　　　　　　　440 000

(3) 向投资者分配利润时,做如下会计分录。

借:利润分配——应付利润　　　　　　　　　　　　　　1 500 000
　　贷:应付利润　　　　　　　　　　　　　　　　　　　1 500 000

(4) 结转"利润分配"账户各明细账户的余额时,做如下会计分录。

借:利润分配——未分配利润　　　　　　　　　　　　　1 940 000
　　贷:利润分配——提取法定盈余公积金　　　　　　　　　440 000
　　　　利润分配——应付利润　　　　　　　　　　　　1 500 000

 **特 别 提 示**

假定企业以前年度无未分配利润,年末"利润分配——未分配利润"账户有贷方余额 2 460 000 元,即为该企业累计未分配利润。

 应用案例 11-6

明朗建筑工程公司 2018 年发生亏损 40 000 元。经批准决定用盈余公积金弥补亏损,做如下会计分录。

借:盈余公积——法定盈余公积金　　　　　　　　　　　　40 000
　　贷:利润分配——其他转入　　　　　　　　　　　　　　40 000
借:利润分配——其他转入　　　　　　　　　　　　　　　40 000
　　贷:利润分配——未分配利润　　　　　　　　　　　　　40 000

企业用当年实现的利润弥补以前年度亏损时,无论采用税前利润弥补还是税后利润弥补,均不需要专门做会计分录。只需将本年实现的利润转入"利润分配"账户,就可以直接抵消亏损数额。

本章小结

利润是企业在一定期间的经营成果，由营业利润和营业外收支净额组成。净利润为一定期间的利润总额减去所得税后的余额。

所得税是对我国境内的企业生产经营所得而征收的一种税，是根据企业应纳税所得额的一定比例上交的税金。

企业应设置"本年利润"账户，核算本年度实现的利润或发生的亏损。

企业应设置"利润分配"账户，核算企业净利润的分配（或亏损的弥补）及历年分配（或弥补）后的结存余额。

习 题

1. 单项选择题

(1) 某施工企业上年未分配利润为 500 000 元，本年税后利润为 200 000 元，按税后净利的 10% 提取法定盈余公积后，又向投资者分配利润 300 000 元。该企业本年未分配利润数额为（　　）元。

　　A. 700 000　　　　B. 500 000　　　　C. 400 000　　　　D. 380 000

(2) 年终结转后，除"利润分配"账户下的（　　）外，"利润分配"的其他各明细账户都应无余额。

　　A. "未分配利润"明细账户　　　　B. "提取法定盈余公积金"明细账户
　　C. "其他转入"明细账户　　　　　D. "应付普通股股利"明细账户

(3) 下列利润分配的顺序中，正确的是（　　）。

　　A. 提取任意盈余公积金、提取法定盈余公积金、分配优先股股利
　　B. 提取法定盈余公积金、提取任意盈余公积金、分配普通股股利
　　C. 提取法定盈余公积金、分配优先股股利、提取任意盈余公积金
　　D. 分配优先股股利、提取法定盈余公积金、提取任意盈余公积金

(4) 结转本年实现的净利润时，施工企业应做的会计分录为（　　）。

　　A. 借：利润分配——其他转入
　　　　　贷：利润分配——未分配利润
　　B. 借：本年利润
　　　　　贷：利润分配——未分配利润
　　C. 借：利润分配——未分配利润
　　　　　贷：本年利润
　　D. 借：本年利润
　　　　　贷：所得税费用

2. 多项选择题

(1) 下列各项，属于可供投资者分配利润的有（　　）。
A. 提取法定盈余公积金　　　　　　B. 应付优先股股利
C. 提取任意盈余公积金　　　　　　D. 应付普通股股利
E. 转作资本（或股本）的普通股股利

(2) 企业弥补亏损的来源有（　　）。
A. 盈余公积　　　　　　　　　　　B. 国家补贴
C. 以后年度实现的利润　　　　　　D. 资本公积
E. 以前年度的利润

(3) 下列各项收入中，可增加企业营业利润的有（　　）。
A. 工程结算收入　　　　　　　　　B. 出售固定资产的收入
C. 罚没收入　　　　　　　　　　　D. 银行存款的利息收入
E. 管理费用开支节约

3. 判断题

(1) 出售无形资产获得的收入会引起营业利润变动。（　　）
(2) 企业在一定期间发生亏损，则企业在这一会计期间的所有者权益总额一定比上期少。（　　）
(3) 利润是企业在日常活动中取得的经营成果，因此不应包括企业在偶发事件中产生的利得和损失。（　　）
(4) 企业用盈余公积弥补亏损会减少企业的所有者权益。（　　）
(5) 企业按规定用盈余公积弥补以前年度亏损时，应按弥补数额，借记"盈余公积"账户，贷记"利润分配——其他转入"账户。（　　）

4. 计算及账务处理题

鲁信建筑公司 2018 年 12 月"本年利润"账户的月初余额为贷方余额 3 787 300 元，2018 年 12 月 31 日损益类账户发生额见表 11-2，企业所得税税率为 25%。

表 11-2　2018 年 12 月 31 日损益类账户发生额

损益类账户发生额表　　　　　　　　　　　　　　　　单位：元

会计账户	借方发生额	贷方发生额
主营业务收入		900 000
主营业务成本	500 000	
税费及附加	29 700	
管理费用	50 000	
财务费用	8 000	
投资收益		15 000
营业外收入		35 000
营业外支出	18 000	
合　计	605 700	950 000

第11章 利润及利润分配

要求：
① 做结转12月各损益类账户的会计分录。
② 计算企业应交所得税，并做会计分录。
③ 做结转所得税费用的会计分录。
④ 做结转本年利润的会计分录。
⑤ 做按当年净利润的10%计提法定盈余公积金的会计分录。
⑥ 做将净利润的60%分配给投资人的会计分录。
⑦ 做结转利润分配各明细账的会计记录。
⑧ 计算本年度的留存收益。

能力评价体系

知识要点	能力要求	所占分值（100分）	自评分数
利润计算公式	熟悉利润的基本概念和利润计算公式	15	
结转当期损益	掌握利润形成的核算	30	
所得税费的确认	了解所得税的基本概念，掌握所得税确认和结转的核算	15	
利润分配的核算	掌握利润分配程序各个环节的核算	40	
总　　分		100	

第12章 财务报告

教学目标

能够编制简单的财务会计报告;掌握资产负债表和利润表的编制;熟悉所有者权益变动表的编制;了解现金流量表的编制。

教学要求

能力要求	知识要点	相关知识
熟悉财务报告的基本概念	财务报告	财务报告的构成,会计报表的分类,会计报表列报的基本要求
掌握资产负债表的编制	资产负债表	资产负债表的概念、编制
掌握利润表的编制	利润表	利润表的概念、编制
了解现金流量表的编制	现金流量表	现金流量表的概念、编制
熟悉所有者权益变动表的编制	所有者权益变动表	所有者权益变动表的概念、编制
了解财务报告附注	财务报告附注	财务报告附注披露的内容

  推荐阅读资料

1. 财政部会计司编写组,2018. 企业会计准则讲解2018 [M]. 北京:人民出版社.
2. 马津,2016. 牛角包一样的会计:财务报表看得懂 [M]. 北京:北京联合出版公司.

【学习重点】

资产负债表、利润表、现金流量表的内容、格式、编制方法及财务报告附注的主要内容

【最新标准】

《企业会计准则》(财政部令第33号)

【企业会计准则第30号——财务报表列报】

第12章 财务报告

引例

中原建筑公司2018年12月31日库存现金有借方余额5 000元,银行存款借方余额5 690 000元,交易性金融资产有借方余额190 000元,应收账款有借方余额5 600 000元,固定资产借方余额29 620 000元,短期借款有贷方余额5 000 000元,应付职工薪酬有贷方余额700 000元,长期借款有贷方余额150 000 000元,实收资本有贷方余额20 000 000元,盈余公积有贷方余额405 000元。

这是企业期末资产和负债的基本数据。但这些数据仍然比较分散,不能集中概括地反映企业一定时期的经营活动全貌。因此企业必须定期对日常会计核算资料进行加工整理,以便能够系统地、概括地、集中地反映报告期内企业的财务状况、经营成果及现金流量情况。

本章主要介绍资产负债表和利润表的编制。

12.1 财务报告概述

12.1.1 财务报告的定义

财务报告(又称财务会计报告)是综合反映施工企业某一特定时期的财务状况、经营成果和现金流量等会计信息的文件。财务报告包括财务报表和其他应当在财务报告中披露的相关信息和资料。《企业会计准则》规定财务报告至少应当包括资产负债表、利润表、现金流量表、所有者权益变动表及附注5个组成部分。

财务报告是会计工作的总结,也是对外传递会计信息的主要手段。企业必须在日常会计核算资料的基础上,按照一定的会计处理程序和方法,定期加以系统地归类、整理和汇总,按照规定的格式定期编制财务会计报告,以满足有关各方对施工企业会计信息的需要。财务报告的作用主要体现在以下几个方面。

(1) 企业内部管理者利用财务报告,可以了解企业资金、成本、盈利情况,考核分析财务成本计划的完成情况,发现经营管理中存在的问题,进行有效的经营决策和计划制订,改善经营管理,提高经济效益。

(2) 投资人和债权人通过财务报告,可以了解企业的资本结构、获利能力和偿债能力,从而做出正确及时的投资决策。

(3) 国家财政、税务等机关利用财务报告所提供的资料,可以分析企业纳税情况,以保证国家财政收入的稳定增长。施工企业应遵守财经纪律,正确计算盈亏,及时上缴税金。利税征收机关通过财务报告了解企业资金及其来源的增减情况,经营成果的实现及其分配情况,及时足额地完成利税征收任务。

（4）国家宏观调控部门利用财务报告，可以掌握企业资金的取得、利润的分配、资源的流向等情况，了解国家有关方针、政策、法规的贯彻执行情况，为国家制定正确的财经政策、进行宏观调控提供可靠的依据。

12.1.2 会计报表的分类

会计报表作为财务报告的主要部分，可以按照以下标准进行分类。

1. 按经济内容分类

会计报表按其反映的经济内容分为资产负债表、利润表、现金流量表、所有者权益变动表。资产负债表用以反映企业一定时期全部资产、负债和所有者权益情况。利润表用以反映企业一定时期的经营收入、费用和财务成果及分配情况。现金流量表用以反映企业一定时期内财务状况增减变动情况及其原因。所有者权益变动表用以反映构成所有者权益的各组成部分当期的增减变动情况。

2. 按编报时间分类

会计报表按编报时间可分为中期财务报表和年度财务报表。中期财务报表包括月报、季报、半年报。中期财务报表的内容和格式与年度财务报表一致，但一般只编制资产负债表和利润表等主要报表。年度财务报表是全面反映企业全年的经营成果，每年编制一次，报表要求的种类和揭示的信息最为完整齐全，能全面地反映全年的经营活动。

3. 按服务对象分类

会计报表按服务对象可分为对内报表和对外报表。对内报表是为了适应企业内部管理需要而编制的报表，它一般不对外公布，仅为企业管理者当局服务，其格式和内容由企业自行确定，如成本报表。对外报表是企业向外提供的、供国家经济管理机构、其他企业和个人使用的报表，如资产负债表。

4. 按编报单位分类

会计报表按编报单位可分为单位报表和合并报表。单位报表是由独立核算的法人单位编制的会计报表。合并报表是实际拥有控制权的企业将被投资企业和本企业报表按控制和投资关系合并编制而成的报表。

12.1.3 会计报表列报的基本要求

为了充分发挥会计报表的作用，确保会计信息的质量，《企业会计准则》规定企业编制的财务会计报表列报必须满足下列要求。

（1）企业应当以持续经营为基础。

企业不应以附注披露代替确认和计量。企业管理层应当评价企业的持续经营能力，对持续经营能力产生重大怀疑的，应当在附注中披露导致对持续经营能力产生重大怀疑的影响因素。

当企业正式决定或被迫在当期或将在下一个会计期间进行清算或停止营业时，表明其处于非持续经营状态，应当采用其他基础编制财务报表，并在附注中声明财务报表未以持续经营为基础列报，并披露未以持续经营为基础的原因和财务报表的编制基础。

（2）会计报表项目的列报应当在各个会计期间保持一致，不得随意变更，但下列情况除外。

① 会计准则要求改变财务报表项目的列报。

② 企业经营业务的性质发生重大变化后，变更会计报表项目的列报能够提供更可靠、更相关的会计信息。

（3）在编制的过程中，企业应当考虑项目的重要性。

性质或功能不同的项目，应当在财务报表中单独列报，但不具有重要性的项目除外。性质或功能类似的项目，应予以合并，其所属类别具有重要性的，应当按其类别在会计报表中单独列报。

（4）会计报表中的资产项目和负债项目的金额、收入项目和费用项目的金额不得相互抵消，但满足抵消条件的除外。下列情况可以按净额列示。

① 资产项目按扣除减值准备后的净额列示，不属于抵消。

② 非日常活动产生的损益，以收入扣减费用后的净额列示，不属于抵消。

（5）当期会计报表的列报，至少应当提供所有列报项目上一可比会计期间的比较数据及与理解当期会计报表相关的说明，但其他会计准则另有规定的除外。

12.2 财务报告的编制

【财务报表中的勾稽关系】

12.2.1 资产负债表的编制

1. 资产负债表的概念及作用

资产负债表是指反映企业在某一特定日期的财务状况的会计报表，用来列报企业某一时日的资产、负债和所有者权益的状况。

资产负债表是企业重要的会计报表之一，其作用主要体现在以下几个方面。

（1）通过资产负债表可以了解企业的资产总额及其构成。

（2）通过资产负债表可以了解企业的权益总额及其构成。

（3）利用资产负债表可以分析企业的财务状况和资本结构。

2. 资产负债表的结构和内容

资产负债表从整体上体现"资产＝负债＋所有者权益"这一会计等式，把企业特定日期的资产、负债和所有者权益各项目按一定的分类标准顺序适当排列，反映企业资产、负债、所有者权益的总体规模和结构。

资产负债表一般包括表首、正表两部分。表首主要包括报表名称、编制单位、编制日期、报表编号、货币名称、计量单位等。正表是资产负债表的主体,列示企业资产、负债和所有者权益各个项目的名称及其年初数和年末数。

资产负债表列报的方式有报告式和账户式。报告式就是由上至下依次列报资产、负债和所有者权益项目,其结构和内容见表 12-1。

表 12-1 资产负债表(报告式)

会企 01 表

编制单位:	年　月　日 单位:元
资产:	
***	×××××
***	×××××
资产合计	×××××
负债:	
***	×××××
***	×××××
负债合计	×××××
所有者权益:	
***	×××××
***	×××××
所有者权益合计	×××××
负债和所有者权益合计	×××××

账户式就是将报表分为左右两部分,左方列示资产项目,右方列示负债和所有者权益项目。表内资产项目按其流动性的大小排列,流动性大的排列在前,流动性小的排列在后;负债一般按清偿时间的先后顺序排列,所有者权益项目排列在最后。资产各项目的合计等于负债和所有者权益各项目的合计,即资产负债表的左方和右方平衡。

我国企业的资产负债表采用账户式结构。

3. 资产负债表的填制

资产负债表项目的排列规律是:资产方按流动性的大小排列,流动性大的排在前面,流动性小的排在后面;权益方按偿还期限的长短排列,偿还期短的排在前面,偿还期长的排在后面,最后是不用偿还的资本。资产负债表"年初数"栏内各项数字,应根据上年末资产负债表"期末数"栏内各项数字填列。如果上年度资产负债表规定的各个项目的名称和内容与本年度不相一致,应对上年末资产负债表各项目的名称和数字按照本年度的规定进行调整,填入资产负债表"年初数"栏内。

资产负债表"期末数"栏各项目数据的具体填列方法如下。

(1)"货币资金"项目,反映企业期末持有的库存现金、银行存款、银行结算账户存款、外埠存款等总额。本项目应根据"库存现金""银行存款""其他货币资金"总账账户的期末余额合计数填列。

(2)"以公允价值计量且其变动计入当期损益的金融资产"项目,反映企业持有的以公允价值计量且其变动计入当期损益的为交易目的所持有的债券投资、股票投资、基金投资、权证投资等金融资产。本项目应根据"交易性金融资产"账户和在初始确认时指定为以公允价值计量且其变动计入当期损益的金融资产的账户的期末余额填列。

(3)"应收票据"项目,反映企业收到的未到期收款、也未向银行贴现的应收票据,包括商业承兑汇票和银行承兑汇票。本项目应根据"应收票据"账户的期末余额减去"坏账准备"账户中有关应收票据计提的坏账准备期末余额后的金额填列。

已向银行贴现和已背书转让的应收票据不包括在本项目内,其中已贴现的商业承兑汇票应在会计报表附注中单独披露。

(4)"应收账款"项目,反映企业因销售商品和提供劳务等经营活动而应向购买单位收取的各种款项,即减去已计提的坏账准备后的净额。本项目应根据"应收账款"账户所属各明细账户的期末借方余额合计减去"坏账准备"账户中有关应收账款计提的坏账准备期末余额后的金额填列。

"应收账款"账户所属明细账户期末有贷方余额,应在"预收账款"项目内填列。

(5)"预付账款"项目,反映企业按照购货合同规定预付给供应单位的款项等。本项目应根据"预付账款""应付账款"账户所属各有关明细账户的期末借方余额合计数,减去"坏账准备"账户中有关预付账款计提的坏账准备期末余额后的金额填列。

"预付账款"账户所属有关明细账户期末贷方有余额的,应在"应付账款"项目内填列。

(6)"应收利息"项目,反映企业因债权投资而应收取的利息。企业购入到期还本付息债券应收的利息不包括在本项目内。本项目应根据"应收利息"账户的期末余额减去"坏账准备"账户中有关应收利息计提的坏账准备期末余额后的金额填列。

(7)"应收股利"项目,反映企业因股权投资而应收取的现金股利和应收其他单位的利润。本项目应根据"应收股利"账户的期末余额减去"坏账准备"账户中有关应收股利计提的坏账准备期末余额后的金额填列。

(8)"其他应收款"项目,反映企业对其他单位和个人的应收和暂付的款项。本项目应根据"其他应收款"账户的期末余额减去"坏账准备"账户中有关其他应收款计提的坏账准备期末余额后的金额填列。

(9)"存货"项目,反映企业期末在库、在途和在加工中的各项存货的可变现净值,包括原材料、周转材料、未完施工等。本项目应根据"材料采购""原材料""库存商品"

"委托加工物资""周转材料""材料成本差异""在途物资"等账户的期末借方余额之和，扣减"存货跌价准备"账户期末贷方余额，加上"合同履约成本"账户的期末余额，减去"合同结算"账户期末余额的金额填列。如"合同履约成本"期末余额小于"合同结算"期末余额，其差额应在"应付账款"项目中反映。

（10）"一年内到期的非流动资产"项目，反映企业将于一年内到期的非流动资产。本项目应根据有关账户的期末余额分析计算填列。

（11）"其他流动资产"项目，反映企业除以上流动资产项目外的其他流动资产。本项目应根据有关账户的期末余额填列。如其他流动资产价值较大，应在会计报表附注中披露其内容和金额。

（12）"以摊余成本计量的金融资产"项目，反映企业持有的以摊余成本计量的金融资产。本项目应根据有关科目的期末余额分析填列。

（13）"长期应收款"项目，反映企业持有的长期应收款的可收回金额。本项目应根据"长期应收款"账户的期末余额，减去"坏账准备"账户所属相关明细账户期末余额，再减去"未确认融资收益"账户期末余额后的金额分析计算填列。

（14）"长期股权投资"项目，反映企业不准备在一年内（含一年）变现的各种股权性质的投资的可收回金额。本项目应根据"长期股权投资"账户的期末余额，减去"长期投资减值准备"账户中有关股权投资减值准备期末余额后的金额填列。

（15）"投资性房地产"项目，反映企业持有的投资性房地产的可收回余额。本项目应根据"投资性房地产"账户的期末余额，减去"累计折旧""固定资产减值准备"所属相关明细账户期末余额后的金额分析计算填列。

（16）"固定资产"项目，反映企业的固定资产可收回金额。本项目应根据"固定资产"账户的期末余额，减去"累计折旧""固定资产减值准备"所属相关明细账户期末余额后的金额分析填列。

（17）"在建工程"项目，反映企业期末各项未完工程的实际支出，包括交付安装的设备价值，未完建筑安装工程已经耗用的材料、工资和费用支出、预付分包工程的价款、已经建筑安装完毕但尚未交付使用的工程等的可收回金额。本项目应根据"在建工程"账户的期末余额，减去"在建工程减值准备"账户期末余额后的金额填列。

● 特 别 提 示

在建工程的未完工程是指施工企业自行建造固定资产的专项未完工程支出。

（18）"工程物资"项目，反映企业尚未使用的为各项专用工程准备的工程物资的实际成本。本项目应根据"工程物资"账户的期末余额填列。

（19）"固定资产清理"项目，反映企业因出售、毁损、报废等原因转入清理但尚未清理完毕的固定资产的账面价值及固定资产清理过程中所发生的清理费用和变价收入等各项金额的差额。本项目应根据"固定资产清理"账户的期末借方余额填列。如"固定资产清理"账户期末为贷方余额，以"一"号填列。

（20）"无形资产"项目，反映企业各项无形资产的期末可收回金额。本项目应根据

"无形资产"账户的期末余额，减去"累计摊销""无形资产减值准备"等账户期末余额后的金额填列。

（21）"商誉"项目，反映企业合并中形成的商誉价值。本项目根据"商誉"账户的期末余额减去"商誉减值准备"账户期末余额后的金额填列。

（22）"长期待摊费用"项目，反映企业尚未摊销的摊销期限在一年以上（不含一年）的各种费用。本项目应根据"长期待摊费用"账户的期末余额减去一年内（含一年）摊销的数额后的金额填列。

（23）"递延所得税资产"项目，反映企业确认的递延所得税资产。本项目应根据"递延所得税资产"账户期末余额分析填列。

（24）"其他非流动资产"项目，反映企业除以上资产以外的其他长期资产。本项目应根据有关账户的期末余额填列。

（25）"短期借款"项目，反映企业借入尚未归还的一年期以下（含一年）的借款。本项目应根据"短期借款"账户的期末余额填列。

（26）"交易性金融负债"项目，反映企业为交易而发生的金融负债，包括以公允价值计量且其变动计入当期损益的金融负债。本项目应根据"交易性金融负债"等账户的期末余额分析填列。

（27）"应付票据"项目，反映企业因购买原材料、商品和接受劳务等开出、承兑的尚未到期付款的应付票据的价值，包括银行承兑汇票和商业承兑汇票。本项目应根据"应付票据"账户的期末余额填列。

（28）"应付账款"项目，反映企业购买原材料、商品和接受劳务供应等应付给供应单位的款项。本项目应根据"应付账款"账户所属各有关明细账户的期末贷方余额合计填列。如"应付账款"账户所属各明细账户期末有借方余额，计入本表"预付账款"项目。

（29）"预收账款"项目，反映企业按合同规定预收购买单位及建设单位的款项。本项目应根据"预收账款"账户所属各有关明细账户的期末贷方余额合计填列。"预收账款"账户所属有关明细账户有借方余额的，应在本表"应收账款"项目内填列。"应收账款"账户所属明细账户有贷方余额的，也应包括在本项目内。

特别提示

根据2017年颁布的《企业会计准则第14号——收入》预收账款中与合同有关的均应归入"合同负债"账户。因此，企业应单独设置"合同负债"项目，反映由于合同引起的"合同负债"或者在"其他流动负债"项目中反映。

（30）"应付职工薪酬"项目，反映企业按规定应付而未付的职工薪酬。本项目应根据"应付职工薪酬"账户期末贷方余额填列。如"应付职工薪酬"账户期末有借方余额，以"—"号填列。

（31）"应交税费"项目，反映企业按税法规定期末未交、多交或未抵扣的各种税费。本项目应根据"应交税费"账户的期末贷方余额填列。如"应交税费"账户期末为借方余额，以"—"号填列。

(32)"应付利息"项目,反映企业按合同约定应付而未付的利息。本项目应根据"应付利息"账户的期末贷方余额填列。

(33)"应付股利"项目,反映企业尚未支付的现金股利或利润。本项目应根据"应付股利"账户的期末余额填列。

(34)"其他应付款"项目,反映企业所有应付和暂收其他单位和个人的款项。本项目应根据"其他应付款"账户的期末余额填列。

(35)"一年内到期的非流动负债"项目,反映企业承担的一年内到期的非流动负债。本项目应根据有关账户的期末余额分析计算填列。

(36)"其他流动负债"项目,反映企业除以上流动负债以外的其他流动负债。本项目应根据有关账户的期末余额分析计算填列。

(37)"长期借款"项目,反映企业借入尚未归还的一年期以上(不含一年)的借款本息。本项目应根据"长期借款"账户的期末余额填列。

(38)"应付债券"项目,反映企业发行的尚未偿还的各种长期债券的本息。本项目应根据"应付债券"账户期末余额填列。

(39)"长期应付款"项目,反映企业除长期借款和应付债券以外的其他各种长期应付款。本项目应根据"长期应付款"账户的期末余额,减去"未确认融资费用"账户期末余额后的金额填列。

(40)"专项应付款"项目,反映企业取得政府作为企业所有者投入的具有专项或特定用途的款项。本项目应根据"专项应付款"账户的期末余额填列。

(41)"预计负债"项目,反映企业对外提供担保、未决诉讼等预计负债的期末余额。本项目应根据"预计负债"账户的期末余额填列。

(42)"递延所得税负债"项目,反映企业确认的递延所得税负债。本项目应根据"递延所得税负债"账户期末余额分析填列。

(43)"其他非流动负债"项目,反映企业除以上非流动负债项目以外的其他非流动负债。本项目应根据有关账户的期末余额分析计算填列。

(44)"实收资本"项目,反映企业各投资者实际投入的资本总额。本项目应根据"实收资本"账户的期末余额填列。

(45)"资本公积"项目,反映企业资本公积的期末余额。本项目应根据"资本公积"账户的期末余额填列。

(46)"盈余公积"项目,反映企业盈余公积的期末余额。本项目应根据"盈余公积"账户的期末余额填列。

(47)"未分配利润"项目,反映企业尚未分配的利润总数。本项目应根据"本年利润"账户和"利润分配"账户的余额计算填列。未弥补的亏损,在本项目内以"—"号填列。

应用案例 12-1

长兴建筑公司 2018 年 12 月 31 日的账户余额见表 12-2。该公司资产和负债项目的账面价值均与其计税基础一致。

第12章 财务报告

表 12-2 账户余额表 单位：元

账户名称	借方余额	账户名称	贷方余额
库存现金	1 800	坏账准备	11 800
银行存款	769 135	累计折旧	169 000
交易性金融资产	24 500	短期借款	60 000
应收票据	56 000	应付票据	90 000
应收账款	610 000	应付账款	95 000
预付账款	90 000	应付职工薪酬	180 000
应收利息	15 000	应交税费	205 731
原材料	358 050	应付利息	14 800
周转材料	85 600	应付股利	32 215
库存商品	1 883 800	其他应付款	20 988.40
材料成本差异	3 000	长期借款	750 000
工程施工	154 250	实收资本	4 900 000
持有至到期投资	250 000	资本公积	36 000
固定资产	2 370 000	盈余公积	124 700
在建工程	558 000	未分配利润	1 468 800.60
工程物资	470 000		
长期待摊费用	430 000		
递延所得税资产	29 900		
合　计	8 159 035	合　计	8 159 035

根据上述资料，为长兴建筑公司编制2018年12月31日的资产负债表，见表12-3。

表 12-3 资产负债表（账户式）

会企01表

编制单位：长兴建筑公司　　　2018年12月31日　　　单位：元

资　产	年初数	期末数	负债和所有者权益	年初数	期末数
流动资产：			流动负债：		
货币资金		770 935	短期借款		60 000
交易性金融资产		24 500	交易性金融负债		
应收票据		56 000	应付票据		90 000
应收账款		598 200	应付账款		95 000
预付账款		90 000	预收款项		
应收利息		15 000	应付职工薪酬		180 000
应收股利			应交税费		205 731

243

续表

资　　产	年初数	期末数	负债和所有者权益	年初数	期末数
其他应收款			应付利息		14 800
存货		2 484 700	应付股利		32 215
一年内到期的非流动资产			其他应付款		20 988.40
其他流动资产			一年内到期的非流动负债		
流动资产合计		4 039 335	其他流动负债		
非流动资产：			流动负债合计		698 734.40
可供出售金融资产			非流动负债：		
持有至到期投资		250 000	长期借款		750 000
长期应收款			应付债券		
长期股权投资			长期应付款		
投资性房地产			专项应付款		
固定资产		2 201 000	预计负债		
在建工程		558 000	递延所得税负债		
工程物资		470 000	其他非流动负债		
固定资产清理			非流动负债合计		750 000
无形资产			负债合计		1 448 734.40
商誉			所有者权益：		
长期待摊费用		430 000	实收资本		4 900 000
递延所得税资产		29 900	资本公积		36 000
其他非流动资产			盈余公积		124 700
非流动资产合计		3 938 900	未分配利润		1 468 800.60
资产总计		7 978 235	所有者权益合计		6 529 500.60
			负债和所有者权益合计		7 978 235

12.2.2　利润表的编制

1. 利润表的概念

利润表是反映企业一定期间经营成果的会计报表，把一定期间的收入与其相关的费用进行配比，以计算企业一定时期的净利润或净亏损。通过利润表可以反映企业在一定会计期间的收入实现情况、费用耗费情况，表明企业生产经营成果，了解企业的经营业绩及未来的发展趋势，从总体上评价企业；同时，通过利润表提供的不同时期的比较利润数据，了解企业利润增长或减少的规模和趋势，进而做出合理的经济决策。

【利润表的编制】

> **特别提示**
>
> 常见的利润表结构主要有单步式和多步式两种。在我国利润表采用的基本上是多步式结构，即通过对当期的收入、费用、支出项目按性质加以归类，分步计算当期净损益。

利润表通过一定的表格来反映企业的经营成果，即按照收入、费用及构成利润的各个项目分类，分项列示，最终得出企业本期净利润，其计算步骤分为3步。

(1) 营业利润＝营业收入－营业成本－税金及附加－销售费用－管理费用－财务费用－资产减值损失±公允价值变动净收益±投资收益

(2) 利润总额＝营业利润＋营业外收入－营业外支出

(3) 净利润＝利润总额－所得税费用

2. 利润表的编制

利润表一般包括表首和正表两部分。表首主要包括报表名称、编制日期、编制单位、报表编号、货币名称、计量单位等。正表反映形成经营成果的各个项目和计算过程。

利润表中"本期金额"栏反映各项目的本期实际发生数，在编制年度财务报告时，应将"期"改为"年"。如果上年度利润表与本年度利润表的项目名称和内容不相一致，则按编报当年的口径对上年度利润表项目的名称和数字进行调整，填入本表"上年金额"栏。本表"本期金额"栏反映各项目自年初起至报告期末止的累计实际发生数，其各项目数据的具体填列方法如下。

(1) "营业收入"项目，反映企业因经营活动所取得的收入的总额。本项目应根据"主营业务收入"和"其他业务收入"等账户的发生额分析填列。

(2) "营业成本"项目，反映企业经营活动发生的实际成本总额。本项目应根据"主营业务成本"和"其他业务成本"等账户的发生额分析填列。

(3) "税金及附加"项目，反映企业经营活动应负担的营业税、消费税、城市维护建设税、资源税和教育费附加等。本项目应根据"税金及附加"账户的发生额分析填列。

(4) "销售费用"项目，反映企业在销售产品、材料或提供劳务等过程中发生以及专设销售机构发生的各项经营费用，如产品包装费、运输费、职工薪酬、业务费等。本项目应根据"销售费用"账户的发生额分析填列。

(5) "管理费用"项目，反映企业为组织和管理生产经营活动发生的费用支出。本项目应根据"管理费用"账户的发生额分析填列。

(6) "财务费用"项目，反映企业为筹集生产经营所需资金等而发生的筹资费用。本项目应根据"财务费用"账户的发生额分析填列。

(7) "资产减值损失"项目，反映企业各项资产发生的减值损失。本项目应根据"资产减值损失"账户的发生额分析填列，其中包括存货、固定资产、无形资产等减值准备。

(8) "公允价值变动净收益"项目，反映企业按照相关准则规定确认的交易性金融资产或交易性金融负债的变动额。如为净损失，以"－"号填列。本项目应根据"公允价值变动损益"账户的发生额分析填列。

(9)"投资收益"项目,反映企业以各种方式对外投资所取得的收益。本项目应根据"投资收益"账户发生额分析填列。如为因投资而发生的损失,以"一"号填列。

(10)"营业外收入"项目,反映企业发生的与其经营活动无直接关系的各项收入。本项目应根据"营业外收入"的发生额分析填列。其中包括盘盈收入、固定资产处置净收益等。

(11)"营业外支出"项目,反映企业发生的与其经营活动无直接关系的各项支出。本项目应分别根据"营业外支出"账户的发生额分析填列,其中处置非流动资产净损失,应当单独列示。

(12)"利润总额"项目,反映企业本期开展业务活动而实现的利润总额。如为亏损总额,以"一"号填列。

(13)"所得税费用"项目,反映企业确认的应从当期利润总额中扣除的所得税费用。应根据"所得税费用"账户的发生额分析填列。

(14)"净利润"项目,反映企业在一定会计期间实现的净利润,如为亏损,以"一"号填列。

(15)"基本每股收益"和"稀释每股收益"项目,应当根据每股收益准则的规定计算的金额填列。

应用案例 12-2

长兴建筑公司 2018 年度有关损益类账户本年累计发生净额见表 12-4。

表 12-4 损益类账户累计发生额　　　　　　　单位:元

账户名称	借方发生额	贷方发生额
主营业务收入		1 180 000
主营业务成本	722 100	
税金及附加	35 400	
管理费用	146 100	
财务费用	40 500	
资产减值损失	42 900	
投资收益		31 500
其他业务收入		70 000
营业外收入		50 000
其他业务成本	32 500	
所得税费用	110 096	

根据上述资料为长兴建筑公司编制利润表,见表 12-5。

表 12-5 利润表

编制单位：长兴建筑公司　　　　　　　2013 年　　　　　　　　　　会企 02 表
　　　　　　　　　　　　　　　　　　　　　　　　　　　　　　　　单位：元

项　　目	本期金额	上期金额
一、营业收入	1 250 000	
减：营业成本	754 600	
税金及附加	35 400	
销售费用		
管理费用	146 100	
财务费用（收益以"－"号填列）	40 500	
资产减值损失	42 900	
加：公允价值变动净收益（净损失以"－"号填列）		
投资收益（损失以"－"号填列）	31 500	
二、营业利润（亏损以"－"号填列）	262 000	
加：营业外收入	50 000	
减：营业外支出		
其中：非流动资产处置净损失		
三、利润总额（亏损总额以"－"号填列）	312 000	
减：所得税费用	78 000	
四、净利润（净亏损以"－"号填列）	234 000	
五、每股收益	（略）	
（一）基本每股收益		
（二）稀释每股收益		

12.2.3　现金流量表的编制

1. 现金流量表的概念

现金流量表是指反映企业在一定会计期间的现金及现金等价物流入和流出信息的会计报表。它是以现金为基础编制的反映企业财务状况变动情况的动态报表，用以反映企业获得现金和现金等价物的能力。现金流量表主要提供企业现金流量方面的信息，便于报表使用者对企业的财务状况做出客观评价，了解和评价企业获取现金的能力，并据以预测企业未来的现金流量，弥补资产负债表和利润表反映情况的不足。

● 特 别 提 示

现金流量表中的现金是指企业库存现金及可以随时用于支付的存款,不能随时支付的存款不属于现金,它主要包括库存现金、银行存款、其他货币资金、现金等价物。现金等价物是指企业持有的期限短、流动性强、易转换为已知金额现金、价值变动风险很小的投资,主要包括企业购买的交易性金融资产中的短期债券投资。企业应当根据具体情况,确定现金等价物的范围,此范围一经确定不得随意变更。

2. 现金流量的分类

现金流量是某一时期内企业现金及现金等价物流入和流出的数量,按照企业经营业务的性质分为 3 类。

(1) 经营活动产生的现金流量。经营活动是指企业投资活动和筹资活动以外的所有交易和事项。经营活动产生的现金流量主要包括销售商品或提供劳务、收到的税费返还等经营活动现金的流入,购买商品或接受劳务、支付各项税费等经营活动现金的流出。

(2) 投资活动产生的现金流量。投资活动是指企业长期资产的构建和不包括在现金等价物范围内的投资及其处置活动。投资活动产生的现金流量主要包括收回投资、取得投资收益等投资活动的现金流入,购建固定资产、无形资产和其他长期资产、支付投资额等投资活动现金的流出。

(3) 筹资活动产生的现金流量。筹资活动是指导致企业资本及债务的规模和构成发生变化的活动。筹资活动产生的现金流量主要包括吸收投资、取得借款等筹资活动的现金流入,偿还债务、分配利润或偿付利息等筹资活动的现金流出。

● 特 别 提 示

在现金流量表中,现金及现金等价物被视为一个整体,企业现金形式的转换不会产生现金的流入和流出。例如企业从银行提取现金,是企业现金存放形式的转换,并未流出企业,不构成现金流量。

3. 现金流量表的编制

现金流量表主要由正表和补充资料组成。其中现金流量表见表 12-6。

● 特 别 提 示

编制现金流量表的方法有直接法和间接法两种。直接法是指按现金收入和现金支出的总括分类直接反映企业经营活动产生的现金流量。采用直接法时,有关经营活动现金流量的信息可以通过企业的会计记录直接取得。间接法是指以净利润为起点,调整不涉及现金的收入、费用、营业外收支等有关项目,剔除投资活动、筹资活动对现金流量的影响,据此计算出经营活动产生的现金流量。我国《企业会计准则》规定企业应当采用直接法编制现金流量表,但同时要求在补充资料中提供以净利润为基础调节到经营活动现金流量的信息。

第12章 财务报告

表 12-6 现金流量表

编制单位：　　　　　　　　　　年　月　　　　　　　　　　会企 03 表
单位：元

项目	行次	本期数	上期数	补充资料	行次	上期数	本期数
一、经营活动产生的现金流量				1. 将净利润调节为经营活动现金流量			
销售商品、提供劳务收到的现金	1			净利润	57		
收到的税费返还	3			加：计提的资产减值准备	58		
收到的其他与经营活动有关的现金	8			固定资产折旧	59		
现金流入小计	9			无形资产摊销	60		
购买商品、接受劳务支付的现金	10			长期待摊费用摊销	61		
支付给职工及为职工支付的现金	12			待摊费用减少(减：增加)	64		
支付的各项税费	13			预提费用增加(减：减少)	65		
支付的其他与经营活动有关的现金	18			处置固定资产、无形资产和其他长期资产的损失(减：收益)	66		
现金流出小计	20			固定资产报废损失	67		
经营活动产生的现金流量净额	21			财务费用	68		
二、投资活动产生的现金流量				投资损失(减：收益)	69		
收回投资所收到的现金	22			递延税款贷项(减：借项)	70		
取得投资收益所收到的现金	23			存货的减少(减：增加)	71		
处置固定资产、无形资产和其他长期资产所收回的现金净额	25			经营性应收项目减少(减：增加)	72		
收到的其他与投资活动有关的现金	28			经营性应付项目的增加(减：减少)	73		
现金流入小计	29			其他	74		

续表

项目	行次	上期数	本期数	补充资料	行次	上期数	本期数
购建固定资产、无形资产和其他长期资产所支付的现金	30			经营活动产生的现金流量净额	75		
投资所支付的现金	31						
支付的其他与投资活动有关的现金	35			2. 不涉及现金收支的投资和筹资活动			
现金流出小计	36			债务转为资本	76		
投资活动产生的现金流量净额	37			一年内到期的可转换公司债券	77		
三、筹资活动产生的现金流量				融资租入固定资产	78		
吸收投资所收到的现金	38						
借款所收到的现金	40			3. 现金及现金等价物净增加情况			
收到的其他与筹资活动有关的现金	43			现金的期末余额	79		
现金流入小计	44			减：现金的期初余额	80		
偿还债务所支付的现金	45			加：现金等价物的期末余额	81		
分配股利、利润或偿付利息所支付的现金	46			减：现金等价物的期初余额	82		
支付的其他与筹资活动有关的现金	52			现金及现金等价物净增加额	83		
现金流出小计	53						
筹资活动产生的现金流量净额	54						
四、汇率变动对现金的影响	55						
五、现金及现金等价物净增加额	56						

现金流量表中各项目的填列方法。

(1)"销售商品、提供劳务收到的现金"项目，反映企业销售商品、提供劳务实际收到的现金(包括销售收入和应向购买者收取的增值税销项税额)，即无论何时销售，只要在本期收现，均计入本项目，包括本期销售商品、提供劳务收到的现金及前期销售商品、提供劳务本期收到的现金和本期预收的款项，本期退回本期销售的商品和前期销售本期退回的商品支付的现金，应从本项目中扣除。企业销售材料和代购代销业务收到的现金，也在本项目中反映。本项目可以根据"库存现金""银行存款""应收账款""应收票据""预收账款""主营业务收入""其他业务收入"等账户的记录分析填列。

(2)"收到的税费返还"项目，反映企业收到返还的各种税费，即企业上交后而由税务机关或政府其他部门返还的增值税、营业税、企业所得税、消费税、关税及教育费附加等。本项目可根据"库存现金""银行存款""其他应收款""税金及附加"等账户的记录分析填列。

(3)"收到的其他与经营活动有关的现金"项目，反映企业收到的其他与经营活动有关的现金流入，包括罚款收入、流动资产损失中由个人赔偿的现金收入、经营租赁的租金等。若某项其他与经营活动有关的现金流入较大，应单独列示。本项目可根据"库存现金""银行存款""营业外收入"等账户的记录分析填列。

(4)"购买商品、接受劳务支付的现金"项目，反映企业购买商品、接受劳务支付的现金(包括支付的增值税进项税额)，包括本期购买商品、接受劳务支付的现金以及本期支付的前期购买商品、接受劳务的应付款项和为购买商品而预付的款项，本期发生的购货退回收到的现金应从本项目中扣除。企业代购代销业务支付的现金，也在本项目中反映。本项目可以根据"库存现金""银行存款""应付账款""应付票据""预付账款""主营业务成本"等账户的记录分析填列。

(5)"支付给职工以及为职工支付的现金"项目，反映企业本期实际支付给职工的工资、奖金、各种津贴和补贴、住房公积金、养老保险金、医疗保险金等薪酬，本项目可以根据"应付职工薪酬""库存现金""银行存款"等账户的记录分析填列。

● 特 别 提 示

企业为职工支付的养老、失业等社会保险金、补充养老保险、支付给职工的住房困难补助、企业为职工交纳的商业保险金、企业支付给职工或为职工支付的其他福利费用等，应根据职工的工作性质和服务对象，分别在"购建固定资产、无形资产和其他长期资产所支付的现金"和"支付给职工及为职工支付的现金"项目中反映。

(6)"支付的各项税费"项目，反映企业当期发生上缴税务机关的各种税费，包括企业本期发生并支付的、本期支付以前各期发生的以及预交的税费，包括所得税、增值税、营业税、消费税、教育费附加、矿产资源补偿费、印花税、房产税、土地使用税、车船使用税等税费，本项目可以根据"库存现金""银行存款""应交税费"等账户的记录分析填列。

> **特别提示**

本项目不包括计入固定资产价值、实际支付的耕地占用税、本期退回的增值税和所得税。本期退回的增值税和所得税在"收到的税费返还"项目中反映。

(7)"支付的其他与经营活动有关的现金"项目，反映企业所支付的其他与经营活动有关的现金流出，包括支付的罚款、支付的差旅费、业务招待费、保险费等支出。若其他与经营活动有关的现金流出金额较大，应单独列示。本项目可以根据"库存现金""银行存款""管理费用""营业外支出"等有关账户的记录分析填列。

(8)"收回投资收到的现金"项目，反映企业出售、转让或到期收回除现金等价物以外的交易性金融资产、长期股权投资而收到的现金以及收回持有至到期投资和可供出售金融资产本金而收到的现金，本项目可以根据"库存现金""银行存款""交易性金融资产""长期股权投资""持有至到期投资""可供出售金融资产"等账户的记录分析填列。

> **特别提示**

持有至到期投资和可供出售金融资产收回的利息及收回的非现金资产不包括在本项目中。收回的利息在"取得投资收益所收到的现金"项目中反映。

(9)"取得投资收益收到的现金"项目，反映企业因股权性投资而分得的现金股利，从子公司、联营企业或合营企业分回利润而收到的现金以及因债权性投资而取得的利息收入，本项目可以根据"投资收益""库存现金""银行存款"等账户的记录分析填列。

> **特别提示**

股票股利不用反映在现金流量表中，因为公司不必支付现金。

(10)"处置固定资产、无形资产和其他长期资产收回的现金净额"项目，反映企业出售、报废固定资产、无形资产和其他长期资产所取得的现金(包括资产因自然灾害或毁损而收到的保险赔偿收入)，减去为处置这些资产而支付的有关费用后的净额。本项目可以根据"固定资产清理""固定资产""无形资产""库存现金""银行存款"等账户的记录分析填列。

(11)"处置子公司及其他营业单位收到的现金净额"项目，反映企业处置子公司及其他营业单位所取得的现金减去相关处置费用后的净额。本项目可以根据"长期股权投资""库存现金""银行存款"等账户的记录分析填列。

(12)"收到的其他与投资活动有关的现金"项目，反映企业除上述(8)—(11)各项目外收到的其他与投资活动有关的现金流入。若其他与投资活动有关的现金流入金额较大，应单独列示。本项目可以根据"应收股利""应收利息""库存现金""银行存款"等有关账户的记录分析填列。

(13)"购建固定资产、无形资产和其他长期资产所支付的现金"项目,反映企业购买、建造固定资产、取得无形资产和其他长期资产所支付的现金及增值税款、支付的应由在建工程和无形资产负担的职工薪酬现金支出。本项目可以根据"固定资产""无形资产""在建工程""库存现金""银行存款""其他货币资金"等账户的记录分析填列。

● 特 别 提 示

为购建固定资产而发生的借款利息资本化部分以及融资租入固定资产所支付的租赁费,应在"筹资活动产生的现金流量——支付的其他与筹资活动有关的现金"项目中反映,不在本项目中反映。

(14)"投资所支付的现金"项目,反映企业取得的除现金等价物以外的权益性投资和债权性投资所支付的现金以及支付的佣金、手续费等附加费用。本项目可以根据"交易性金融资产""可供出售金融资产""长期股权投资""持有至到期投资""库存现金""银行存款"等账户的记录分析填列。

(15)"取得子公司及其他营业单位支付的现金净额"项目,反映企业购买子公司及其他营业单位购买出价中以现金支付的部分,减去子公司或其他营业单位持有的现金和现金等价物后的净额。本项目可以根据"长期股权投资""库存现金""银行存款"等账户的记录分析填列。

(16)"支付的其他与投资活动有关的现金"项目,反映企业除上述(13)—(15)各项目外支付的其他与投资活动有关的现金流出。本项目可以根据有关账户的记录分析填列。

(17)"吸收投资所收到的现金"项目,反映企业以发行股票、债券等方式筹集资金实际收到的款项,减去直接支付给金融企业的佣金、手续费、宣传费、咨询费、印刷费等发行费用后的净额。本项目可以根据"实收资本""库存现金""银行存款"等账户的记录分析填列。

(18)"取得借款收到的现金"项目,反映企业举借各种短期、长期借款而收到的现金。本项目可以根据"短期借款""长期借款""库存现金""银行存款"等账户的记录分析填列。

(19)"收到的其他与筹资活动有关的现金"项目,反映企业除上述(17)、(18)项目外,收到的其他与筹资活动有关的现金流入。若某项其他与筹资活动有关的现金流入金额较大,应单独列示。本项目可以根据"营业外收入""库存现金""银行存款"等有关账户的记录分析填列。

(20)"偿还债务所支付的现金"项目,反映企业以现金偿还债务的本金,包括偿还的借款本金和债券本金。本项目可以根据"短期借款""长期借款""库存现金""银行存款"等账户的记录分析填列。

● 特 别 提 示

企业支付的借款利息和债券利息在"分配股利、利润和偿付利息支付的现金"项目中反映,不包括在本项目中。

(21)"分配股利、利润或偿付利息所支付的现金"项目，反映企业实际支付的现金股利、支付给其他投资单位的利润或用现金支付的借款利息、债券利息等。本项目可以根据"应付股利""应付利息""财务费用""长期借款""库存现金""银行存款"等账户的记录分析填列。

(22)"支付的其他与筹资活动有关的现金"项目，反映企业除上述(20)、(21)项目外，支付的其他与筹资活动有关的现金流出，如融资租入固定资产支付的租赁费等。若某项其他与筹资活动有关的现金流入金额较大，应单独列示。本项目可以根据"营业外支出""长期应付款""银行存款""库存现金"等有关账户的记录分析填列。

(23)"汇率变动对现金的影响"项目，反映企业外币现金流量及境外子公司的现金流量折算为记账本位币时，所采用的现金流量发生日的汇率或平均汇率折算为人民币金额与"现金及现金等价物净增加额"中外币现金净增加额按期末汇率折算为人民币金额之间的差额。该项可以通过会计报表附注中"现金及现金等价物净增加额"数额与报表中"经营活动产生的现金流量净额""投资活动产生的现金流量净额""筹资活动产生的现金流量净额"3项之和比较，其差额即为"汇率变动对现金的影响"。

(24)"现金及现金等价物净增加额"项目，是期末现金及现金等价物余额与期初现金及现金等价物余额的差额，它与经营活动产生的现金流量净额、投资活动产生的现金流量净额、筹资活动产生的现金流量净额、汇率变动对现金的影响之和相等。

12.2.4 所有者权益变动表的编制

1. 所有者权益变动表的概念

所有者权益变动表是指反映构成所有者权益各组成部分当期增减变动情况的报表。通过所有者权益变动表，既可以为报表使用者提供所有者权益总量增减变动的信息，也能为其提供所有者权益增减变动的结构性信息，特别是能够让报表使用者理解所有者权益增减变动的根源。

2. 所有者权益变动表的结构

所有者权益变动表包括表首和正表两部分，表首说明报表名称、编制单位、编制日期、报表编号、货币名称、计量单位等；正表是所有者权益变动表的主体。在所有者权益变动表上，企业至少应当单独列示反映下列信息的项目：(1)综合收益总额；(2)会计政策变更和差错更正的累计影响金额；(3)所有者投入资本和向所有者分配利润等；(4)提取的盈余公积；(5)实收资本或资本公积、盈余公积、未分配利润的期初和期末余额及其调节情况。

所有者权益变动表以矩阵的形式列示：一方面，列示导致所有者权益变动的交易或事项，即所有者权益变动的来源，对一定时期所有者权益的变动情况进行全面反映；另一方面，按照所有者权益各组成部分（即实收资本、资本公积、其他综合收益、盈余公积、未分配利润和库存股）列示交易或事项对所有者权益各部分的影响，见表12-7。

表 12 – 7　所有者权益变动表

会企 04 表

编制单位：　　　　　　　　　　　　　　　年度　　　　　　　　　　　　　　单位：元

项目	本年金额							上年金额						
	实收资本	资本公积	减：库存股	其他综合收益	盈余公积	未分配利润	所有者权益合计	实收资本	资本公积	减：库存股	其他综合收益	盈余公积	未分配利润	所有者权益合计
一、上年年末余额														
加：会计政策变更														
前期差错更正														
二、本年年初余额														
三、本年增减变动金额（减少以"—"号填列）														
（一）综合收益总额														
（二）所有者投入和减少资本														
1. 所有者投入资本														
2. 股份支付计入所有者权益的金额														
3. 其他														
（三）利润分配														
1. 提取盈余公积														
2. 对所有者（股东）的分配														
3. 其他														
（四）所有者权益内部结转														
1. 资本公积转增资本（股本）														
2. 盈余公积转增资本（股本）														
3. 盈余公积弥补亏损														
4. 其他														
四、本年年末余额														

3. 所有者权益变动表的编制

所有者权益变动表"上年金额"栏内各项数字，应根据上年度所有者权益变动表"本年金额"栏内所列数字填列。上年度所有者权益变动表规定的各个项目的名称和内容同本年度不一致的，应对上年度所有者权益变动表各项目的名称和数字按照本年度的规定进行调整，填入所有者权益变动表的"上年金额"栏内。

所有者权益变动表"本年金额"栏内各项数字一般应根据"实收资本（或股本）""资本公积""其他综合收益""盈余公积""利润分配""库存股""以前年度损益调整"账户的发生额分析填列。

企业的净利润及其分配情况作为所有者权益变动的组成部分，不需要单独编制利润分配表列示。

所有者权益变动表在编制过程中还要注意以下几个项目。

（1）"会计政策变更""前期差错更正"项目，分别反映企业采用追溯调整法处理的会计政策变更的累积影响金额和采用追溯重述法处理的会计差错更正的累积影响金额。

（2）"本年增减变动金额"项目中，"综合收益总额"项目，反映净利润和其他综合收益扣除所得税影响后的净额相加后的合计金额。"所有者投入和减少资本"项目，反映企业当年所有者投入的资本和减少的资本。"利润分配"项目，反映企业当年的利润分配金额。"所有者权益内部结转"项目，反映企业构成所有者权益的组成部分之间的增减变动情况。

12.2.5 会计报表附注

会计报表附注是为了便于会计报表使用者理解会计报表的内容而对会计报表的编制基础、编制依据、编制原则和方法及主要项目等所做的解释以及对未能在报表中列示项目的说明等。

会计报表附注是财务报表的重要组成部分，是对会计报表的补充说明。由于会计报表中所规定的内容具有一定的固定性和规范性，只能提供定量的财务信息，其所反映的财务信息具有一定的限制，不能包括会计报表使用者需要的全部信息。会计报表附注则能够对会计报表不能包括的内容或披露不详尽的内容进一步进行解释与说明，有利于客观、真实、详尽地披露企业的生产经营情况，帮助会计报表使用者全面、正确地理解会计信息。

根据《企业会计准则》规定，会计报表附注至少应当披露下列内容。

（1）企业的基本情况。

（2）财务报表的编制基础。

（3）遵循企业会计准则的声明。

（4）会计报表会计估计的说明。

（5）重要的会计政策和会计估计。

（6）会计政策和会计估计变更以及差错更正的说明。

（7）对报表重要项目的说明。

（8）或有和承诺事项、资产负债表日后调整事项、关联方关系及其交易等需要说明的事项。

（9）提议或宣布发放的股利总额和每股股利金额，或向投资者分配的利润总额。

第12章 财务报告

本章小结

财务会计报告由会计报表、会计报表附注和财务情况说明书组成。会计报表是财务会计报告的主要组成部分,包括资产负债表、利润表、现金流量表、所有者权益变动表等主要报表。

资产负债表是反映企业某一特定日期全部资产、负债和所有者权益情况的会计报表。根据"资产=负债+所有者权益"的会计恒等式,左方列示资产,右方列示负债和所有者权益。资产负债表"期末数"各栏一般根据有关账户的期末余额分析计算填列。

利润表是反映企业一定期间经营成果的报表,它把一定期间的收入与其相关的费用进行配比,计算企业的净利润。

现金流量表是反映企业一定会计期间现金和现金等价物流入和流出的报表。企业一定期间内产生的现金流量包括经营活动产生的现金流量、投资活动产生的现金流量、筹资活动产生的现金流量3部分。

所有者权益变动表是指反映构成所有者权益的各组成部分当期的增减变动情况的报表。

会计报表附注是对在会计报表中列示项目所做的进一步说明以及对未能在这些报表中列示项目的说明。

习 题

1. 单项选择题

(1) 资产负债表是指反映企业在某一特定日期(   )的财务报表。

A. 会计要素　　　　B. 资产情况　　　　C. 经营成果　　　　D. 财务状况

(2) "预收账款"账户明细账中若有借方余额,应将其计入资产负债表中的(   )项目。

A. 其他应收款　　　B. 其他应付款　　　C. 应收账款　　　　D. 预收账款

(3) 下列影响营业利润的项目是(   )。

A. 公允价值变动损益　　　　　　　　　B. 营业外支出
C. 所得税费用　　　　　　　　　　　　D. 营业外收入

(4) 资产负债表中的"未分配利润"项目,应根据(   )填列。

A. "利润分配"账户余额
B. "本年利润"账户余额
C. "本年利润"和"利润分配"账户的余额计算后
D. "盈余公积"账户余额

(5) 支付下列税金，属于经营活动的现金流量是（　　）。
　　A. 房产税　　　　　　　　　　　　B. 处置无形资产缴纳的营业税
　　C. 转让不动产缴纳的营业税　　　　D. 耕地占用税
(6) 支付的在建工程人员的工资属于（　　）产生的现金流量。
　　A. 筹资活动　　　B. 经营活动　　　C. 汇率变动　　　D. 投资活动
(7) 某企业"应付账款"账户月末贷方余额 40 000 元，其中："应付甲公司账款"明细账户贷方余额 35 000 元，"应付乙公司账款"明细账户贷方余额 5 000 元，"预付账款"账户月末贷方余额 30 000 元，其中："预付 A 工厂账款"明细账户贷方余额 50 000 元，"预付 B 工厂账款"明细账户借方余额 20 000 元。该企业月末资产负债表中"应付账款"项目的金额为（　　）元。
　　A. 40 000　　　B. 50 000　　　C. 90 000　　　D. 10 000
(8) 某企业 2012 年 12 月 31 日固定资产账户余额为 2 000 万元，累计折旧账户余额为 800 万元，固定资产减值准备账户余额为 100 万元，在建工程账户余额为 200 万元。该企业 2012 年 12 月 31 日资产负债表中固定资产项目的金额为（　　）万元。
　　A. 2 000　　　B. 1 200　　　C. 1 900　　　D. 1 100
(9) 我国利润表的格式采取（　　）。
　　A. 账户式　　　B. 报告式　　　C. 多步式　　　D. 单步式
(10) 资产负债表的货币资金项目的金额根据（　　）填列。
　　A. 库存现金　　　　　　　　　　　B. 银行存款
　　C. 其他货币资金　　　　　　　　　D. 以上三个账户的余额合计数

2. 多项选择题
(1) 建筑施工企业的会计报表按其反映的经济内容分为（　　）。
　　A. 成本报表　　　B. 资产负债表　　　C. 利润表
　　D. 现金流量表　　E. 所有者权益变动表
(2) 下列各项中，属于筹资活动产生的现金流量的有（　　）。
　　A. 支付的现金股利　　　　　　　　B. 取得短期借款
　　C. 增发股票收到的现金　　　　　　D. 偿还公司债券支付的现金
　　E. 购入固定资产支付的现金
(3) 下列事项中不影响现金流量变动的有（　　）。
　　A. 接受投资转入固定资产　　　　　B. 收回对外投出的固定资产
　　C. 用现金收购本企业股票实现减值　D. 在建工程完工转入固定资产
　　E. 以银行存款购入期限不足 3 个月的短期债券
(4) 下列项目中，属于分部费用的有（　　）。
　　A. 营业成本　　　B. 营业税金及附加　　　C. 销售费用
　　D. 所得税费用　　E. 营业外支出
(5) 对会计政策、会计估计变更和会计差错，企业中期财务报表附注应当包括的信息有（　　）。
　　A. 中期财务报表所采用的会计政策与上年度财务报表相一致的说明
　　B. 会计估计变更的内容、理由及其影响数

C. 会计估计变更的累积影响数

D. 如果发生了会计政策的变更，应当说明会计政策变更的内容、理由及其影响数；如果会计政策变更的累积影响数不能合理确定，应当说明理由

E. 如果会计估计变更的影响数不能确定，应当说明理由

3. 判断题

（1）利润表是反映企业经营成果的报表。（　　）

（2）编制资产负债表时，"应收账款"项目应根据"应收账款"账户所属各明细科目的期末借方余额合计数填列。（　　）

（3）编制资产负债表时，应根据"固定资产"账户的期末余额，减去"累计折旧""固定资产减值准备"科目期末余额后的金额分析填列。（　　）

（4）现金流量表是以现金为基础编制的反映企业财务状况变动情况的动态报表，用以反映企业获得现金和现金等价物的能力。（　　）

4. 计算及账务处理题

（1）明朗建筑工程公司2018年12月31日有关总账及明细账余额见表12-8和表12-9。

表12-8　总账余额表　　　　　　　　　　　　　单位：元

总账账户	期末借方余额	总账账户	期末贷方余额
库存现金	5 800	短期借款	225 120
银行存款	39 9519	应付票据	149 520
交易性金融资产	416 024	应付账款	244 860
应收票据	210 341	其他应付款	3 360
应收账款	342 620	预收账款	67 200
其他应收款	14200	应付职工薪酬	144 461
原材料	1 166 303	应付利润	336 588
周转材料	135 133	应交税金	31 658
持有至到期投资	65 024	临时设施摊销	46 452
长期股权投资	400 000	累计折旧	1 528 800
固定资产	4 326 000	长期借款	663 163
工程物资	315 450	应付债券	
材料成本差异	19 397	实收资本	3 865 680
无形资产	252 000	坏账准备	9 980
长期待摊费用	130 200	资本公积	781 200
临时设施	247 252	盈余公积	385 012
工程施工	425 270	利润分配	387 479
合　计	8 870 533	合　计	8 870 533

表 12-9　有关明细账户余额表　　　　　　　　　　　　单位：元

总账账户	明细账户	借方余额	贷方余额	备　注
应收账款	长江公司	240 600		
	星华公司		62 480	
	航运公司	164 500		
	合　计	405 100	62 480	
持有至到期投资	债券投资	65 024		1 年内到期
	合　计	465 024		
应付账款	A 企业		186 000	
	B 企业	23 540		
	C 企业		82 400	
	合　计	23 540	268 400	
长期借款	工商银行		663 163	3 年到期

要求：根据上述资料，编制 2018 年 12 月 31 日资产负债表。

（2）明朗建筑工程公司 2018 年 12 月有关损益类账户的发生额见表 12-10。

表 12-10　损益类账户发生表　　　　　　　　　　　　单位：元

账户名称	借方发生额	贷方发生额
主营业务收入		953 900
主营业务成本	796 281	
税金及附加	29 139	
其他业务收入		194 200
其他业务成本	185 360	
管理费用	38 476	
财务费用	7 150	
投资收益		3 608
营业外收入		1 250
营业外支出	1 123	
所得税费用	24 823	

要求：根据上述资料，编制 2018 年度的利润表。

能力评价体系

知识要点	能力要求	所占分值(100 分)	自评分数
财务报告	熟悉财务报告的基本概念	15	
资产负债表	掌握资产负债表的编制	30	
利润表	掌握利润表的编制	30	
现金流量表	了解现金流量表的编制	10	
所有者权益变动表	熟悉所有者权益变动表的编制	15	
总　　分		100	

参 考 文 献

代义国,2016. 建筑施工企业会计与纳税技巧[M]. 2版. 北京：机械工业出版社.
姜艳玲,2017. 建筑施工企业会计与纳税实操从新手到高手[M]. 北京：中国铁道出版社.
李志远,李建军,陈颖,2016. 建筑施工企业营改增实务[M]. 北京：中国市场出版社.
李志远,2016. 施工企业会计[M]. 3版. 北京：中国市场出版社.
平准,2017. 施工企业会计核算与纳税实务[M]. 北京：人民邮电出版社.
王宁,2017. 建筑施工企业十大税种操作实务与会计处理：政策解读 实务答疑 案例精析[M]. 北京：中国市场出版社.
张洪伟,2017. 建筑施工企业会计真账实操全图解[M]. 北京：中国铁道出版社.

北京大学出版社高职高专土建系列教材书目

序号	书名	书号	编著者	定价	出版时间	配套情况
		"互联网+"创新规划教材				
1	建筑构造(第二版)	978-7-301-26480-5	肖 芳	42.00	2016.1	APP/PPT/二维码
2	建筑识图与构造	978-7-301-28876-4	林秋怡等	46.00	2017.11	PPT/二维码
3	建筑构造与识图	978-7-301-27838-3	孙 伟	40.00	2017.1	APP/二维码
4	建筑装饰构造(第二版)	978-7-301-26572-7	赵志文等	39.50	2016.1	PPT/二维码
5	中外建筑史(第三版)	978-7-301-28689-0	袁新华等	42.00	2017.9	PPT/二维码
6	建筑工程概论	978-7-301-25934-4	申淑荣等	40.00	2015.8	PPT/二维码
7	市政工程概论	978-7-301-28260-1	郭 福等	46.00	2017.5	PPT/二维码
8	市政管道工程施工	978-7-301-26629-8	雷彩虹	46.00	2016.5	PPT/二维码
9	市政道路工程施工	978-7-301-26632-8	张雪丽	49.00	2016.5	PPT/二维码
10	市政工程材料检测	978-7-301-29572-2	李继伟等	44.00	2018.9	PPT/二维码
11	建筑三维平法结构图集(第二版)	978-7-301-29049-1	傅华夏	68.00	2018.1	APP
12	建筑三维平法结构识图教程(第二版)	978-7-301-29121-4	傅华夏	68.00	2018.1	APP/PPT
13	AutoCAD 建筑制图教程(第三版)	978-7-301-29036-1	郭 慧	49.00	2018.4	PPT/素材/二维码
14	BIM 应用:Revit 建筑案例教程	978-7-301-29693-6	林标锋等	58.00	2018.8	APP/PPT/二维码
15	建筑制图(第三版)	978-7-301-28411-7	高丽荣	38.00	2017.7	APP/PPT/二维码
16	建筑制图习题集(第三版)	978-7-301-27897-0	高丽荣	35.00	2017.7	APP
17	建筑工程制图与识图(第二版)	978-7-301-24408-1	白丽红	34.00	2016.8	APP/二维码
18	建筑设备基础知识与识图(第二版)	978-7-301-24586-6	靳慧征等	47.00	2016.8	二维码
19	建筑结构基础与识图	978-7-301-27215-2	周 晖	58.00	2016.9	APP/二维码
20	建筑力学(第三版)	978-7-301-28600-5	刘明晖	55.00	2017.8	PPT/二维码
21	建筑力学与结构(第三版)	978-7-301-29209-9	吴承霞等	59.50	2018.5	APP/PPT/二维码
22	建筑力学与结构(少学时版)(第二版)	978-7-301-29022-4	吴承霞等	46.00	2017.12	PPT/答案
23	建筑施工技术(第三版)	978-7-301-28575-6	陈雄辉	54.00	2018.1	PPT/二维码
24	建筑施工技术	978-7-301-28756-9	陆艳侠	58.00	2018.1	PPT/二维码
25	建筑工程施工技术(第三版)	978-7-301-27675-4	钟汉华等	66.00	2016.11	APP/二维码
26	高层建筑施工	978-7-301-28232-8	吴俊臣	65.00	2017.4	PPT/答案
27	建筑工程施工组织设计(第二版)	978-7-301-29103-0	鄢维峰等	37.00	2018.1	PPT/答案/二维码
28	建筑工程施工组织实训(第二版)	978-7-301-30176-0	鄢维峰等	41.00	2019.1	PPT/二维码
29	工程建设监理案例分析教程(第二版)	978-7-301-27864-2	刘志麟等	50.00	2017.1	PPT/二维码
30	建设工程监理概论(第三版)	978-7-301-28832-0	徐锡权等	44.00	2018.2	PPT/答案/二维码
31	建筑工程质量与安全管理(第二版)	978-7-301-27219-0	郑 伟	55.00	2016.8	PPT/二维码
32	建筑工程计量与计价——透过案例学造价(第二版)	978-7-301-23852-3	张 强	59.00	2017.1	PPT/二维码
33	城乡规划原理与设计(原城市规划原理与设计)	978-7-301-27771-3	谭婧婧等	43.00	2017.1	PPT/素材/二维码
34	建筑工程计量与计价	978-7-301-27866-6	吴育萍等	49.00	2017.1	PPT/二维码
35	建筑工程计量与计价(第三版)	978-7-301-25344-1	肖明村	65.00	2017.1	APP/二维码
36	安装工程计量与计价(第四版)	978-7-301-16737-3	冯 钢	59.00	2018.1	PPT/答案/二维码
37	市政工程计量与计价(第三版)	978-7-301-27983-0	郭良娟等	59.00	2017.2	PPT/二维码
38	建筑施工机械(第二版)	978-7-301-28247-2	吴志强等	35.00	2017.5	PPT/答案
39	建筑工程测量(第二版)	978-7-301-28296-0	石 东等	51.00	2017.5	PPT/二维码
40	建筑工程测量(第三版)	978-7-301-29113-9	张敬伟等	49.00	2018.1	PPT/答案/二维码
41	建筑工程测量实验与实训指导(第三版)	978-7-301-29112-2	张敬伟等	29.00	2018.1	答案/二维码
42	建设工程法规(第三版)	978-7-301-29221-1	皇甫婧琪	44.00	2018.4	PPT/二维码
43	建设工程招投标与合同管理(第四版)	978-7-301-29827-5	宋春岩	42.00	2018.9	PPT/答案/试题/教案
44	工程项目招投标与合同管理(第三版)	978-7-301-28439-1	周艳冬	44.00	2017.7	PPT/二维码
45	工程项目招投标与合同管理(第三版)	978-7-301-29692-9	李洪军等	47.00	2018.8	PPT/二维码
46	建筑工程经济(第三版)	978-7-301-28723-1	张宁宁等	36.00	2017.9	PPT/答案/二维码
47	建筑工程资料管理(第二版)	978-7-301-29210-5	孙 刚等	47.00	2018.3	PPT/二维码
48	建筑材料与检测	978-7-301-28809-2	陈玉萍	44.00	2017.10	PPT/二维码
49	建筑工程材料	978-7-301-28982-2	向积波等	42.00	2018.1	PPT/二维码
50	建筑材料与检测(第二版)	978-7-301-25347-2	梅 杨等	35.00	2015.2	PPT/答案/二维码
51	建筑材料与检测实验指导(第三版)	978-7-301-30269-9	王美芬等	24.00	2019.3	
52	建筑供配电与照明工程	978-7-301-29227-3	羊 梅	38.00	2018.2	PPT/答案/二维码

序号	书 名	书 号	编著者	定价	出版时间	配套情况
53	✍房地产投资分析	978-7-301-27529-0	刘永胜	47.00	2016.9	PPT/二维码
54	✍建筑工程质量事故分析(第三版)	978-7-301-29305-8	郑文新等	39.00	2018.8	PPT/二维码
55	✍建筑施工技术	978-7-301-29854-1	徐 淳	59.50	2018.9	APP/PPT/二维码
56	建筑施工组织设计	978-7-301-30236-1	徐运明等	43.00	2019.1	PPT/答案
57	工程地质与土力学(第三版)	978-7-301-30230-9	杨仲元	50.00	2019.2	PPT/答案/试题
58	施工企业会计(第三版)	978-7-301-30273-6	辛艳红等	44.00	2019.3	PPT/二维码
59	建设工程项目管理(第三版)	978-7-301-30314-6	王 辉	40.00	2019.3	PPT/二维码
"十二五"职业教育国家规划教材						
1	★建筑工程应用文写作(第二版)	978-7-301-24480-7	赵立等	50.00	2014.8	PPT
2	★土木工程实用力学(第二版)	978-7-301-24681-8	马景善	47.00	2015.7	PPT
3	★建设工程监理(第二版)	978-7-301-24490-6	斯 庆	35.00	2015.1	PPT/答案
4	★建筑节能工程与施工	978-7-301-24274-2	吴明军等	35.00	2015.5	PPT
5	★建筑工程经济(第二版)	978-7-301-24492-0	胡六星等	41.00	2014.9	PPT/答案
6	★建设工程招投标与合同管理(第四版)	978-7-301-29827-5	宋春岩	42.00	2018.9	PPT/答案/试题/教案
7	★工程造价概论	978-7-301-24696-2	周艳冬	31.00	2015.1	PPT/答案
8	★建筑工程计量与计价(第三版)	978-7-301-25344-1	肖明和等	65.00	2017.1	APP/二维码
9	★建筑工程计量与计价实训(第三版)	978-7-301-25345-8	肖明和等	29.00	2015.7	
10	★建筑装饰施工技术(第二版)	978-7-301-24482-1	王 军	37.00	2014.7	PPT
11	★工程地质与土力学(第二版)	978-7-301-24479-1	杨仲元	41.00	2014.7	PPT
基础课程						
1	建设法规及相关知识	978-7-301-22748-0	唐茂华等	34.00	2013.9	PPT
2	建筑工程法规实务(第二版)	978-7-301-26188-0	杨陈慧等	49.50	2017.6	PPT
3	建设工程法规	978-7-301-20912-7	王先恕	32.00	2012.7	PPT
4	AutoCAD 建筑绘图教程(第二版)	978-7-301-24540-8	唐英敏等	44.00	2014.7	PPT
5	建筑CAD 项目教程(2010版)	978-7-301-20979-0	郭 慧	38.00	2012.9	素材
6	建筑工程专业英语(第二版)	978-7-301-26597-0	吴承霞	24.00	2016.2	
7	建筑工程专业英语	978-7-301-20003-2	韩薇等	24.00	2012.2	PPT
8	建筑识图与构造(第二版)	978-7-301-23774-8	郑贵超	40.00	2014.2	PPT/答案
9	房屋建筑构造	978-7-301-19883-4	李少红	26.00	2012.1	PPT
10	建筑识图	978-7-301-21893-8	邓志勇等	35.00	2013.1	PPT
11	建筑识图与房屋构造	978-7-301-22860-9	贠禄等	54.00	2013.9	PPT/答案
12	建筑构造与设计	978-7-301-23506-5	陈玉萍	38.00	2014.1	PPT/答案
13	房屋建筑构造	978-7-301-23588-1	李元玲等	45.00	2014.1	PPT
14	房屋建筑构造习题集	978-7-301-26005-0	李元玲	26.00	2015.8	PPT/答案
15	建筑构造与施工图识读	978-7-301-24470-8	南学平	52.00	2014.8	PPT
16	建筑工程识图实训教程	978-7-301-26057-9	孙 伟	32.00	2015.12	PPT
17	建筑制图习题集(第二版)	978-7-301-24571-2	白丽红	25.00	2014.8	
18	◎建筑工程制图(第二版)(附习题册)	978-7-301-21120-5	肖明和	48.00	2012.8	PPT
19	建筑制图与识图(第二版)	978-7-301-24386-2	曹雪梅	38.00	2015.8	PPT
20	建筑制图与识图习题册	978-7-301-18652-7	曹雪梅等	30.00	2011.4	
21	建筑制图与识图(第二版)	978-7-301-25834-7	李元玲	32.00	2016.9	PPT
22	建筑制图与识图习题集	978-7-301-20425-2	李元玲	24.00	2012.3	
23	新编建筑工程制图	978-7-301-21140-3	方筱松	30.00	2012.8	PPT
24	新编建筑工程制图习题集	978-7-301-16834-9	方筱松	22.00	2012.8	
建筑施工类						
1	建筑工程测量	978-7-301-19992-3	潘益民	38.00	2012.2	PPT
2	建筑工程测量	978-7-301-28757-6	赵 昕	50.00	2018.1	PPT/二维码
3	建筑工程测量实训(第二版)	978-7-301-24833-1	杨凤华	34.00	2015.3	答案
4	建筑工程测量	978-7-301-22485-4	景 铎等	34.00	2013.6	PPT
5	建筑施工技术	978-7-301-19997-8	苏小梅	38.00	2012.1	PPT
6	基础工程施工	978-7-301-20917-2	董 伟等	35.00	2012.7	PPT
7	建筑施工技术实训(第二版)	978-7-301-24368-8	周晓龙	30.00	2014.7	
8	PKPM 软件的应用(第二版)	978-7-301-22625-4	王 娜等	34.00	2013.6	
9	◎建筑结构(第二版)(上册)	978-7-301-21106-9	徐锡权	41.00	2013.4	PPT/答案
10	◎建筑结构(第二版)(下册)	978-7-301-22584-4	徐锡权	42.00	2013.6	PPT/答案
11	建筑结构学习指导与技能训练(上册)	978-7-301-25929-0	徐锡权	28.00	2015.8	PPT
12	建筑结构学习指导与技能训练(下册)	978-7-301-25933-7	徐锡权	28.00	2015.8	PPT
13	建筑结构(第二版)	978-7-301-25832-3	唐春平等	48.00	2018.6	PPT

序号	书　名	书　号	编著者	定价	出版时间	配套情况
14	建筑结构基础	978-7-301-21125-0	王中发	36.00	2012.8	PPT
15	建筑结构原理及应用	978-7-301-18732-6	史美东	45.00	2012.8	PPT
16	建筑结构与识图	978-7-301-26935-0	相秉志	37.00	2016.2	
17	建筑力学与结构	978-7-301-20988-2	陈水广	32.00	2012.8	PPT
18	建筑力学与结构	978-7-301-23348-1	杨丽君等	44.00	2014.1	PPT
19	建筑结构与施工图	978-7-301-22188-4	朱希文等	35.00	2013.3	PPT
20	建筑材料(第二版)	978-7-301-24633-7	林祖宏	35.00	2014.8	PPT
21	建筑材料与检测(第二版)	978-7-301-26550-5	王　辉	40.00	2016.1	PPT
22	建筑材料与检测试验指导(第二版)	978-7-301-28471-1	王　辉	23.00	2017.7	PPT
23	建筑材料选择与应用	978-7-301-21948-5	申淑荣等	39.00	2013.3	PPT
24	建筑材料检测实训	978-7-301-22317-8	申淑荣等	24.00	2013.4	
25	建筑材料	978-7-301-24208-7	任晓菲	40.00	2014.7	PPT/答案
26	建筑材料检测试验指导	978-7-301-24782-2	陈东佐等	20.00	2014.9	
27	建筑工程商务标编制实训	978-7-301-20804-5	钟振宇	35.00	2012.7	PPT
28	◎地基与基础(第二版)	978-7-301-23304-7	肖明和等	42.00	2013.11	PPT/答案
29	地基与基础实训	978-7-301-23174-6	肖明和等	25.00	2013.10	PPT
30	土力学与地基基础	978-7-301-23675-8	叶火炎等	35.00	2014.1	PPT
31	土力学与基础工程	978-7-301-23590-4	宁培淋等	32.00	2014.1	PPT
32	土力学与地基基础	978-7-301-25525-4	陈东佐	45.00	2015.2	PPT/答案
33	建筑施工组织与进度控制	978-7-301-21223-3	张廷瑞	36.00	2012.9	PPT
34	建筑施工组织项目式教程	978-7-301-19901-5	杨红玉	44.00	2012.1	PPT/答案
35	钢筋混凝土工程施工与组织	978-7-301-19587-1	高　雁	32.00	2012.5	PPT
36	建筑施工工艺	978-7-301-24687-0	李源清等	49.50	2015.1	PPT/答案
37						
1	建筑工程经济	978-7-301-24346-6	刘晓丽等	38.00	2014.7	PPT/答案
2	建筑工程项目管理(第二版)	978-7-301-26944-2	范红岩等	42.00	2016.3	PPT
3	建设工程项目管理(第二版)	978-7-301-28235-9	冯松山等	45.00	2017.6	PPT
4	建筑施工组织与管理(第二版)	978-7-301-22149-5	翟丽旻等	43.00	2013.4	PPT/答案
5	建设工程合同管理	978-7-301-22612-4	刘庭江	46.00	2013.6	PPT/答案
6	建筑工程招投标与合同管理	978-7-301-16802-8	程超胜	30.00	2012.9	PPT
7	建设工程招投标与合同管理实务	978-7-301-20404-7	杨云会等	42.00	2012.4	PPT/答案/习题
8	工程招投标与合同管理	978-7-301-17455-5	文新平	37.00	2012.9	PPT
9	建筑工程安全管理(第2版)	978-7-301-25480-6	宋　健等	42.00	2015.8	PPT/答案
10	施工项目质量与安全管理	978-7-301-21275-2	钟汉华	45.00	2012.10	PPT/答案
11	工程造价控制(第2版)	978-7-301-24594-1	斯　庆	32.00	2014.8	PPT/答案
12	工程造价管理(第二版)	978-7-301-27050-9	徐锡权等	44.00	2016.5	PPT
13	建筑工程造价管理	978-7-301-20360-6	柴　琦等	27.00	2012.3	PPT
14	工程造价管理(第2版)	978-7-301-28269-4	曾　浩等	38.00	2017.5	PPT/答案
15	工程造价案例分析	978-7-301-22985-9	甄　凤	30.00	2013.8	PPT
16	建设工程造价控制与管理	978-7-301-24273-5	胡芳珍等	38.00	2014.6	PPT/答案
17	◎建筑工程造价	978-7-301-21892-1	孙咏梅	40.00	2013.2	PPT
18	建筑工程计量与计价	978-7-301-26570-3	杨建林	46.00	2016.1	PPT
19	建筑工程计量与计价综合实训	978-7-301-23568-3	龚小兰	28.00	2014.1	
20	建筑工程估价	978-7-301-22802-9	张　英	43.00	2013.8	PPT
21	安装工程计量与计价综合实训	978-7-301-23294-1	成春燕	49.00	2013.10	素材
22	建筑安装工程计量与计价	978-7-301-26004-3	景巧玲等	56.00	2016.1	PPT
23	建筑安装工程计量与计价实训(第二版)	978-7-301-25683-1	景巧玲等	36.00	2015.7	
24	建筑水电安装工程计量与计价(第二版)	978-7-301-26329-7	陈连姝	51.00	2016.1	PPT
25	建筑与装饰装修工程工程量清单(第二版)	978-7-301-25753-1	翟丽旻等	36.00	2015.5	PPT
26	建设项目评估(第二版)	978-7-301-28708-8	高志云等	38.00	2017.9	PPT
27	钢筋工程清单编制	978-7-301-20114-5	贾莲英	36.00	2012.2	PPT
28	建筑装饰工程预算(第二版)	978-7-301-25801-9	范菊雨	44.00	2015.7	PPT
29	建筑装饰工程计量与计价	978-7-301-20055-1	李茂英	42.00	2012.2	PPT
30	建筑工程安全技术与管理实务	978-7-301-21187-8	沈万岳	48.00	2012.9	PPT

建筑设计类

序号	书　名	书　号	编著者	定价	出版时间	配套情况
1	建筑装饰CAD项目教程	978-7-301-20950-9	郭　慧	35.00	2013.1	PPT/素材
2	建筑设计基础	978-7-301-25961-0	周圆圆	42.00	2015.7	
3	室内设计基础	978-7-301-15613-1	李书青	32.00	2009.8	PPT

序号	书 名	书 号	编著者	定价	出版时间	配套情况
4	建筑装饰材料(第二版)	978-7-301-22356-7	焦 涛等	34.00	2013.5	PPT
5	设计构成	978-7-301-15504-2	戴碧锋	30.00	2009.8	PPT
6	设计色彩	978-7-301-21211-0	龙黎黎	46.00	2012.9	PPT
7	设计素描	978-7-301-22391-8	司马金桃	29.00	2013.4	PPT
8	建筑素描表现与创意	978-7-301-15541-7	于修国	25.00	2009.8	
9	3ds Max 效果图制作	978-7-301-22870-8	刘 晗等	45.00	2013.7	PPT
10	Photoshop 效果图后期制作	978-7-301-16073-2	脱忠伟等	52.00	2011.1	素材
11	3ds Max & V-Ray 建筑设计表现案例教程	978-7-301-25093-8	郑恩峰	40.00	2014.12	PPT
12	建筑表现技法	978-7-301-19216-0	张 峰	32.00	2011.8	PPT
13	装饰施工读图与识图	978-7-301-19991-6	杨丽君	33.00	2012.5	PPT
	规划园林类					
1	居住区景观设计	978-7-301-20587-7	张群成	47.00	2012.5	PPT
2	居住区规划设计	978-7-301-21031-4	张 燕	48.00	2012.8	PPT
3	园林植物识别与应用	978-7-301-17485-2	潘 利等	34.00	2012.9	PPT
4	园林工程施工组织管理	978-7-301-22364-2	潘 利等	35.00	2013.4	PPT
5	园林景观计算机辅助设计	978-7-301-24500-2	于化强等	48.00	2014.8	PPT
6	建筑·园林·装饰设计初步	978-7-301-24575-0	王金贵	38.00	2014.10	PPT
	房地产类					
1	房地产开发与经营(第2版)	978-7-301-23084-8	张建中等	33.00	2013.9	PPT/答案
2	房地产估价(第2版)	978-7-301-22945-3	张 勇等	35.00	2013.9	PPT/答案
3	房地产估价理论与实务	978-7-301-19327-3	褚菁晶	35.00	2011.8	PPT/答案
4	物业管理理论与实务	978-7-301-19354-9	裴艳慧	52.00	2011.9	PPT
5	房地产营销与策划	978-7-301-18731-9	应佐萍	42.00	2012.8	PPT
6	房地产投资分析与实务	978-7-301-24832-4	高志云	35.00	2014.9	PPT
7	物业管理实务	978-7-301-27163-6	胡大见	44.00	2016.6	
	市政与路桥					
1	市政工程施工图案例图集	978-7-301-24824-9	陈亿琳	43.00	2015.3	PDF
2	市政工程计价	978-7-301-22117-4	彭以舟等	39.00	2013.3	PPT
3	市政桥梁工程	978-7-301-16688-8	刘 江等	42.00	2010.8	PPT/素材
4	市政工程材料	978-7-301-22452-6	郑晓国	37.00	2013.5	PPT
5	道桥工程材料	978-7-301-21170-0	刘水林等	43.00	2012.9	PPT
6	路基路面工程	978-7-301-19299-3	偶昌宝等	34.00	2011.8	PPT/素材
7	道路工程技术	978-7-301-19363-1	刘 雨等	33.00	2011.12	PPT
8	城市道路设计与施工	978-7-301-21947-8	吴颖峰	39.00	2013.1	PPT
9	建筑给排水工程技术	978-7-301-25224-6	刘 芳等	46.00	2014.12	PPT
10	建筑给水排水工程	978-7-301-20047-6	叶巧云	38.00	2012.2	PPT
11	数字测图技术	978-7-301-22656-8	赵 红	36.00	2013.6	PPT
12	数字测图技术实训指导	978-7-301-22679-7	赵 红	27.00	2013.6	PPT
13	道路工程测量(含技能训练手册)	978-7-301-21967-6	田树涛等	45.00	2013.2	PPT
14	道路工程识图与AutoCAD	978-7-301-26210-8	王容玲等	35.00	2016.1	PPT
	交通运输类					
1	桥梁施工与维护	978-7-301-23834-9	梁 斌	50.00	2014.2	PPT
2	铁路轨道施工与维护	978-7-301-23524-9	梁 斌	36.00	2014.1	PPT
3	铁路轨道构造	978-7-301-23153-1	梁 斌	32.00	2013.10	PPT
4	城市公共交通运营管理	978-7-301-24108-0	张洪满	40.00	2014.5	PPT
5	城市轨道交通车站行车工作	978-7-301-24210-0	操 杰	31.00	2014.7	PPT
6	公路运输计划与调度实训教程	978-7-301-24503-3	高福军	31.00	2014.7	PPT/答案
	建筑设备类					
1	建筑设备识图与施工工艺(第2版)	978-7-301-25254-3	周业梅	44.00	2015.12	PPT
2	水泵与水泵站技术	978-7-301-22510-3	刘振华	40.00	2013.5	PPT
3	智能建筑环境设备自动化	978-7-301-21090-1	余志强	40.00	2012.8	PPT
4	流体力学及泵与风机	978-7-301-25279-6	王 宁等	35.00	2015.1	PPT/答案

注：♦为"互联网+"创新规划教材；★为"十二五"职业教育国家规划教材，◎为国家级、省级精品课程配套教材，省重点教材。

联系方式：相关教学资源如电子课件、习题答案、样书等可通过以下方式联系我们：010-62756290，010-62750667，yxlu@pup.cn，pup_6@163.com，也可以扫描右侧二维码关注客服微信号在线咨询。